रंगरेज़ मन के विविध रंग

पूर्णेन्दु घोष

NOTION PRESS

India. Singapore. Malaysia.

Published by Notion Press 2026

यह पुस्तक समर्पित है

उस वातावरण को

जिसने मुझे सोचने का

प्रोत्साहन दिया।

प्रस्तावना

लेखन मेरे लिए आत्म-खोज की एक यात्रा है।

यह पुस्तक विभिन्न समय अंतरालों में लिखी गई कविताओं और कहानियों का संकलन है।

रंगरेज़ मन को जहाँ रंग दिखाई देते हैं, वहीं वह चित्र रचने का प्रयास करता है।

हम सुंदर अतीत और कल्पनाशील भविष्य के कोमल स्नेह के साथ जीवन के विविध रंगों को स्पर्श करना चाहते हैं।

मेरे लिए मेरे अपनों की सहभागिता उतनी ही आवश्यक है, जितनी मेरे लेखन में भाव और भाषा की उपस्थिति।

विषय-सूची

रंगरेज़ मन

रंगरेज़ मन,

मन ने जो रचा, वही लिखा,

मुझसे जब कोई पूछता है

कार्तिक की चाँदनी में

मध्यरात्रि का सूर्य

मार्च के महीने में

निर्दोष आकर्षण

कोरा कागज

अज्ञानता की वर्णमाला

घर का पता

कुछ रिश्ते बटोरे हैं मैंने

किशोर मन

यादों की गुल्लक

यादों की थैली

उम्र का पड़ाव

शीशे और खिड़की के सामने खड़े होकर

भला मानुष

एक बेटे की कहानी

आसमान से कहूँगी

ठीक ही तो कहा था डार्विन ने

वास्तविकता

अमृत सत्य

हर युग में अंधा युग आता है

कंकाल

सुंदर नयनों की क़ैद में

क्यों बनते जा रहे हो तुम इतने अशांत

बेवकूफ छिपकली

भूकंप

एक खंडहर की अंत्येष्टि

पर्याप्त की समझ

रंगरेज़ मन

एक रंगरेज़ मन
जीवन के अनुभवों,
स्मृतियों और कल्पनाओं को
अपने ढंग से रंगता है।

कभी यह कहानी बनकर ठहरता है,
कभी निबंध का रूप धारण करता है,
तो कभी कविता का।

प्रस्तुत कविताएँ अलग-अलग मनःस्थितियों
और भावनाओं के रंग हैं।
आशा है, पाठक इन बिखरे रंगों को जोड़कर
अपनी इंद्रधनुषी छवि देख पायेंगे।

मन ने जो रचा, वही लिखा

भाषाओं में बहता हूँ,
कहना बहुत कुछ चाहता हूँ,

जितना कागज़ पर उतरता है,
उससे अधिक भीतर रहता है।

कभी भाव साथ नहीं देते,
तो कभी भाषा रूठ जाती है,
मन को जो जच जाए बस,
वही पंक्ति बन जाती है।

कानपुर ने अ–आ सिखाया,
जयपुर ने मन को उकसाया,
दो शहरों की छाया ने
शब्दों को सजाया।

मन ने जो रचा,
वही तो लेखा है,
लेखक होना
निरंतर रेखा है।

जो मन में रह गया,
वही प्रभाव है,
अधूरा ही शायद

सच्चा स्वभाव है।

मुझसे जब कोई पूछता है

मुझसे जब कोई पूछता है
कहां का रहनेवाला हूं,
तो मैं गर्व से कहता हूं कि
कानपुर का।
कानपुर में मुझे मां मिली।
ऐसी मां जो मेरी असफलता को
मेरी परिभाषा नहीं मानती थी।
जिसने मेरे गिरने पर
आकाश को दोष नहीं दिया,
और मेरे उठने पर
आसमान सिर पर नहीं उठाया।
न उसने हताशा ओढ़ी,
न उसने उत्सव सजाया।
उसे पता था –
जीवन परीक्षा नहीं, प्रक्रिया है।
सत्यनारायण की कथा नहीं,

साधारण दिनचर्या में ही
उसने ईश्वर देख लिया था।
मेरा परिचय मेरे पिताजी से देर से हुआ।
मेरे पिताजी को मुझ पर गर्व था।
हर किसी के मन में था
मेरी नानी मुझे बिगाड़ रही हैं।
जब मैं सुधरा, किसी ने नहीं कहा
मेरी नानी ने मुझे संवारा है।
कानपुर ने मुझे मेरे भाई बहन दिए।
दोस्त दिए।
जुबान दी।
मेरे स्कूल दिए।
मुझे abcedarian ignorance से
बाहर निकालने की कोशिश की।
कानपुर ने मुझे doctoral ignorance की ओर ढकेला।

कानपुर ने मुझे बिगाड़ भी और सम्हाला भी।
कानपुर ने मेरी मुलाकात मुझसे करवाई।

कार्तिक की चाँदनी में

कार्तिक की चाँदनी में जन्मा,
नाम मिला – पूर्णेंदु।
समय की धधकती दोपहर थी,
पुकारा गया – बिप्लब।
पूर्णिमा की उजास
और क्रांति की ताप साथ लिये।
मैं आकाश से उतरा भी
और ज़मीन से जन्मा भी ।

कानपुर...जहाँ औद्योगिक धुआँ
और गंगा की धारा साथ बहते हैं।
जहाँ संघर्ष रोज़मर्रा की भाषा है।
शायद यही वजह है
मेरे भीतर के 'बिप्लब' को संयम मिला।

मध्यरात्रि का सूर्य

कानपुर, जहाँ एक किशोर मन
भविष्य की ओर आँखें मलते जागा

सुबह साथ लेकर।

दिल्ली, प्रश्नों, पदों
और पहचान के बीच
मेरी दोपहर गुज़री।

जयपुर, धीमी, सुनहरी,
जैसे दिन भर की थकान के बाद
मन किसी शांत आँगन में बैठ गया हो।

अब मैं लौट रहा हूँ, वहीं,
जहाँ मेरी दोपहर गुज़री थी,
मध्यरात्रि का सूर्य बनकर।

मार्च के महीने में

मार्च के महीने में
पता नहीं कहाँ से
ढेर सारी आशंकाएँ
मेरे भीतर घर करने लगती थीं।

अधूरे पाठों की फुसफुसाहट,
प्रश्नपत्रों की अनकही धड़कन,
परिणामों की आहट,
मन के आँगन में घर कर लेती थी।

आज भी मार्च के महीने में
परीक्षक के साथ-साथ,
मैं परीक्षार्थी बन जाता हूँ।
अधूरी पंक्तियाँ दिखने लगती हैं।

मार्च,
हर साल एक दर्पण बनकर आता है।
मार्च,
शायद आत्ममूल्यांकन का महीना है।

निर्दोष आकर्षण

कितने सपने बुने थे, अनकहे नामों के साथ।
कुछ धड़कनों पर, किसी नियम की मुहर नहीं होती,

कुछ निगाहों में न इज़हार होता है, न इंकार।
बस एक हल्की-सी लहर, अपने ही सागर में गोते खाती है।

निर्दोष आकर्षण वह बीज है, जो स्मृति की मिट्टी में
बिना शोर के अंकुरित होता है।
उसकी छाया में, केवल एक अनाम प्रेम कथा
मन की डायरी में स्वयं ही लिखती रहती है।

कोरा कागज

गैस था, तरल बना, ठोस बना,
अब प्लाज्मा बनने जा रहा हूं।
गैस–अव्यक्त ऊर्जा।
तरल–रूप लेती संवेदना।
ठोस–स्थापित पहचान।
और प्लाज्मा–एक अग्निमय चेतना।
प्लाज्मा, न ठोस की जड़ता,
न तरल की सीमाएँ,
न गैस की अनिश्चितता।
इस कोरे कागज में,

अस्तित्व की भौतिकी है,
आत्मा का रसायनशास्त्र
और प्लाज्मा का प्रकाश।
कोरे कागज में अग्निमय चेतना की आहट
और समय के स्पर्श की प्रतीक्षा होती है।

अज्ञानता की वर्णमाला

जब तक आप जानते नहीं,
तब तक यह भी नहीं जान पाते
कि और क्या जानना बाकी है।
सबसे पहले सीखनी होती है
स्वीकार करने की आरम्भिक विनम्रता
कि मैं नहीं जानता।
यहीं से शुरू होती है
समझ की असली यात्रा।
बोध होता है, ज्ञात के साथ साथ
अज्ञात का विस्तार।
अज्ञानता की वर्णमाला
ज्ञान की पहली पाठशाला है।

कानपुर ने मुझे
इस वर्णमाला से परिचित कराया।

घर का पता

जब किसी ने मुझसे पूछा
मैं किसके बारे में लिखता हूँ,
मैं उत्तर न दे सका।
पर भीतर कहीं यह स्पष्ट था
मैं अपने बारे में लिखता हूँ।

एक दिन किसी ने मुझसे
मेरे घर का पता पूछा।
मैं फिर चुप रह गया।
वह चकित हुआ,
कुछ क्षण ठहरा,
फिर मन ही मन बुदबुदाता हुआ आगे बढ़ गया–
"इसे अपने घर का ही पता मालूम नहीं. . ."
और मैं सोचता रह गया–
मैं अब भी अपने घर की तलाश में हूँ।

कुछ रिश्ते बटोरे हैं मैंने

कुछ रिश्ते बटोरे हैं मैंने
कभी धूप में, कभी छाँव में।
कुछ मिले, जैसे संयोग,
कुछ बने, जैसे आदत।
कुछ ने बिना कहे सुना,
कुछ ने कहकर भी अनसुना किया।
कभी किसी की आँखों में खुद को पाया,
कभी किसी की चुप्पी में खो गया।
हर रिश्ता एक निशान छोड़ गया।
जब पीछे मुड़कर देखता हूँ,
तो लगता है, रिश्तों ने ही मुझे बटोर लिया है।

किशोर मन

उम्र चौदह-पंद्रह, पता न था क्या करना है।
बताया गया लिखाई-पढ़ाई करो, गाड़ी-घोड़े पर चढ़ो।
पर मन भागे दूर, न पढ़ाई, न गाड़ी-घोड़ा,

बस दो पांव, दुनिया दौड़ने को।
स्कूल न जाएं तो जाएं कहां?
बाग-बगीचे किसके लिए बने?
हरियाली, रास्ता,
तितली-सा उड़ते रंगों की दुनिया।
घास है, आसमान है, हृदय है प्रेम करने को।
हजारों नायिकाएं हैं, हमउम्र न सही,
पर प्रेम निवेदन क्या उम्र का बंधन मानता है?

तब समय था कविता सोचने का।
कागज़-कलम होते हुए भी पन्ने खाली रह जाते थे।
फिर जाना कविता का मतलब,
शैलेन्द्र या साहिर बनना नहीं,
बल्कि जो मन में उमड़े, उसे लिख देना है।

यादों की गुल्लक

गुल्लक बनाने वाले को मालूम है,
मिट्टी से बनी यह गोलाकृति, आख़िरकार
मिट्टी में ही मिल जानी है।

पर उसने सिर्फ़ गिट्टी नहीं गढ़ी,
उसने वक्त को आकार दिया,
सहेजने के लिए
यादों की गुल्लक में।

यादों की थैली

विचित्र होती है यादों की थैली,
नई थैली में छेद हजार,
पर पुरानी थैली,
न कभी मैली, न बेकार।

यादों का सिलसिला ही तो है,
जो जीवन को क्रमबद्ध करता है।
जिन्होंने आँख, कान दिए,
उनकी यादें सदा साथ चलती हैं।

उम्र का पड़ाव

अगर रोज़मर्रा के कामों में ज़्यादा समय लगने लगा हो,
अगर गाड़ी की चाबी या घर की चाबी अक्सर खोने लगे,
अगर फ़ोन का जवाब देने में देर हो जाए,
या फिर याद न आए कि कल रात क्या खाया था,
अगर रेस्तरां में ऑर्डर करते वक़्त सोचना पड़े,
और कपड़े चुनने में उलझन हो,
अगर गाड़ी अब धीमी रफ्तार से चलाते हैं,
या बातचीत के दौरान शब्दों को ढूंढते रहते हैं,
शोरगुल बेचैन करती है ,
या बहस में आपा खो देते हैं,
तो चिंता मत कीजिए, खुश रहिए
यह उम्र का पड़ाव है।

यह वह मुकाम है,
जहाँ रफ़्तार धीमी ज़रूर है,
पर अनुभव का खज़ाना बेशुमार है।
यह वह वक़्त है,
जब खुद को बेहतर समझने का मौका मिलता है।
तो, मुस्कुराइए,
अपने अनुभव की कहानी सुनाइए।

शीशे और खिड़की के सामने खड़े होकर

शीशे और खिड़की के सामने खड़े होकर
देखे हैं मैंने कई रेखाचित्र।
शीशे में उभरे चेहरे, कुछ अनकही बातें, कुछ धुंधले चित्र।
खिड़की से दिखी, अनगिनत कहानियों की पटकथा।

एक में मैं था–टुकड़ों में बंटा,
दूसरे में सारा संसार–रंगों में सजा।
शीशा सवाल करता रहा,
खिड़की जवाब बुनती रही।
शीशे में मैं खोजता रहा खुद को,
खिड़की से झांकता रहा जीवन को।

भला मानुष

पता नहीं घर-बार का, उम्र का हिसाब बेकार है।
सोच बच्चों जैसी, पोथी-विद्या पढ़ी नहीं,
तर्क-बुद्धि मिली नहीं, ज्ञान बोझ बना नहीं,
रिश्तों की भीड़ नहीं।

आत्मीयता का भ्रम नहीं, सहज विश्वास का ज्ञान है।
सब चाहते हैं, सबको जरूरत है, पर कोई इतना नहीं,
कह सके अपना जिसे ।
चाहता है देखना अपनी नजर से,
पर देखता है दूसरों की नजर से।
औरों तक पहुँचने की चाह में, भागता फिरता है खुद से दूर।
आसमान का कोई नहीं ठौर-ठिकाना,
खो जाने का डर है,
फिर भी उड़ने की चाह है।
संबंधों और समझौतों से जुड़ना चाहता है,
धड़कता हुआ दिल
पर भार चिड़िया जैसा।
पता नहीं,
किस मिट्टी का बना है,
यह भला मानुष।

एक बेटे की कहानी

आरक्षण स्थल पर बैठा नवयुवक,
निर्दिष्ट कार्य के साथ, कुछ अति-विशिष्ट व्यक्तियों के लिए,

क्रम बाह्य आरक्षण कर रहा था।

अचानक उसने एक वृद्ध को बृद्धा को आते देखा,
परेशान, घबराई हुई।
छूट गई थी उसकी कानपुर वाली गाड़ी,
चाहिए थी उसे अगली गाड़ी में जगह।

काउंटर पर बैठे बेटे ने, माँ की तकलीफ को समझा,
माँ को आरक्षण मिला,
माँ खुश हुई,
कृतज्ञता स्वरूप धन्यवाद दिया,
और हथेली पर रख दिए कुछ पैसे ।

युवक, मन ही मन आहत हुआ,
"कैसे धोखा दे सकता हूँ, एक माँ को?"

डर

माँ, दाल में ज़रा भी नमक डाला ही नहीं ।
तुम्हारे पिताजी ने तो कुछ कहा नहीं ।

पिताजी कब कुछ कहते हैं ।
डरते हैं, कुछ कहने से।

योग्य पुत्र हो,
पिता के डर को समझ सकते हो।
ठीक कहा, पिताजी डरते हैं ।

डरते हैं बेवजह की कड़वाहट से,
किसी का दिल दुखाने से,
दूसरों को डराने से,
अपने आपको जाहिर करने से।
डरते हैं अपनों से ज्यादा, खुद से,
डरते हैं, पिता या पति बनने से।
इसका डर नहीं, कि कोई उनसे डरता नहीं ।
डरते हैं शिकायत करने से,
चाहे वह नमक हो, या कोई अपना।

जीवन-संगिनी

दुर्गा पूजा की अष्टमी की संध्या,
धूप और धुएँ की महक में, आरती के बीच
मुझे किसी मृदु स्पर्श की अनुभूति हुई।
धुंधली रोशनी में, दो प्रतिमा दिखीं,
एक नृत्यरत, दूसरी निहारती हुई।
मानो एक सृजन था, दूसरा उसका साक्षी।
मैं खो गया उस लय में, उन दो छवियों के मध्य।

धुएं की लकीर छँट गई,
एक प्रतिमा रह गई,
दूसरी हो गई भीड़ में कहीं विलीन।
पर उनकी छवि मन से ओझल न हुई।

वर्षों बाद, उसी के आमंत्रण पर,
उसके ही आँगन में,
मन की सीमाएं लांघकर
वह फिर मिली मुझसे,
उसी नृत्य की लय में,
उसी स्पर्श की अनुभूति के साथ।

यह संयोग न था,

वह थी मेरी कल्पना का मूर्त रूप,
मेरी जीवन-संगिनी।

शंख ध्वनि

हवा गिरती है तालाब पर,
तारे चुपचाप उगते हैं आसमान में।
गोधूलि शंख ध्वनि संग आती थी,
वर्षों हुए वह स्वर सुने ।
न देखा हवाओं को तालाब पर गिरते ।
धुआँ इतना कि तारे धुंधला गए,
पर शाम की खुशहाली का इंतज़ार अब भी है।

एक छोटी धारा की शांत ध्वनि

कई वर्षों बाद, पहली बार, मेरे मित्र ने सुनी
एक छोटी धारा की शांत ध्वनि।
उसे सहसा अहसास हुआ,
जैसे पुरानी स्मृतियाँ जीवंत हो उठी,

जैसे चर्चित स्पर्श फिर समीप आ गया।
सदियों से बहती उस धारा की तरह,
करीबी संबंधों का सान्निध्य भी
अविरत सुख देता है।

डॉक्टर राजेन सेन

अचानक याद आए डॉक्टर सेन,
देखते ही मुस्कुरा उठते,
नाड़ी देखने से पहले पूछते,
"बीमारी तन की है या मन की?"
फिर पंडित चाचा को बतलाते,
फलाँ मिश्रण तैयार करने को।

काढ़े का ज़माना था,
एंटीबायोटिक नाम भर का था।
पास पड़ा रहता पैसों का डब्बा,
जो जिसकी श्रद्धा, उसमें डाल जाता।
न कंप्यूटर था, न रूटीन टेस्ट,
न नाम से भारी-भरकम डिग्रियाँ,

बस एक इंसान था,
जिसे मशीनों से ज्यादा
भरोसा था अपने हाथों पर।

हमारे राजेन दा,
अपने साथ अपना युग ले गए।

ठिठुरता पेट

आज देखा एक बच्चे को
नुक्कड़ पर जूती बेचते हुए।
किसी ने पूछा– "कहाँ से आई ये जोड़ी?"
बोला, "चोरी नहीं की साहब,
किसी ने रहम खाकर दी थी,
मेरे ठिठुरते नंगे पैर देखकर।
काश दिखा पाता ठिठुरता पेट,
शायद मिल जाती एक रोटी।"
नंगे पाँव चलने की आदत पड़ चुकी है,
अब खाली पेट रहने की डाल रहा हूँ।
पचास की जूती, दस में बेच रहा हूँ।

जुगनू और तितली

जुगनू अपने भीतर अपनी रोशनी लिए,
अंधेरे में खुद को राह दिखाता चलता है।
तितली रंगों की उमंग बिखेरती हुई,
रोशनी-हवा के संग नृत्य करती फिरती है।

जुगनू जानता है, रोशनी को सजाना,
तितली जानती है, सौंदर्य क्षणिक सही, चिरस्थायी होती हैं।
जुगनू की मौन रोशनी और तितली की रंगीन उपस्थिति
दोनों ही क्षणभंगुर,
फिर भी उनकी छवि मन में बसी रहती है।

दृश्यमान-अदृश्यमान

दृश्यमान
हिमखंड-सा हूँ, अधूरा प्रकट,
मुखौटा मेरा, छवि अपरिचित।
छिपना स्वभाव, विलास अदृश्य,
संतुलन ही मेरा सत्य।

अदृश्यमान

सपने, डर, संदेह, आकांक्षा,
इन्हीं में बसती मेरी परिभाषा।
समय सिखाए कब ठहरना, कब निखरना।
संतुलन ही जीवन की साधना।

एक बूढ़े शहर में

एक बूढ़े शहर में एक बुढ़िया रहती थी।
बच्चे मानने को तैयार न थे
कि बुढ़िया भी कभी सुंदर बच्ची थी।

बुढ़िया को नाराजगी थी हर एक से।

बुढ़िया का शहर भी बुढ़िया सा,
कोई मानने को तैयार नहीं
कि उसका शहर भी कभी सुंदर था ।

बुढ़िया का शहर पुराना हो गया है,

बासी नहीं।
उसे याद है वो सुंदर बच्ची,
जो कभी उसकी गोद में पली बढ़ी थी।

एक मुट्ठी हवा

एक मुट्ठी हवा,
चुल्लू भर पानी
आँखों में सपने लिये
दिल पर दीप जलाए
आए थे आकाश जीतने।

हवा से सीखा बहने का हुनर,
पानी से जीने का सबक।
जो लाए थे मुट्ठी भर,
उनसे बना दिये सागर।
पथरीले रास्ते, हौसले आसमानी,
आश ने सहारा दिया,
जब थकी ज़िंदगानी ।

उन मुट्ठी भर ख्वाबों से सीखा
जीने के अनगिनत रंग।

सपनों ने दिए पंख उड़ान के,
उम्मीदों ने दिखाए नए जहान।

मुट्ठी भर हवा,
चुल्लू भर पानी,
जीवन को बना गए
एक सुहानी कहानी।

ईश्वर ने चाहा तो

रात का समय था ।
किसी को दस्तक देते सुना मैंने।
दरवाजा खोला ।
एक दिव्यमान प्रकाश,
मुझे देखते मुस्कराये, और बोले,
"मैं ईश्वर हूं । "

आधी रात का समय था ।

आँखे नींद से भरी हुई थी ।

दिमाग ने काम करना बंद कर दिया था ।

क्या करूं, क्या कहूं, कुछ समझ में नहीं आ रहा था।

कह रहे हैं, ईश्वर हैं, तो क्या मैं मान लूं ।

ईश्वर अंतर्यामी है ।

मन की बात समझ गये ।

बोले, "राही कई तरह के होते है, राह दिखाने वाले भी ।

तुम्हारी मर्जी तुम जिसे स्वीकार करो ।"

मैंने पूंछा , आपके प्रति विश्वास किसी डर के, या प्रेम के कारण है ।

मेरे इस प्रश्न ने ईश्वर को विचलित न किया, बोले,

"क्यों कोई किसी से डरता है

यह तो वही जानता है ।

मैं तो सोचता हूं कि तुम मेरा

मन से आदर करते हो ।"

मैंने एक और अविवेकी प्रश्न पूँछ डाला-

सज्जनों के साथ दुर्जनों की रचना क्यों की ?

ईश्वर बोले, "संवेदनशील कभी राक्षस नहीं बनाता।
तुम्हारी समस्याये तुम्हारी हैं,
तुम्हे ही उनके समाधान ढूंढने हैं ।
अपने दोषों की स्वीकारोक्ति एक कला है ,
और तुम्हे यह कला सीखनी चाहिए ।"

मैंने पूंछा, क्या उचित है आपकी रचना करना ?

एक पूर्ण रचयिता का रूप धारण कर ईश्वर बोले,
" योजना बनाना और उसको मूर्त रूप देना, दो अलग बातें है ।
मेरी रचना से पहले एक आदर्श की रचना करनी होगी ।
मेरे शब्दकोश में आदर्श का तात्पर्य सर्वोत्तम से है ।"

मैंने कहा, मेरे शब्दकोश में,
आदर्श में कई अनादर्श घटक भी शामिल है ।

ईश्वर को मेरा तर्क पसंद आया ।
उत्साहित स्वर में बोले,
"तुम्हारे पास बुद्धि है ,
तुम सजग हो, तुम निर्माता हो ।"

मैंने पूंछा, हमें बनाते समय, क्यों की इतनी गलतियां ?

ईश्वर बोले, "मैंने जान - बूझकर की गलतियां ।
विविधता लाने के लिए गलतियों के सिवाय, है कोई उपाय ?"
थोड़ी देर चुप रहे, फिर बोले,
"प्रमाणित करना चाहते हो मेरा अस्तित्व,
न कर पाओगे ।
क्या असीम को शब्दों में या विचारों से बांध सकते हो ।
मैं हर जगह हूं, क्या मुझे देख पाते हो ।
मैं तुम्हारा विश्वास हूं ।
जितना मुझसे छुटकारा पाना चाहोगे,
उतना ही करीब मेरी ओर आते चले जाओगे ।
जितना मेरे बारे में जानना चाहोगे,
उतना ही अंजान बन जाओगे ।"

मैंने कहा, तो क्यां करूं ।
छुटकारा पाने की कोशिश करूं,
या निकट आने की ।

ईश्वर बोले, "जो भी करो, मेरे अस्तित्व की अवहेलना नहीं कर पाओगे ।

तुम सुरक्षित हो, जब तक मैं सुरक्षित हूं ।

क्या फर्क पड़ता है, किसने की किसकी रचना ।

प्रगति सहज से जटिल की ओर जाती है ।

अगर मैं जटिल हूं, तो तुम पहले आये ।

अगर तुम जटिल हो, तो मै पहले आया ।

एक दूसरे के पूरक है हम ।

जैसे पूरक हैं सहज और जटिल।

तुम हो तो मैं हूं ।

मैं हूं तो तुम हो ।"

मैंने कहा, कुछ आपके अस्तित्व को लेकर चिंतित रहते हैं ।

ईश्वर ने कहा, " मेरा अस्तित्व जरुरी है,

तुम्हारा जीवन नियमित करने के लिये।"

मैंने कहा, आपको पाना, सहज भी तो नहीं ।

ईश्वर बोले, " हर जगह पा सकते हो मुझे ।

असीमित आकाश की तरफ देखो, मुझे पाओगे ।

चरम शक्ति के रूप में देखना चाहते हो,
तो देखो सूरज की ओर ।"

मैंने कहा, आपके बारे मे कई धारणाये अस्पष्ट थी ।

ईश्वर बोले, "अगर तुम सोचते हो,
तुम में मुझे देखने की क्षमता है,
तो तुमने मुझे देखा है ।
मैं एक सीधी रेखा हूं ।
तुम पर निर्भर करता है
कि तुम मुझे सीधी रेखा के रूप में देखना चाहते हो
या वक्र रूप में । "

ईश्वर की बातों में सम्मोहन शक्ति थी ।
मुझे उनकी बातें, बिना परखे, विश्वास होने लगी ।
सुबह होने वाली थी ।
मेरी आँखे पूरी तरह से खुल चुकी थी ।
मैंने ईश्वर को धन्यवाद दिया, और कहा,
मैं जान गया हूं, ईश्वर को समझने के लिये
मन में पवित्रता होनी चाहिये ।
ईश्वर को जानने के लिये, जानने की क्षमता होनी चाहिये ।

आशा करता हूं, फिर से मिलने का अवसर मिलेगा।

ईश्वर ने कहा, "ईश्वर ने चाहा तो शीघ्र ही फिर मिलेंगे ।"

रिश्ते

कुछ रिश्ते इतने मीठे होते है
की थोड़ी मिठास कम होते ही
कड़वे लगने लगते हैं।

कुछ रिश्ते इतने सच्चे होते हैं
की थोड़ी बनावट मिलते ही
झूठे लगने लगते हैं।

अगर रिश्ते न होते,
मिठास न होती, कड़वाहट न होती,
सच्चाई न होती, बनावट न होती ।

रिश्ते कभी दिलों की चौखट पर ठहरते,
कभी वक्त की आंधियों में बिखरते।

कल जो अपने थे, आज पराए लगते,
जो दूर थे, अनायास पास आ जाते।

खून के रिश्ते भी सूख जाते हैं,
जब मन के आंगन वीरान हो जाते हैं।

कुछ नाम मिट जाते हैं, कुछ रह जाते,
रिश्तों की यह अनजानी यात्रा,
फिर भी सुहानी रह जाती है ।

बिन ध्वनि के गूंज

जब शब्द थक जाते हैं,
मौन बोलता है।
जब कहने को कुछ नही होता,
मौन बोलता है।
जब शोर अपना अस्तित्व खो देता है,
मौन बोलता है।
जब बिन कहे समझ में आ जाता है,

मौन बोलता है।
जब बिन ध्वनि के गूंज सुनाई देती है,
मौन बोलता है।

तुम सुंदर हो

थमती नहीं, बहती जाती है,
किनारे को छूती हुई।
नदी के बहते जल में,
देखी मैंने सुंदरता

तुम्हारी सुंदरता, जैसे भोर की पहली किरण
अनायास ही मन को छू जाती है।
निर्मल जल की तरह तुम्हारी सरलता।
मृदु हवा का झोंका हो तुम।

ओस की बूँदें घास पर
स्वतंत्र, निस्पृह, और मधुर
तुम्हारी हँसी।
तुम्हारी नमी मरुस्थल में भी हरियाली ला दे।

तुम सुंदर हो, क्योंकि, तुम सहज हो ।

तुम एक विश्वास हो

तुम एक विश्वास हो,
फिर भी तुम पर इतना विश्वास है।
न देखा, न छुआ कभी,
फिर भी हर साथ का एहसास है।
डगमगाए जब भी कदम,
लगता है, तुम तो मेरे पास हो।

तुमने आत्मविश्वास के सहारे
बिता दी सारी ज़िंदगी।
पता नहीं, कौन सा विश्वास
हर बार तुम्हारा आत्मविश्वास जगा जाता है।

अपने अगर ईश्वर बन जाएं

अपने अगर ईश्वर बन जाएं,
तो क्या पराए न हो जाएंगे?
क्यों न दूर को दूर रहने दे।
थोड़ी सी खटास, थोड़ी सी मिठास,
इन्हीं से तो रिश्तों का इतिहास बनता है।

बिना सिर पैर के सपने

बिना सिर पैर के सपने
जब नींद के साए में आते हैं,
न कोई पूछता है नाम उनका,
न समझ पाते हैं उनका काम।

कभी उड़ते हैं बिना पंखों के,
गिरते हैं किसी खाई में,
कभी मिल जाते हैं खोए हुए,
कभी खुद को पाते हैं तन्हाई में।

आज मैंने एक बहुत ही बेतुका सपना देखा।

एक छोटा बच्चा एक छत से दूसरी छत पर दौड़ता जा रहा है, बिना थमे।

उसके पिताजी उसे पकड़ने की कोशिश में भागे चले जा रहे हैं। पर बच्चा जैसे किसी और ही दुनिया से आया हो।

उसके भीतर कोई जादुई शक्ति भर गई हो।

उसके पैरों में पंख हैं,

हर छलांग एक चमत्कार।

पिता की सांसें थक जाती हैं, उम्मीद हार जाती है।

वो सोचते हैं, अब नहीं पकड़ पाऊँगा।

सुबह पिता दरवाज़ा खोलते हैं।

गोपाल चौखट पर सर टिकाकर सो रहा है,

शांत, निश्चिंत, जैसे कुछ हुआ ही नहीं।

और मेरी नींद खुल जाती है।

निश्छल मन

निर्मल मन में आत्मा की छवि प्रतिबिंबित होती है।

कलुषित मन में केवल भ्रांतियाँ।

निश्छल मन पर अनुभव रेखाएँ खींचती हैं,
धारणाएँ रंग भरती हैं।

यात्रा समाप्त होने पर, स्मृतियाँ घुल जाती हैं,
जैसे वर्षा की बूँदें पट पर लिखी रेखाएँ मिटा देती हैं।

शेष रहता है विस्मय,
मानो कभी कुछ लिखा ही न गया हो।

कुछ रहस्य जीते हैं विस्मय के लिये।
प्रकाशन उन्हें साधारण बना देता है।

कुछ तारे प्रतीक्षा करते हैं प्रकट होने का।
कुछ आच्छादित रहना चाहते हैं।

शायद मन एक ऐसा रहस्य है,
जो रहस्य ही रहना चाहता है।
क्या रहस्य का असली अर्थ
उसकी अपूर्णता है?

उपस्थिति

मुझे तलाश है मुझ जैसे किसी की,
जो मेरी खामोशी पढ़ सके,
जो मेरे सपने देख सके,
जो मेरी बेचैनी सुन सके।

जब मेरे पास मैं हूँ,
तो क्यों तलाशता हूँ
मुझ जैसे किसी की?

यही प्रश्न मैंने मुझसे पूछा।
उत्तर मिला–कभी-कभी स्वयं को समझने के लिए
दूसरे का सहारा ज़रूरी होता है।

पर मैं ही क्यों?
क्योंकि मैं चाहता हूँ,
कि मैं ही मैं को ढूँढूँ।

पुरस्कार

जब भी कोई पुरस्कार मिलता,
अंतर गर्व से भर उठता है,
फिर उसी क्षण
उससे दूर भागने को मन होता है।
असहज हो उठता हूँ
जब कोई मुझे परिभाषित करता है।
भीड़ की चकाचौंध में
अपनी ही परछाई टटोलने लगता हूँ।
फिर भी पहचान पर गर्व होता है,
यही तो मन की विडंबना है।
साथ रहकर अलग होना चाहता है,
अलग रहकर साथ होना चाहता है।

उपचारक

डॉक्टर और परिचर, दोनों संभालते हैं,
पीड़ा की नीरवता।
एक लिखता है दवा,
दूसरा देता है सहारा।

एक चलता है प्रोटोकॉल से,
दूसरा सहज प्रवृत्ति से।
जब दोनों भूमिकाएँ मिलती हैं,
तब बनता है उपचारक, संपूर्ण मानवता का।

अनुभव

कल्पना कीजिए चालीस छात्रों की एक कक्षा,
जहाँ हर चेहरा आशा और संभावना से चमकता है।
बौद्धिक विनम्रता सिखाती है
कि "साधारण" कभी साधारण नहीं होता,
और "असाधारण" वही है
जो साधारण का सम्मान कर सके।
चालीस छात्रों संग बिताया समय
यही सच्चाई बार-बार कहता है।

अहंकार

एक दिन पूजा के बाद,
पुजारी ने कहा, जो चाहोगे मिलेगा।
पर मुझे कुछ नहीं चाहिए था।
पुजारी को आश्चर्य हुआ,
उन्हें लगा, यह मेरा अहंकार है।
कभी-कभी चाह का अभाव
भ्रम नहीं, पूर्णता पैदा करता है।

दिशा की चाह

जब भीतर का कम्पास सो जाता है,
उस अँधकार को कोई प्रकाश नहीं मिटा सकता।
चाह भ्रम से नहीं, जिज्ञासा से जन्म लेती है।
जो खोज से मुँह मोड़ लेता है,
उसके लिए हर नक्शा, एक बंद गली बन जाता है।

ज्ञान की आँखें

व्यापार की आंधी में
शिक्षा की दीपशिखा बुझ जाती है।
सत्य अक्सर परदे के पीछे छिप जाता है।
ज्ञान की आँखें, धुंध में,
अपनी दृष्टि खो देती है।

असामान्य खुशी

मैं एक बूढ़ी माँ को जानता था।
उसने बहुत कोशिश की सबको प्रसन्न करने की,
पर कुछ काम न आया।
एक दिन उसने अपनी कहानी बदल दी।
परिवार के न चाहते हुए भी वह कहने लगी–
"मुझे सब चाहते हैं।"
परिवार चकित था।
कुछ दिनों में बूढ़ी औरत भूल गई
कि वह झूठ बोल रही है।
उसे बस यह याद रहा कि उसे सब चाहते हैं।
उस उम्र में उसके पास देने को
सिवाय अपनी कोमलता के

और इस छोटे-से, असामान्य
खुश रहने के तरीक़े के कुछ नहीं था।

जब कोई साथ न हो,
शायद जीने का एक तरीका है
यह कल्पना करना कि सब साथ हैं।

मैंने कहीं पढ़ा था एक ऐसे व्यक्ति के बारे में
जिसने अपना पूरा परिवार खो दिया था,
पर इस कल्पना के सहारे जीता रहा
कि उसका परिवार अब भी उसके साथ है।
वह कल्पना उसके जीने का सहारा बन गई।

अनावश्यकताओं का सुख

दशकों तक वह मेरी मित्र रहीं।
अब वो निस्तब्ध पड़ी हैं।
आँखें यादों और विदाई की धुंध से भरी हुईं।
मैं उनके पास बैठा हूँ।
न मदद कर सकता हूँ, न ही उपचार।

पर मैं उनका हाथ थाम सकता हूँ।
याद कर सकता हूँ, जो वह कभी थीं।

कभी-कभी जीने का बोझ मरने
के डर से भारी हो जाता है।
अंतिम प्रस्थान की शुरुआत
शांत इच्छाओं से होती है।
पर अंतिम मुक्ति
केवल एक ही दे सकता है।

रिश्ते समय के साथ पुराने होते हैं, बासी नहीं।

पुराने मित्र से मिलना, जो आवश्यकता से नहीं,
स्मृति से जन्म लेता है,
अनावश्यकताओं का सुख कहलाता है।

स्वयं का सम्मान

हमें अच्छा लगता है यह विश्वास
कि हम संभव से भी आगे बढ़ सकते हैं।

अक्सर हम अपने आपको समर्पित कर देते हैं
उनको, जो न हमें समझते हैं, न महत्व देते हैं।
अपनी क़ीमत साबित करने की कोशिश में
हम अपनी ऊर्जा खो बैठते हैं बेअसर जगहों पर।

स्वयं का सम्मान ही स्वयं की सबसे बड़ी पहचान है।

जीवन के सफ़र में

जीवन की राह पर हर कोई हॉर्न बजा रहा है।
कोई खुशी जताने के लिए, कोई झुंझलाहट निकालने के लिए,
कुछ प्रेम जताने के लिए, तो कई ध्यानमग्न गायों को जगाने के लिए।
जिनके पास हॉर्न नहीं, वे चिल्लाकर काम चला रहे हैं।
कुछ बिना ब्रेक के गाड़ी दौड़ा रहे हैं,
किस्मत पर उन्हें पूरा भरोसा है।
ओवरटेक करना खेल है, लाइन पार करना बहादुरी।
सड़कों पर जेम्स बॉन्ड भी मिलते हैं,
जिन्हें लाइसेंस मिला है राहगीरों को डराने का।

तीन-पहिया वाहन, चलते-फिरते प्रयोगशाला बन जाते हैं।

बच्चों को ऐसे बिठाया जाता है,

ताकि न्यूटन के नियम चलते-चलते साबित किए जा सकें।

और यह सब, सिर्फ़ शोर नहीं, एक अजीब-सा संगीत है।

इस शोरगुल से भरे संगीत की धुन, अपनी होती है।

कल रात का सपना

मुझे इलाहाबाद, किसी कार्यक्रम के उद्‌घाटन के लिए बुलाया गया।

उद्‌घाटन स्थल कुंभ मेले जैसा लग रहा था,

पर आस पास गंगा नहीं थी।

उसकी जगह कई इमारतें एक घेरे में बनी हुई थीं।

उन्हीं में से एक इमारत में मुझे लाया गया।

एक विशाल हॉल, एकत्रित विशाल जनसमूह।

वही सामान्य वातावरण।

मैंने अपना रटा-रटाया, अपेक्षित व्याख्यान दे डाला।

व्याख्यान के बाद, मुझे एक बड़े लॉन में ले जाया गया।

सैकड़ों खाने के स्टॉल लगे थे।
धीरे-धीरे लोग जमा हो रहे थे।
भीड़ बढ़ती गई, और पागलपन जैसा माहौल बनने लगा।
अब मैं मुख्य अतिथि न रहा,
भीड़ का हिस्सा बन गया ।

तेज़ बारिश आई,
कोई नहीं भागा।
खाना बह गया,
सब भीगते रहे।
उस पल, हम सब एक हो गए।
न कोई अतिथि, न कोई मेज़बान,
सिर्फ बारिश में भीगते लोग।

मैं भूल गया क्यों आया हूँ,
कहाँ से आया हूँ।
न भूख, न छाता, न किसी छत की तलाश।
बस वहीं रहना चाहता था,
बरसात का आनंद लेते हुए।

फिर बारिश थम गई।

सुबह हो चुकी थी,
पर रात ठहरी हुई थी।
कभी-कभी रातें
कितनी सुंदर होती हैं।

क्रमिक विकास

जाना सबको है,
किसी के जाने से क्या
कभी मंच खाली हुए?
कहते हैं छोड़कर मंच जब जाओ,
खेल अधूरा छूटे ना।
क्या किसी के खेल कभी पूरे हुए हैं?
समय लेकिन कभी निराश नहीं करता।
बीता समय, नए समय का आह्वान करता है
अधूरे खेल पूरे करने के लिए।
और इस तरह क्रमिक विकास का क्रम
सदियों से चलता चला आ रहा है।

एक मौन संवाद

मैंने देखा तुम्हें मुड़ते हुए।
तुम खोज रहे हो एक ठिकाना,
जहाँ सवाल न हों।
मुझे कोई शिकायत नहीं तुम्हारे भटकने से ।
राहें अलग होती हैं, कुछ पहुँचती हैं, कुछ लौटती हैं।
मुझे कोई शिकवा नहीं, अगर तुम्हें भी परवाह नहीं
अपने भटकने से।
शायद वही भटकन, कभी तुम्हें खुद तक ले आए।

मौन की शरण में

उसके पास लोग प्रश्न लेकर आते,
लौटते समय उनके प्रश्न भी मौन हो जाते।
वह जैसे किसी गहरी नींद में हो,
जहाँ स्वप्न भी स्थिर खड़े हों।
उसमें न अहंकार था, न महत्वाकांक्षा की गंध,
पर भय था।
सुविधा उसकी चुप्पी, और समय उसकी निष्क्रियता।
उसे जगाने के अनेक रूप आज़माए गये,

कभी तर्क की भाषा में, कभी भाव की,
कभी कहानी, कभी प्रश्नों से।
अपनी निस्तब्धता में सुरक्षित,
अपनी जागृति के भ्रम में लिपटा
हर सोया व्यक्ति जगाया नहीं जा सकता।
समय के थपेड़े ही उन्हें जगा सकते हैं।

प्रश्न यह है, फिर भी वो चुप क्यों है?
यह उसका भय नहीं है।
उसे भय है उन लोगों का,
जो उसकी चुप्पी का कारण हैं।
कभी-कभी चुप रहना कायरता नहीं,
अनुभव की पीड़ा होती है।

पंथी उस पथ के

वो साइकिल की कतारें, वो छय आने वाली सीटें,
स्टेशन के पिछवाड़े का वो छोटा-सा सिनेमा हॉल।
वो "याहू" वाले दिन, बारिश का पानी,
वो काला बाज़ार, वो हथेली का ठप्पा।

जाने कहाँ बिखर गए, पंथी उस पथ के ।
जाने कहाँ बिसर गईं, वो काग़ज़ की नावें।

आसमान से कहूँगी

जब मैं गई उसे बताने, तुम्हें छोड़कर जा रही हूँ,
मिल गई है मुझे, जो मुझे चाहिए थी।
उसने कहा, जिस पेड़ को बोया था तुमने,
उसे छोड़कर जा रही हो ।
कमरे तुमने बनाए, रोशनदान मैंने लगाए।
मेरे सपने साथ लेकर जा रही हो तुम।
मुझे नहीं, अपने आपको छोड़कर जा रही हो तुम।

हर युग में रहा हूँ मैं

हर युग में रहा हूँ मैं।
गैलीलियो के युग में भी था।
गैलीलियो के साथ अन्याय हुआ था।

तुम तो कहते हो, डार्विन भी मेरा शत्रु था,

क्योंकि उसने कहा था कि मेरे बिना जीवन की उत्पत्ति संभव है।

ठीक ही तो कहा था डार्विन ने।

तर्क चलता रहेगा मेरे अस्तित्व को लेकर,

तब तक, जब तक मृत कार्बन को जीवन नहीं दे पाते हो तुम।

कुछ कहते हैं कि वे मुझे सुन पाते हैं।

मुझे वही सुन पाता है, जो सुन पाता है

बिन ध्वनि के गूंज।

हर युग में रहा हूँ मैं, नया ब्यक्तित्व साथ लिए।

एकता में रिक्तता

नहीं जानती तुम कवि बनोगे या चित्रकार।

नहीं जानती तुम्हें किस रूप में देखना चाहती हूँ।

पर चाहती हूँ, तुम वही बनो, जो तुम बनना चाहते हो।

तुम जो भी बनोगे, मुझे निराश नहीं करोगे।

प्रेम को प्रेम ही रहने दोगे, बंधन नहीं बनाओगे।

साथ रहकर भी अपनी-अपनी दुनिया में रहोगे।

दूर रहकर भी, मेरे क़रीब रहोगे।
तुम्हें पाकर, मैंने जाना एकता में भी रिक्तता होती है।

उषा में आशा

आशा को वंचित होना पड़ा
मां की छत्रछाया से, जब वो दस वर्ष की थी।
मां के समय से पहले चले जाने से
आशा बड़ी हो गई, समय से पहले।
पिता का भरपूर स्नेह मिला,
पर न मिल सकी मां की ममता।
बेटी का मतामत पनपा, समय से पहले,
लेकिन पिता को न दिखा।

ऐसे समय, आशा की मुलाकात, गोविंद से हुई।
अपरिचित से परिचित,
बना निकट से निकटतम।
घनिष्टता बंधन में सीमाबद्ध हुई।
गोविंद आशा का हुआ, किन्तु न हो सका
उसके पिता का।

गोविंद का मध्यम वर्ग आड़े आया।

बेटी को झोंकना नहीं चाहता था पिता उस वर्ग में,

मुश्किल से निकला था जिस वर्ग से।

बेटी ने एक प्रयोग समझकर प्रवेश का साहस किया,

मध्यम वर्ग में।

छोड़ना पड़ा उसे पिता का घर, पिता के आशीर्वाद बिना।

जिद पूरी हुई पिता - पुत्री की। दोनो जीते, दोनों हारे।

आज़ाद ख्यालों की द्रौपदी, सोचने लगी पिता से मिली
आज़ादी के साथ-साथ पति की दी हुई आज़ादी के बारे में।

समझ में आने लगी उसे आजादियों की विभिन्नताएं ।

गोविंद समझ न पाया आज़ादी की बारीकियों को।

उसे लगा, अगर दे न पाया वो आशा को पिता जैसी
आज़ादी,

हार जायेगा।

पिता के अहंकार को चुनौती देने जुट पड़ा वो, तन-मन-धन
से।

समय न रहा उसके पास आशा के लिये।

दोनों के बीच दूरियां बढ़ी।

जब दूरियां बढ़ती हैं, ढीले पड़ जाते हैं कुछ बंधन।

ऐसे समय, आशा ने अनुभव किया

अपने अंदर चल रहे मातृत्व की सुचना को।

समयानुसार, आशा मां बनी।
जकड़ने लगी द्रौपदी बेटी को,
मुट्ठी में बालू की तरह।
उसे लगा, मुट्ठी खोल देगी, बालू बिखर जायेगी।
क्या कोई कैद कर रख पाया है मुट्ठी में बालू को।
क्या कोई भींचकर रख पाया है सुगंध कैद कर, हथेली में।

कौन है आशा की इस दशा का जिम्मेवार?

यही प्रश्न मैंने आशा से किया।
उसका उत्तर मैं दोहरा रहा हूं।

दशा इसे मैं क्यों कहूं।
मैं एक बेटी हूं, एक पत्नी हूं, एक मां हूं।
मेरे हर निर्णय की अधिकारी मैं हूं।
कई अंधेरे दूर भगाने हैं मुझे।
मैं एक बेटी हूं, एक पत्नी हूं, एक मां हूं।
मेरे यह अधिकार मैंने स्वयं अर्जित किये हैं।
कोई नही छीन सकता है मुझसे, मेरे यह अधिकार।
ढेर सारी रोशनी और थोड़े से आकाश की जरुरत है मुझे।
उषा में आशा देखी है मैंने।

भय

एक अवस्था होती है
जहाँ भय अनुपस्थित होता है,
अतिक्रमित नहीं,
बल्कि अपरिचित।
स्व का अपनी सीमाओं से परिचय नहीं होता है,
इसलिए वह स्वयं को असीम मान लेता है।

फिर सीमाओं का बोध जागता है।
भय आता है,
आक्रमणकारी बनकर नहीं,
बल्कि पहचान बनकर,
नाज़ुकता की, निर्भरता की,
और 'दूसरे' की उपस्थिति की।
इस अवस्था में भय
परिणामों से, पहचानों से जुड़ जाता है।

समय के साथ
स्व थोड़ा पीछे हटता है,
और अपने ही कम्पन को देखता है।

भय, चेतना का एक अंग बन जाता है।
और फिर
दूसरों का भय, हानि का भय, मृत्यु का भय
सब एक अविभाज्य क्षेत्र में विलीन हो जाते हैं।
प्लाज़्मा की तरह,
जहाँ संरचना तीव्रता में घुल जाती है।
उस अवस्था में
भय न तो रोका जाता है,
न ही जीता जाता है।
वह सीमितता की ऊर्जा है
जो अनंत के बोध से मिलती है।
वहाँ ठहरना
निर्भय होना नहीं है,
बल्कि यह समझना है
कि भय कभी भी
उस 'स्व' से अलग था ही नहीं
जो उससे भयभीत था।

बदलते ठिकाने

कानपुर ने सहारा दिया,
पहचान दी, हौसला जगाया,
शिक्षक बनने की प्रेरणा दी,
और आत्म-खोज की स्वीकृति।

कानपुर छोड़ना पड़ा।

दिल्ली आया,
नए दोस्त बने, नए अवसर खुले।
मित्रवत छात्र, सहयोगी सहचर मिले,
एक भूमिका मिली।

निर्णय कठिन था,
फिर भी, दिल्ली को अलविदा कहना पड़ा।

जयपुर पहुँचा।
सोच के नए आयाम खुले।
विषयों की सीमाएँ टूटीं,
लेखन को नया प्रोत्साहन मिला।

ठिकाने बदलते हैं,

बदलते हैं रास्ते,

पर यादों की परछाइयाँ साथ चलती हैं।

एक समय था

जब शब्द साथ नहीं देते थे।

जयपुर ने झिझक तोड़ी।

अंततः लिखना शुरू किया

वही, जो मैं लिखना चाहता था।

गाने सुने नहीं, जिये जाते हैं

शब्द किसी और के, धुन किसी और की,

पर उनमें गूंजती हमेशा मेरी ही सांसें होती हैं।

जब कोई पुकारता है

"आ चल के तुझे मैं ले के चलूं, दूर गगन की छांव में"

तो लगता है, कोई मुझे सड़क से उठाकर बादलों में बिठा रहा है।

"जा रे, उड़े जा रे पंछी"

जैसे मेरे सपने आसमान छूने को हैं।

"अभी न जाओ छोड़कर"

मानो तुम्हे अंदाजा ही नहीं की तुम्हारे जाने के बाद कितना अकेला हो जाऊंगा।

"बिछड़े सभी बारी-बारी"

जीवन का संक्षिप्त इतिहास बन जाता है।

आज भी जब "वक़्त ने किया क्या हसीं सितम" गूंजता है,

तो लगता है, वक़्त नहीं,

मैं ही था वह वक़्त,

जिसने कभी खुद को रुलाया, कभी हँसाया।

"मेरा कुछ सामान तुम्हारे पास पड़ा है"

सोचा था, बस कुछ यादें होंगी।

पर अब लगता है, कुछ नहीं, सब कुछ वहीं छूट गया।

"तुम न जाने किस जहाँ में खो गए"

हर हवा में तुम्हारे होने की खुशबू गुनगुनाती है।

"छोटा सा घर होगा, बादलों की छांव में"

एक सपना, जहाँ सादगी बसती है,

दीवारों पर कुछ पुरानी तस्वीरें,

और समय थोड़ी देर के लिये ठहर जाता है।

फिर अचानक कोई पूछता है

"ये क्या जगह है दोस्तों"

और मैं सोचता हूँ,

क्या यही वह जगह है

जहाँ मैं कभी पला-बढ़ा था?
जहाँ बातें होती हैं, आवाज़ें कहीं खो जाती हैं।
फिर भी, अजीब-सी आत्मीयता है इस जगह में।
हर सुर में कोई सांस लेता है,
हर ठहराव में कोई अधूरी बात पलती है।
मुझे लगता है, गाने सुने नहीं, जिये जाते हैं।

पधारो म्हारे देश

गरिमा से भरा, जीवन सादा,
रंगों में निराला, राजस्थानी मन,
अतिथि स्वागत धर्म जिसका।
विचार क्षणिक, विस्मय से परिपूर्ण।
वह संरक्षण करता है, प्रतिरोध करता है,
आमंत्रित करता है,
वह किला भी है, वह मेला भी है।
जहाँ "केसरिया बालम"की मधुर पुकार
मरुस्थल की हवाओं में गूंजती है।
घूमर के लय और ढोल की थाप में
नृत्यकला जगमगाती है।

आसमान से कहूँगी

जब मैं गया उसे बताने
तुम्हें छोड़कर जा रहा हूँ,
मिल गई है मुझे
जो मुझे चाहिए थी।

उसने कहा,
पता भी है, क्या छोड़कर जा रहे हो तुम?
जिस पेड़ को बोया था तुमने,
उसे ही छोड़कर जा रहे हो तुम।

कमरे बनाए तुमने,
रोशनदान लगाए मैंने–
मेरे सपने साथ लेकर जा रहे हो तुम,
मुझे नहीं, अपने आपको छोड़कर जा रहे हो तुम।

आसमान से कहूँगी
सारी रोशनी दे दे तुम्हें,
मुझे ज़रूरत पड़ी
तो तुमसे माँग लूँगी।

ठीक ही तो कहा था डार्विन ने

हर युग में रहा हूँ मैं,

गैलीलियो के युग में भी था।

उसके साथ अन्याय हुआ था।

डार्विन ने कहा था कि उसके बिना जीवन की उत्पत्ति संभव है।

ठीक ही तो कहा था डार्विन ने।

कुछ दावा करते हैं कि वे मुझे सुन पाते हैं।

मुझे वही सुन पाता है जो सुन पाता है बिना ध्वनि के गूंज।

तर्क चलता रहेगा मेरे अस्तित्व को लेकर, तब तक,

जब तक तुम शून्य में सुनने की शक्ति नहीं पा जाते।

वास्तविकता

मेरी वास्तविकता बदलती जा रही है

मैं दिन पर दिन अँधा होता जा रहा हूँ

दिखता नहीं जो मुझे देखना चाहिए

मेरे जहन में जहर बढ़ता जा रहा है

मैं मैदान छोड़कर भागना चाहता हूँ
फिर लगता है, भागकर कहाँ जाऊं
हर जगह तो मैं विद्यमान हूँ।

अमृत सत्य

नरेंद्र, शिकागो में, सितम्बर के महीने में
तुमने अमेरिका के भाई बहनो से कहा था
एक ऐसे धर्म के बारे में
जिसकी नीव पांच हज़ार वर्ष पहले पड़ी थी।

ऐसा धर्म जिसने दुनिया को सहनशीलता का पाठ सिखाया
सभी धर्मों की जननी ने सभी धर्मों को सत्य का रूप दिखाया
मनुष्य अपने अनुकूल अलग-अलग मार्ग चुनता है
सभी नदियां जाकर मिलती हैं समुद्र में।

मुझे याद है नरेंद्र, तुमने कहा था
ईश्वर से तुमने जब भी कुछ माँगा
उसने न दिया, उसने वही दिया,
जिसकी ज़रूरत थी तुम्हे।

नरेंद्र, देश को ज़रूरत है
एक अमृत सत्य की
जो समझता है
जरूरत और चाहत के बीच प्रभेद।

हर युग में अंधा युग आता है

दुर्योधन के माथे पर
किसी ने लिख दिया था
उनका पिता अँधा है।
न मिटा पाया दुर्योधन, पिता का अँधापन।

सच और झूठ के युद्ध में
कभी युधिष्ठिर जीतते है
तो कभी दुर्योधन।

अंधा युग विनाश की बात करता है,
न केवल मानव जीवन की,
मानवीय मूल्यों की भी।

महाभारत में विजेता और पराजित
दोनों अंत में हार जाते हैं ।

जब अंधा युग आता है
छा जाते हैं निराशा और आतंक के बादल
समानांतर हो जाती है अंधी नफरत और अंधा प्रेम।
क्षति होती है सारी धरती की।

हर युग में अंधा युग आता है।
हर युग में राम और कृष्ण भी आते हैं।

कंकाल

घोड़े पर सवार एक कंकाल भागता चला जा रहा है
युग युग से।
मंजिल तक पहुंचता है, मंजिल आगे बढ़ जाती है।
कंकाल हाफ गया है, आसमान छूने की कोशिश में।

हर युग ने कंकाल बनाये।

हर युग को घोड़े को आवश्यकता पड़ी।
न टूटेगा प्रगति का भ्रम,
न कम होगा, कंकाल बनने का क्रम।

सुंदर नयनों की क़ैद में

गहरे पानी में मैं कई वर्षों से जीवित हूं
तुम्हारी तरह किसी ने कभी न कहा,
मैं सुंदर हूँ।

आज तक खुद को देखने का मौका न मिला
कोई करीब भी नहीं आया,
तुम आए।
खुद को छुपा न सकी।

धन्य हूँ मैं
तुम्हारी सुंदर नयनों में क़ैद होकर ।

क्यों बनते जा रहे हो तुम इतने अशांत

तुम जानते हो,
तुम्हारा आकस्मिक आगमन
कितना कुत्सित होता है।

तुम जानते हो
तुम्हारी अनुपस्थिति में संभव होती है
स्वर रचना।

तुम जानते हो
तुम्हारा शांत स्वरूप
स्वच्छ और निर्मल करता है।

इतना जानते हुए भी,
क्यों बनते जा रहे हो तुम,
इतने अशांत।

बेवकूफ छिपकली

एक छिपकली

मेरे एक दोस्त के घर रहती है,
दीवार से चिपकी।

उसे देखते ही छुप जाती है,
फिर भी मेरा दोस्त डरता है,
कहीं पत से आकर न गिरे।

अरे भाई,
छिपकली तुमको डराती नही,
सिर्फ बत्ती न बुझाने को कहती है।
बत्ती बुझते ही,
उसे किसी और दीवार का सहारा लेना पड़ेगा।

बेवकूफ छिपकली,
छिपना ही है, तो स्विचबोर्ड के पीछे छिपो ।
बत्ती बुझाने वाला बत्ती बुझाने से तो डरे डरेगा ।

भूकंप

भूकंप ने जगाया मुझे

मेरे एहसास से ।

मैं उठा, चारो ओर अंधेरा था ।

सुबह के चार बजे थे ।

भय के अंधेपन को जीतने की कोशिश की ।

कोशिश की अधिकारों के बंधन से मुक्त होने की ।

इतने थोड़े समय में इतना कुछ हो गया

पता भी न चला ।

सुबह के छापे में पढ़ा,

पंद्रह सेकंड के लिए

जयपुर में भूकंप आया था।

एक खंडहर की अंत्येष्टि

आया हूँ इस खंडहर में

एक रात बिताने।

कभी यह एक आलीशान घर था,

रोशनियों से भरा,
जिसके आँगन में
तारे उतरते थे।

एक जबरदस्त नानी,
चार भाई, एक बहन, चार मामियाँ,
और छह भाई-बहनों की
एक चहल-पहल भरी दुनिया थी।

और एक मैं था,
नानी का दुलारा,
उनके स्नेह में पला
एक गोबर।

फिर एक दिन
वही गोबर निकला
कंडा बनने।
धीरे-धीरे सब निकल पड़े,
कुछ बहुत दूर चले गए।

किसी ने नहीं देखा

कि कब
एक मकान
खंडहर बन गया।

सबकी अपनी-अपनी दुनिया
इतनी प्रिय हो जाती है
कि जो कभी अपना था,
वही पराया लगने लगता है।

आज लौटा हूँ
एक वीराने में,
लगभग
एक वीराने की तरह।

आया हूँ साथ लिये
कुछ बुझी हुई आवाज़ें,
कुछ बिखरी हुई रोशनियाँ,
कुछ अधूरी हँसी।

आया हूँ इस खंडहर को आज़ाद करने,
एक नए खंडहर की घोषणा करने।

पर्याप्त की समझ

साधारण होना आसान नहीं है, विशेषकर उसके लिए जिसने कभी स्वयं को साधारण माना ही नहीं।

वर्षों तक मैं एक आत्मविश्वास के साथ जीता रहा, एक गैस के गुब्बारे की तरह, हल्का, तैरता हुआ।

उसने मुझे दूर तक पहुँचाया, कभी-कभी मेरी क्षमता के बाहर।

अब जीवन के इस पड़ाव पर आसमान तो वही है, पर मेरी पहुँच सीमित हो गई है।

अब भी कुछ काम हैं जो मैं करना चाहता हूँ।

न आवश्यकता के कारण, बल्कि इसलिए कि मन को याद है अपना वह रूप जो किसी सीमा को नहीं जानता था।

कागज़ पर यह इच्छा सराहनीय लगती है,

पर व्यवहार में यह मेरा साथ नहीं देती।

संतोष का अर्थ छोटा हो जाना नहीं है, न ही भीतर की बेचैन आवाज़ को दबाना। यह है

अपनी ऊर्जा को वहाँ लगाना जहाँ वह अब भी आकार ले सके।

यदि मैं अनंत ऊँचाइयों तक नहीं उठ सकता,

तो मुझे यह सीखना होगा कि कहाँ ठहरना है।

और उस चुनी हुई ज़मीन पर, यह साबित करने के लिए नहीं कि मैं अब भी उड़ सकता हूँ,

बल्कि यह समझने के लिए कि अब क्या संभव है, जब मुझे उड़ने की आवश्यकता नहीं रही।

जहाँ रंग, वहीं चित्र

जागो मोहन प्यारे

एक वैश्विक प्रवासी

अंतिम

बस चाहती हूँ

दुई पाखी

जहाँ रंग, वहीँ चित्र

अधिकांश समय, फोटो लेते समय, हमारा कोई कलात्मक या पत्रकारीय इरादा नहीं होता है। सहजता इन तस्वीरों की पहचान होती है। अपेक्षाएँ और कल्पनाएँ इसकी संज्ञानात्मक संरचनाएँ होती हैं। संज्ञानात्मक निर्माणों में अंतर्निहित वास्तविकताएँ समय के प्रवाह को दर्शाती हैं।

ये रचनाएँ पिंजरे में बंद पक्षियों की तरह होती हैं, जो अपनी रिहाई का इंतज़ार कर रही होती हैं। वे अपने पंख तो फैला सकती हैं, लेकिन तब तक उड़ नहीं सकतीं, जब तक कि पिंजरे के दरवाज़े नहीं खुलते हैं।

जब एक फोटो दूसरे से जुड़ती है, तो यह चित्र एक जीवन यात्रा का चित्रण करती है।

माँ की गोद में हमारी यात्रा शुरू होती है। समझ की खाई को कम करने के लिए हम भाषा का उपयोग करते हैं। हम सहयोग और प्रतिस्पर्धा सीखते हैं। हम साहचर्य और उसके निर्वाह को समझते हैं। विरोधाभासों के बीच, हम सुलह सीखते हैं।

ज़रूरत और चाहत की दुनिया में, आशा के बिना जीवन असंभव है। हमारी उम्मीदें हमारे जीवन को संचारित करती हैं। आशावाद में कुछ मात्रा में निराशावाद का जुड़ना भी आवश्यक है। इष्टतम आशावाद में छुपा होता है जीवन का अमृत।

कहानी समय में फैले बिंदुओं को जोड़ती है। इन बिंदुओं की मदद से हम रिश्ते बनाते हैं। कुछ रिश्तों के नाम दिए जाते हैं, और कुछ रिश्ते गुमनाम रह जाते हैं।

'पॉइंटिलिज़्म' बिंदुओं को जोड़ने की कला का नाम है। यह कला का वह रूप है जिसमें चित्र बनाने के लिए शुद्ध रंग के

छोटे-छोटे अलग-अलग बिंदुओं का उपयोग किया जाता है। कलाकार सैकड़ों छोटे-छोटे बिंदुओं से चित्र बनाता है। दर्शकों की आँखें और दिमाग रंगों को मिलाकर इन रंगों के विभिन्न दृश्य बनाते हैं, जो बिंदुओं की व्यवस्था के तरीके पर निर्भर करता है।

हम अपने रंग तैयार करते हैं। हम जीवन को विभिन्न रंगों से रंगते हैं।

जीवन केवल जीव विज्ञान नहीं है। न ही कोई निरर्थक दुर्घटना, और न ही कोई सार्थक संयोग।

भविष्य के बारे में अनुमान लगाया जा सकता है, लेकिन सटीक भविष्यवाणी नहीं की जा सकती।

जीवन स्वार्थी है।

जीवन जीवित रहने का एक साधन है।

जीवन रचनात्मक विनाश है।

हम एक-दूसरे से अलग हैं। हमारे मूल्य अलग हैं। हमारी चाहत हमारी आवश्यकता से अधिक है। समय के साथ हमारी चाहत बढ़ती है। हमारी शारीरिक और भावनात्मक ज़रूरतें बढ़ती हैं। हममें साहचर्य की आवश्यकता विकसित होती है।

ईश्वर तक पहुँचने की आवश्यकता हमें महत्वहीनता का मूल्य सिखाती है।

जीवन आकस्मिक नहीं है, न ही घटनाओं की कोई योजनाबद्ध श्रृंखला।

हम सब मुट्ठी बंद करके आते हैं। हम सब कुछ छोड़कर खुले हाथ चले जाते हैं। जीवन के राजमार्गों पर गाड़ी चलाते समय तूफ़ान आते हैं और चले जाते हैं। घने पत्तों के बीच गिरे हुए पेड़ नज़र आते हैं। यहाँ सन्नाटा है, यहाँ संघर्ष है, और यहाँ

तात्कालिकता है। जब तूफ़ान ख़त्म हो जाता है, तब संघर्ष, तात्कालिकता और मौन एक हो जाते हैं।

तूफ़ान किसी एक के लिए नहीं आता है। संघर्ष किसी एक के लिए नहीं आता है। आशा किसी एक के लिए नहीं आती है। हमारी आशाएँ हमारे खालीपन को भरने के लिए आती हैं। विधाता का आश्रय हमारा सबसे बड़ा आश्रय है। विधाता–एकमात्र ओरिजिनल, जो वर्चुअल भी है।

उगता सूरज

मेरे दादू तीस वर्ष की उम्र में ठाकुमा के साथ कलकत्ता से कानपुर आये और यहीं बस गये। आने का कारण यहाँ के आर्डिनेन्स फैक्टरी में उनका तबादला। मेरे पिताजी का जन्म यहीं हुआ। बचपन आरमापुर में कटा। यहीं के स्कूल में पढ़ाई शुरू की। अच्छे विद्यार्थियों में पिताजी की गिनती होती थी।

दादी के कारण घर का वातावरण संगीतमय रहता था। हर समय घर में जमघट। कलकत्ता से लोगों का आना-जाना भी लगा रहता। दुर्गा पूजा के समय की तो बात ही निराली थी। दादू पूजा और रामलीला के आयोजन में महीनों पहले से अपने आपको समर्पित कर देते। ठाकुमा के सांस्कृतिक कार्यक्रमों में योगदान के बगैर मानो पूजा अधूरी रह जाती। मैं तो तब पैदा भी नहीं हुआ था। ठाकुमा ने अपने प्रिय मित्र से यह कहानियाँ कई किश्तों में कई बार सुनाई।

दादू की आकस्मिक मृत्यु ने घर का सारा वातावरण बदल डाला। आरमापुर छोड़ना पड़ा। पिताजी अपनी पढ़ाई पूरी नहीं कर पाये। पूरी नहीं कर पाये कहना ठीक नहीं होगा। जो वह पढ़ना चाहते थे पढ़ नहीं पाये। जायंट एंटरेन्स एग्जाम (जेईई) में ३६१ रैंक मिलने के बावजूद भी वह आई०आई०टी० में दाखिला नहीं ले पाये। पिताजी ने मन मारकर बी०एस०सी० किया। एमएससी करने के बाद पिताजी को डिफेंस लेबोरेटरी में केमिस्ट की नौकरी मिली। नौकरी के दो साल बाद माँ से शादी और उसके दो साल बाद मेरा जन्म।

दादू पूरी तरह निश्चित थे कि एक दिन उनका पुत्र उनका मुख उज्ज्वल करेगा। इतनी जल्दी मुखाग्नि के लिये न वह प्रस्तुत थे ना उनका पुत्र, यानि कि मेरे पिताजी। समय का या विधि का विधान कोई नहीं टाल सकता सोचकर ठाकुमा आहें भर लेती

थी। लेकिन पिताजी भूल न सके कि वे आई०आई०टी० में नहीं पढ़ पाये। मन में एक सांत्वना लिये मेरे बड़े होने का इंतज़ार करते रहे। पता नहीं क्यों मेरे ऊपर उनकी आस्था जमी थी और उनको विश्वास था कि जो वो नहीं कर पाये उसे उनका पुत्र पूरा करेगा।

जैसे लड़की पैदा होते ही कुछ पिता उसकी शादी की तैयारी शुरू कर देते हैं वैसे ही मेरे पिताजी ने मेरे आई०आई०टी० में एडमिशन की तैयारी शुरू कर दी।

सारे फिजूल खरचों में कटौती उनमें से एक थी। शहर के अच्छे स्कूल में मेरा दाखिला करवाया गया। इस स्कूल में पढ़ाने का खरचा पिताजी की हैसियत से बाहर था। लेकिन मेरी पढ़ाई के लिये कोई भी खरचा पिताजी की नजरों में न फिजूल था न हैसियत के बाहर। ठाकुमा और माँ मात्र दर्शक थे। मेरे बारे में कोई फैसला लेने का अधिकार सिर्फ पिताजी को था। ठाकुमा और माँ प्यार या दुलार दे सकती थी अगर वह मेरी प्रगति में बाधा सृष्टि न करे। पिताजी ऑफिस जाते और घर आते। उनकी दुनिया में ठाकुमा या माँ नहीं, सिर्फ मैं था।

मुझे ताज्जुब होता है कि ठाकुमा और माँ ने कभी इन बातों का बुरा नहीं माना। आखिर बुरा मानते भी क्यों ? पिताजी के पास माँ के लिये समय नहीं था। शायद उन्हें माँ के साथ समय बिताना फिजूल खरची लगती हो। माँ सोचती थी जब समय आयेगा पिताजी समय दे पायेंगे। माँ के मन में शायद यह विचार भी आया होगा कि जब समय आयेगा तो काफी देर हो चुकी होगी।

मैंने छोटी क्लास से ही पिताजी की मेरे ऊपर आस्था को घटने नहीं दिया। दसवीं की परीक्षा मैंने अच्छे नम्बरों से पास की। पिताजी मेरी प्रगति से खुश थे। क्या मैं खुश था ? पता नहीं। और पता होने से होगा भी क्या। कभी किसी ने मुझसे पूछा भी नहीं कि मैं क्या चाहता हूँ ? मुझे तो पिताजी का सपना पूरा

करना है। किसी और को क्यों दोष दें। मैं खुद नहीं जानता था कि मैं क्या चाहता हूँ।

ग्यारहवीं कक्षा में प्रवेश के बाद ऐसा लगने लगा कि मुझे एक बड़े पैमाने के युद्ध में हिस्सा लेना है। किसी युद्ध में हिस्सा लेने के लिये दो बातों की जानकारी अनिवार्य है। एक अपनी शक्ति और मनोबल के बारे में सही धारणा और दूसरी शत्रु की शक्ति और मनोबल का सही मापदण्ड। मैं रणभूमि में जाने की तैयारी करने लगा। शत्रु पक्ष कमजोर नहीं था। उसके ऊपर विजय पाने के लिये मुझे और प्रयत्नशील होना पड़ा। कई प्रिय चीजें छोड़नी पड़ी। जैसे दोस्तों से मिलना, फिल्में देखना, गाने सुनना, क्रिकेट खेलना इत्यादि। मुझे समझाया गया कि बारहवीं कक्षा में अच्छे नम्बर लाने से ज्यादा जरूरी है जे०ई०ई० में अच्छा रैंक लाना। जे०ई०ई०के कला कौशल स्कूल में नहीं, कोचिंग क्लासेज़ में सिखाये जाते हैं। ऐसा क्यों, मेरे आज तक समझ में नहीं आया। युद्ध जीतना है बस। युद्ध जीतने के लिये अपनाया गया कोई भी तरीका मान्य होता है। जैसे कि स्कूल से अनुपस्थिति और उस समय का सदुपयोग कोचिंग क्लास जाकर करना। मेरे स्कूल ना अटैंड करने पर भी मेरी अटेंडेन्स में कमी नहीं आयेगी, इस बात का आश्वासन मुझे मिल चुका था। मैं कोचिंग क्लास की शरण में आया। लेकिन मैं स्कूल न जाने के बहकावे में नहीं आया। बारहवीं की परीक्षा से निपटने के बाद सामने सिर्फ जे०ई०ई० की युद्ध भूमि मुझे दिखने लगी। पिताजी और कम बोलने लगे। छुट्टी लेकर घर बैठ गये। मुझे जिस तरह के अस्त्र की जरूरत थी उसे देने में वह असमर्थ थे लेकिन उनको जुटाने में कोई त्रुटि न हो इसका ध्यान रखने लगे। जे०ई०ई० भी निपट गया। युद्ध के परिणाम का इंतज़ार करने लगे। लेकिन मन में एक तरह का संतोष था। लड़ाई खत्म होने से पहले अगर सिपाही को छुट्टी मिल जाये और वह जानता हो कि छुट्टी से लौटने के बाद लड़ाई खत्म हो गई होगी तो उस छुट्टी का आनंद दुगना हो जाता है। मेरे रिजल्ट निकलने से पहले के कुछ दिन मुझे

कुछ इसी तरह का आनंद दे रहे थे। थोड़े दिनों के लिए मैं जे०ई०ई० भूल गया। मगर पिताजी नहीं भूले।

मेरा बारहवीं का रिजल्ट अच्छा हुआ। जे०ई०ई० में मेरा रैंक १६५ आया। माँ ने मौहल्ले में रसगुल्ले बाँटे। ठाकुमा ने सत्यनारायण की कथा करवाई। पिताजी ज्यादा कुछ नहीं बोले। मेरी लड़ाई वह लड़ रहे थे। लड़ाई खत्म होने के बाद जीत को उपभोग करने की क्षमता उनकी जैसे क्षीण हो गई थी। चुपचाप दादू की तस्वीर के सामने थोड़ी देर खड़े रहे। शायद कह रहे थे तुम निराश न होना। तुम्हारा बेटा आई०आई०टी० में नहीं पढ़ सका तो क्या हुआ, तुम्हारा नाती तो पढ़ेगा। उसे जी भर के हम सब की ओर से आशीर्वाद दे दो। पिताजी की आँखों में आँसू थे। मुझे लगा पिताजी चाह रहे हैं कि उनके आँसू कोई और न देख ले। मैंने देखते हुये भी नहीं देखा। दादू को प्रणाम किया और चल दिया दोस्तों से मिलने।

हमारे कॉलेज के प्रिंसिपल डॉ० माथुर खुद चलकर हमारे घर आये पिताजी को बधाई देने। कहने लगे पार्थप्रतिम हमारे स्कूल का गर्व है मिस्टर रायचौधरी। बच्चों की सफलता में ही हम लोगों की सफलता है। आपके अथक प्रयासों का ही फल है कि पार्थप्रतिम हम सब लोगों के गर्व का कारण बन सका। होनहार बिरवान के होत चीकने पात।

अब मुझे पहली बार घर छोड़ना था। मुझे लगा अब पिताजी थोड़ा बहुत समय माँ को और ठाकुमा को दे पायेंगे। कुछ पाने के लिये इन दोनों ने भी बहुत कुछ खोया है। माँ मेरे हॉस्टल जाने की तैयारी में लग गयी।

आई०आई०टी० का पहला दिन मुझे हमेशा याद रहेगा। पिताजी उस दिन माँ के साथ मुझे हॉस्टल छोड़ने आये। दोपहर का खाना हम लोगों ने साथ खाया। दिन भर साथ रहे। शाम होते ही दोनों घर लौट गये। दादी को घर जाकर सब कुछ बताना भी तो था। हॉस्टल से घर की दस मील की दूरी अचानक मुझे

बहुत दूर लगने लगी। लगा ढेर सारी बातें करनी बाकी रह गई माँ से।

मेरे रूम मेट का मकान भी कानपुर में था। उसका घर आई०आई०टी० के काफी नजदीक था। शाम को वह अपने घर चला गया यह कहकर कि कल से हॉस्टल में रहना शुरू करेगा। मैं रह गया कमरे में बिल्कुल अकेला। सीनियर्स की हरकतें रात के एक बजे तक चलती रही। इसके बाद मैं कमरे में पहुँचा। सीनियर्स के सामने खूब जोरों से नींद आ रही थी। लेकिन कमरे में आने के बाद मेरी सारी नींद गायब। ठाकुमा, माँ, पिताजी कुछ ज्यादा ही याद आने लगे।

कमरे में और कोई नहीं था। मुझे रोने के लिये संकोच करने की जरूरत नहीं पड़ी। खुषी भी हुई। नये जीवन के शुरूआत की खुषी। एक बंधन मुक्ति की खुषी। मुझे लगा अब कहीं जाने के लिये, कुछ करने के लिये, किसी से मिलने के लिये मुझे सिर्फ मुझसे पूछना पड़ेगा। हॉस्टल में मैं अपनी साईकिल लाया था। रात के ढाई बजे थे। मैं कमरे से बाहर निकला। साईकिल उठाई और निकल पड़ा कैम्पस की सैर को।

पिंजरे से जब किसी पंछी को छोड़ा जाता है तो वह थोड़ी देर तक उड़ नहीं पाता है। मेरा हाल भी कुछ ऐसा ही था। मैं साईकिल साथ लेकर पैदल चलता रहा। एक हॉस्टल से दूसरे, दूसरे से तीसरे। उसके बाद प्रोफेसर क्वार्टर की ओर चलता चला गया। मन में उल्लास था। थोड़ी देर बाद मैं साईकिल पर सवार होकर जैसे उड़ने लगा। मेरी इस आजादी ने मुझे भविष्य के सपने देखना सिखाया। मेरा अन्तरमन जोर जोर से बहुत कुछ कहने की कोशिश करने लगा। मेरे मन की आवाज़ किसी और को भला कैसे सुनाई देगी।

सुबह होने वाली थी। मैं हॉस्टल की ओर चल पड़ा। हॉस्टल पहुँचकर पिताजी को इतने सबेरे हॉस्टल के सामने देखकर मैं घबड़ा गया। सब ठीक तो है घर में।

मेरे कमरे में ताला देखकर पिताजी भी परेशान थे। इतने सबेरे मैं कहाँ गया था पूछने पर मैंने कह दिया मोरनिंग साइकिलिंग पर निकला था। हम दोनों की हँसी ने कुछ और कहने या सुनने की गुंजाइश नहीं रखी।

मैंने गलत कहा था कि किसी को मेरे मन की आवाज नहीं सुनाई पड़ी थी। पिताजी ने मेरे मन की आवाज सुनी थी। उनको भी नींद नहीं आ रहीं थी। सूरज के उगने का इंतजार नहीं कर पाये। देर रात को ही निकल पड़े मुझसे मिलने। कहने लगे मैं तो यूँ ही चला आया पता लगाने कि तेरा हॉस्टल का पहला दिन कैसा कटा। उस दिन सूरज को उगते हम दोनों ने साथ ही देखा था।

पिताजी ने उस सुबह क्या केवल एक ही सूरज उगता देखा था?

ठाम्मा दादू

मैं अपूर्व बोस। पेंसिल्वेनिया विश्वविद्यालय से पोस्टग्रेडुएशन कर रहा हूं। मेरे पिताजी अमित बोस दिल्ली स्कूल ऑफ इकोनॉमिक्स से पोस्टग्रेडुएशन करने के बाद डॉक्टरेट करने अमेरिका गए। वह अब हार्वर्ड बिजनेस स्कूल के साथ है। मेरी मां प्रोतिमा बोस कोलकाता से शिक्षा पूरी करने के बाद अपने माता-पिता के साथ अमेरिका आईं। वह एक बैंक के लिए काम करती है। मेरे दादू अजय बोस दिल्ली विश्वविद्यालय में प्रोफेसर थे। मेरी ठाम्मा जया बोस दिल्ली के एक स्कूल में शिक्षिका थीं। नैन्सी मेरी खास दोस्त है। नैन्सी पेंसिल्वेनिया विश्वविद्यालय से मास्टर्स कर रही है। उसके माता-पिता मेलबर्न से अमेरिका आये थे।

दोस्त मुझे अपू कहकर पुकारते हैं।

2

गुड मॉर्निंग दादू।

वेरी गुड मॉर्निंग अपू बाबू।

आज एक खास दिन है। जन्मदिन का प्रणाम लेना।

प्रणाम स्वीकार किया । हालांकि मैं अभी पैदा नहीं हुआ हूं। दो घंटे बाकी है धरती को छूने में।

इतनी सुबह-सुबह जगाने के लिए सॉरी दादू।

अपु बाबू इस समय हमारे यहाँ देवता भी नहीं जागे हैं। लेकिन तुम हमारे बहुत खास हो। तुम हमें दिन में किसी भी समय जगा सकते हो । तुम्हारी दादी को फोन देता हूँ।

ठाम्मा आमार प्रणाम निओ।

अपु तोरा केमोन आछिस।

भालो आछी ठाम्मा । बर्थडे बॉय के लिए आज का क्या खास बना रही हो।

तुम अपने दादू को जानते हो । उन्हें कुछ ही चीजें पसंद हैं।

मुझे पता है। आलू-पोस्तो और तुम्हारी ट्रेडमार्क आम की मीठी चटनी।

बिलकुल ठीक कहा अपू।

ठाम्मा बाबा आपसे बात करना चाहते हैं।

केमोन आछो माँ।

भालो आछी रे अमित। तोरा केमोन आछिस।

आमरा भालो आछी। आज तो विशेष दिन। अनिल काकू बिलू काकू बिशु काकू - सब आ रहे होंगे। लंच के लिए या डिनर के लिए।

आजकल वे लंच में आना पसंद करते हैं।

माँ प्रोतिमा तुमसे बात करना चाहती है। उसके बाद मैं बाबा से बात करूंगा।

माँ आप दोनों को मेरा प्रणाम।

बौमा आमादेर प्राणभोरा आशीर्वाद निओ। भालो थेको।

माँ फोन अमित को दे रही हूँ। वह बाबा से बात करना चाहते हैं।

प्रणम नियो बाबा। इतने दूर रहते हैं। इन खास मौकों पर भी हम आपके साथ नहीं रह पाते हैं।

तुम्हारी भावना हमेशा हमारे साथ हैं। हमारा आशीर्वाद हमेशा तुम्हारे साथ है।

बाबा अपू आपसे बात करना चाहता है।

दादू मैं आपको एक अच्छी खबर देना चाहता हूं। मैं आ रहा हूँ। एक महीने की छोटी यात्रा।

यह तो वास्तव में बहुत अच्छी खबर है अपु बाबू। मेरे लिए इससे अच्छा बर्थडे गिफ्ट कुछ नहीं हो सकता।

हाँ दादू। हम पिछले तीन वर्षों से नहीं मिले जिसमें कोविड के दो वर्ष भी शामिल हैं। इस बार नो ताजमहल या सोने का किला। केवल लंबी सैर और घर का खाना।

ठीक है अपू बाबू। आशा है बीच बीच में आई आई सी जाने के लिये तुम समय निकाल पाओगे।

बिल्कुल दादू। आज लंच करते समय अपने पेटुक नाती का ध्यान रखना।

-3-

अपु बाबू

तुम्हारा कमरा नए सिरे से सजाया जा रहा है। रेसिपी की किताबें रोशनी देखकर खुश हैं। मैं हवाओं में तुम्हारी ठाम्मा की कोमल आवाज सुन पा रहा हूं। वह बड़ी बेसब्री से अपने दोस्त के आने की प्रतीक्षा कर रही है। मैं केवल उम्मीद कर रहा हूं कि तुम्हारे पास मेरे लिए भी कुछ समय होगा।

ढेर सारा प्यार।

दादू

-4-

मेरी फ्लाइट समय पर इंदिरा गाँधी इंटरनेशनल एयरपोर्ट पहुंची । दादू और ठाम्मा मुझे लेने आए। उनकी उपस्थिति ने आगमन हॉल को और अधिक उज्ज्वल बना दिया। आधी रात का समय था।

हमेशा की तरह मुस्कुराते ठाम्मा और दादू। मानो दोनों की उम्र समय के साथ आगे नहीं बढ़ रही थी। तीन साल पहले उन्हें जैसा मैंने छोड़ा था वैसे ही थे।

कस्टम क्लीयरेंस का अविश्वसनीय परिवर्तन देखकर मुझे आश्चर्य हुआ। लगा भारत बदल रहा है। मुझे एक परिचित की प्रतिक्रिया याद आई जब वो अपनी बेटी से मिलने अमेरिका जा रहे थे। कस्टम स्थल पर पहुंचने पर उन्हें लगा वो वहां क्यों गये । जब मैंने इस घटना के बारे में दादू को बताया तो उनकी प्रतिक्रिया थी - हम नरक में भी जा सकते हैं अगर हमारे प्रियजन वहां रहते हैं।

सुबह का समय होने को था जब हम घर पहुंचे। चिर परिचित स्वागत मेरी अपेक्षा कर रहा था।

मैंने पहले दो दिनों में व्यावहारिक रूप से कुछ नहीं किया। खाया सोया और गाना सुना।

कमरे में रखे बुकशेल्फ़ में मुख्य रूप से टैगोर बैठे हुए थे। मुझे सुनील गंगोपाध्याय विभूति भूषण और सत्यजीत रे की पुस्तकों के अंग्रेजी अनुवाद भी मिले। हेमंत मुखर्जी सुचित्रा मित्रा कबीर सुमन श्रीकांत आचार्य और स्राबोनी सेन के सी डी मिले । डीवीडी संग्रह में सत्यजीत रे की सभी फिल्में थीं।

तीन साल पहले भी दादू और ठाम्मा सेवानिवृत्त शिक्षक थे। तीन साल में बहुत कुछ नहीं बदला है। फिर भी बहुत कुछ बदल गया है।

दादू ने कहा बहुत कुछ नहीं बदला है अगर कोई मेरे सबसे कीमती व्यक्तिगत नुकसान को छोड़ दे।

दादू की आँखों ने देखना बंद कर दिया है। अब वह मुझे शारीरिक रूप से देख नहीं सकते हैं।

दादू ने कहा सात दशकों से अधिक समय से मैंने दुनिया को अपनी आँखों से देखा है। अब मैं दुनिया को अपने मन की आँखों से देखता हूं। ऊपरवाले ने मेरी आंखें छीन ली हैं। उसने मुझे कुछ और देकर नुकसान की भरपाई की है। मैं देख नहीं सकता लेकिन मैं अतीत वर्तमान और भविष्य को अधिक स्पष्ट देख सकता हूं। मैं पढ़ नहीं पाता हूँ लेकिन जब कोई मुझे कुछ पढ़ कर सुनाता है तो मैं अधिक ध्यान से सुनता हूं। मैं चीजों को और अधिक स्पष्ट रूप से समझ सकता हूं। मैं अपनी मर्जी से लिख-पढ़ नहीं पाता हूं।

मुझे शिकायत नहीं करनी चाहिए। मेरी कमियों की भरपाई करने के लिये मेरे पास मेरा कम्पेन्सेटर उपलब्ध है।

मान लो किसी ने एक दुर्घटना में अपना एक पैर खो दिया है। डॉक्टर ने उसकी कमी को पूरा करने के लिए, उसे एक लकड़ी के टांग के इस्तेमाल करने की सलाह दी । वह लकड़ी की टांग का प्रयोग करने लगता है। जल्द ही उसे इसकी आदत हो जाती है। एक दिन वह पाता है कि लकड़ी का पैर अब लकड़ी का नहीं रहा। यह उसके शरीर का अंग बन गया है। परिवर्तन होता चला गया और उसे पता ही नहीं चला। कृत्रिमता और वास्तविकता के बीच की सीमा रेखा कब पिघल गई वह नहीं देख पाया।

दादू ठाम्मा को अपनी बैसाखी के रूप में इस्तेमाल करना पसंद नहीं करते।

दादू कहते हैं मेरी पत्नी एक लकड़ी का टुकड़ा नहीं है। उसका अपना व्यक्तित्व है। मैं कैसे उसे अपने विस्तार के रूप में इस्तेमाल कर सकता हूं। मैं अपनी दुनिया को उसकी आँखों से देख रहा हूँ। इसके लिये मैं अपने आप को दोषी महसूस करता हूँ। मैं अपनी कल्पनाओं को कम करने की कोशिश कर रहा हूं। मैंने अपने क्षितिज को अधिक सटीक रूप से मापना शुरू कर दिया है। यह मेरे लिए एक नई सच्चाई है।

ठाम्मा कहती हैं अगर एक निर्जीव लकड़ी का पैर किसी का जीवित हिस्सा बन सकता है तो मैं अपने पति का हिस्सा क्यों नहीं बन सकती।

-5-

मैं पहले भी इस कमरे में रह चुका हूँ। इस बार यह विशेष रूप से मेरे लिए तैयार किया गया है। दीवार में लटका एक बड़ा फोटो फ्रेम मुझे घूर रहा है । इस फ्रेम में ठाम्मा ने मेरे विभिन्न पहलुओं को प्रस्तुत करने का प्रयास किया है। शायद मैं उन्हें उनके बेटे की याद दिलाता हूं।

मैंने ठाम्मा से कहा बाबा आपको बहुत याद करते हैं। मुझे पता है कि आप भी बाबा को मिस करती हैं। मुझे अक्सर यह लगता है कि बाबा वहां से ज्यादा यहां खुश थे । क्या बाबा ने केवल बेहतर संभावनाओं के लिए अपना देश छोड़ा। मैंने बाबा से इस बारे में कभी नहीं पूछा। यह बहुत ही व्यक्तिगत बात है। फिर भी मैं अपने पिता को बेहतर ढंग से समझना चाहता हूं।

ठाम्मा मुस्कुराई लेकिन कोई जवाब नहीं दिया।

मैंने पूंछा क्या यह पिता-पुत्र की समस्या थी।

अपू पिता-पुत्र का रिश्ता एक पेचीदा मामला है। इसे केवल अनुभव किया जा सकता है वर्णित नहीं। ये तुमको तब पता चलेगा जब तुम पिता बनोगे। मैं अमित का पिता नहीं हूं। मैं उसकी माँ हूँ। अगर तुम जानना ही चाहते हो तो मैं कहूँगी ज्यादातर बेटों के लिए उनके पिता रोल मॉडल होते हैं।

आप सही सोचती हैं ठाम्मा। कुछ बेटे कुछ ऐसा करते हैं जिनको उनके पिता ने किया होता है। कुछ बेटे वो नहीं करते जिनको उनके पिता ने किया होता है।

ठाम्मा मुझे किसी को यह बताने की ज़रूरत नहीं है कि आप एक शिक्षक थीं । शिक्षक हमेशा शिक्षक ही रहते हैं । बात आगे बढ़ाते हैं।

अपू कुछ पिता चाहते हैं कि उनके बच्चे वही बनें जो वे स्वयं थे। तुम्हारे दादू ऐसे पिता नहीं थे। कुछ पिताओं की अपने बच्चे के भविष्य के बारे में ठोस धारणाएँ होती हैं। कई बच्चों को यह दृढ़ता पसंद नहीं होती है। तुम्हारे दादू और तुम्हारे बाबा के बीच ऐसी कोई दृढ़ता नहीं थी। कुछ पिता इतने व्यस्त होते हैं कि उनके पास अपने बच्चों के लिए समय नहीं होता। तुम्हारे दादू व्यस्त पिता नहीं थे। उसके पास अपने बेटे के लिए सारा समय था।

ठाम्मा ने आगे कहा। आम तौर पर मां अपने बच्चे की सबसे अच्छी दोस्त होती हैं। कुछ पिता भी होते हैं लेकिन तुम्हारे दादू अपने पिता के बेस्ट फ्रेंड नहीं थे। तुम्हारे दादू भले ही अपने बेटे के सबसे अच्छे दोस्त न रहे हों लेकिन उन्हें हमेशा अपने बेटे पर गर्व रहा है। तुम्हारे दादू अमित को मुझसे ज्यादा मिस करते हैं। अपने बेटे के लिए उनकी भावनाएं बेहद निजी हैं।

ठाम्मा पिता बनने का क्या कोई सही तरीका होता है ।"

इतने उत्सुक क्यों हो पिता बनने के लिए अपू। जैसा कि मैंने पहले कहा इस तरह के सवालों को तुम्हारे बाबा या तुम्हारे दादू को संबोधित किया जाना चाहिए मुझे नहीं। मैं एक माँ हूँ। मुझे लगता है कि कुछ विषयों पर तर्क नहीं किया जा सकता है। सही या गलत तरीके हमारी अपनी धारणाएँ होती हैं।

हम में कई ऐसे भी होते हैं जो किसी काम को तब तक नहीं कर सकते हैं जब तक कि उन्हें करने का तरीका न दिखाया जाए। मुझे लगता है पिता या मां बनने का कोई सही या गलत तरीका नहीं होता है।

मैंने कहा - बाबा मेरे निर्णयों में कभी हस्तक्षेप नहीं करते और न ही वे मुझे कोई बिन मांगी सलाह देते हैं। वह न कभी आज्ञाकारिता की माँग करते हैं न ही कोई अधिकार जताने की कोशिश करते हैं । कभी-कभी मेरे प्रति उनका रवैया मुझे परेशान करता है। लेकिन उन्होंने मुझे अपने फैसले खुद लेने की आजादी दी है। उन्होंने मुझे अपने फैसलों की जिम्मेदारी लेने के बारे में भी जागरूक किया है।

ठाम्मा सही है। पिता या मां बनने का कोई सही या गलत तरीका नहीं होता है।

मैं अक्सर रिश्तों की सूक्ष्मताओं के बारे में सोचता हूं। क्या वे मेरे माता-पिता या दादा-दादी के समय की तुलना में अब बहुत भिन्न हैं । मुझे बस इतना पता है कि सभी रिश्तों को इनपुट की जरूरत होती है, और समय ने इस आवश्यकता को नहीं बदला है। शायद किसी रिश्ते को जोड़ने या तोड़ने के लिए तरह-तरह के दबाव तब के मुकाबले अब कम होते हैं। मुझे लगता है कि इसके लिए हमारी अपेक्षाएं जिम्मेदार हैं।

पुरानी पीढ़ी विभिन्न कारणों से अधिक सहनशील थी। उनसे समझौते की गुंजाईश अधिक थी। पहले एक रिश्ते की शुरुआत का जश्न मनाया जाता था। आज भी हम रिश्ते की शुरुआत का जश्न मनाते हैं लेकिन अब हम किसी रिश्ते के खत्म होने का भी जश्न मनाते हैं। हम ब्रेक-अप में स्वतंत्रता देखते हैं।

-6-

ठाम्मा को फिल्में पसंद हैं। दादू ने कुछ ही फिल्में देखी हैं । ज्यादातर ठाम्मा के आग्रह पर। अनुराधा ऐसी ही एक फिल्म है।

मुझे भी फिल्में पसंद हैं। मैंने अनुराधा पहले देख रही है।

उस दिन ब्रंच लेते समय मैंने ठाम्मा से कहा तुम्हें पता है जब मैं अनुराधा देख रहा था तो आप बहुत याद आई।

क्यों दादू ने मुस्कुराते हुए पूछा।

दादू बलराज साहनी की तरह आप मेडिकल डॉक्टर नहीं हैं लेकिन मैं आप में डॉक्टर के आदर्शों को देखता हूं। ठाम्मा आप भले ही फिल्म में लीला नायडू की तरह बहुमुखी गायिका न हों लेकिन अनुराधा की तरह आप अपनी पेशेवर और सामाजिक प्रतिबद्धताओं को समझती हैं।

डॉक्टर की घर के प्रति उपेक्षा अनुराधा को परेशान करती है लेकिन वह समझती है डॉक्टर की मजबूरियां । वो महसूस करती है डॉक्टर उसके बिना नहीं रह सकता। पति के पीछे खड़ी होकर पति की सामाजिक प्रतिबद्धताओं का पालन करती है ।

मुझे पता है आप दोनों के बीच ऐसा कुछ नहीं हुआ है लेकिन मुझे लगता है अगर कभी ऐसा हुआ तो ठाम्मा आपके पीछे खड़ी मिलेंगी।

अपु बाबू जिस तरह से तुमने अनुराधा फिल्म को सारांशित किया मुझे पसंद आया। मैंने ज़्यादा फ़िल्में नहीं देखीं लेकिन अनुराधा मेरी पसंदीदा फ़िल्मों में से एक है। फिल्म देखने के बाद लीला नायडू और बलराज साहनी मेरे प्रिय कलाकार बन गए । इसमें रविशंकर का उत्कृट संगीत है। लता जी के सभी गीत उतने ही अच्छे हैं जितनी लीला नायडू जी । मुझे इस फिल्म को बार-बार देखने में कोई दिक्कत नहीं होगी और खासकर तुम्हारे साथ। ऋषिकेश मुखर्जी की फिल्में कभी पुरानी नहीं होतीं।

आप दोनों को सलाम। मुझे कहना होगा कि आप एक बहादुर जोड़ी हैं ।

तुम अचानक हमारी इतनी तारीफ किस लिए कर रहे हो दादू ने पूछा।

जब आप मेरी उम्र के थे तब आपने जो साहसी निर्णय लिया उसके लिए।

तुम्हारी उम्र में सभी बहुत सारे निर्णय लेते हैं और सोचते हैं कि सभी महान निर्णय हैं। तुम किस फैसले की बात कर रहे हो अपु।

अब मैं समझ पाया तुम किस फैसले की बात कर रहे हो। मैं नहीं जानता कि हम किसी प्रकार के अभिवादन के पात्र हैं या नहीं। हमने बस फैसला लिया। हमने फैसला लेने से पहले ज्यादा नहीं सोचा। हमने पक्ष विपक्ष की सूची नहीं बनाई। हमने वही किया जो हमें ठीक लगा। हमे और कोई रास्ता नहीं सूझा।

मैंने कहा वर्तमान समय में यह एक साधारण निर्णय की तरह लग सकता है। लेकिन पचास साल पहले की दुनिया पूरी तरह से अलग थी। विशेष रूप से आपके हिस्से की दुनिया । मूल्य इतने भिन्न थे।"

यदि तुम हमारे बारे में ऐसा सोचते हो तो हमे ख़ुशी है। अगर कोई समस्या है तो उसे सुलझाना ही होगा। हम दोनों ने मिलकर समस्या को हल करने का प्रयास किया। हमने पता लगाने की कोशिश की कि समस्या क्यों उत्पन्न हुई। जिस मुहूर्त हमें पता चला कि हम एक-दूसरे को पसंद करते हैं और हम एक-दूसरे के बिना नहीं रह सकते हमें लगा कि हमने एक बड़ी बाधा पार कर ली है।

बाधा क्या थी।

हम वास्तव में नहीं जानते। कई माता-पिता सोचते हैं कि उनके बच्चों की शादी उनकी जिम्मेदारी है और बच्चों को यह जिम्मेदारी अपने हाथ में नहीं लेनी चाहिए। कौन जिम्मेदारी लेना चाहता है । यह जिम्मेदारी तो हमने खुद ली थी। किसी और को इसका जिम्मेदार हम क्यों बनायें। जिम्मेदारी से भाग जाना किसी तरह की बहादुरी का काम नहीं है।

एक दूसरे के प्रति समर्पण एक ऐसी ही जिम्मेदारी है।

हम एक दूसरे के लिये किसी हद तक आगे बढ़ने के लिए द्दढ़ थे। हमारे पास शादी करने के अपरंपरागत तरीके का पालन करने के अलावा और कोई विकल्प नहीं था। अपने माता-पिता की स्वीकृति हमारे लिए बहुत मायने रखती थी । हमने पूरी ईमानदारी से इसको प्राप्त करने का प्रयास किया। उन्हें खुश करने में हम असफल रहे ।

मैं उनके मना करने के पीछे के तर्क को समझने में विफल रहा।

उस दौरान हमारे दोस्त बिलू और रमा की नई-नई शादी हुई थी। बिलू और रमा ने भी सोचा कि हम अनावश्यक रूप से परेशान हो रहे हैं। उन्होंने सोचा कि प्रबुद्ध परिवारों में इन बातों ।का कोई महत्व नहीं होना चाहिए। हम सभी अपनी अपनी तरह से प्रबुद्ध होते हैं। हम वही देखना पसंद करते हैं जो हम देखना चाहते हैं।

अपनों के खिलाफ जाना आसान नहीं होता। ऐसा करने के लिए साहस चाहिए। मैंने कहा।

हाँ यह आसान नहीं होता है। लेकिन साहसी बनने के लिए किसी खास तैयारी की जरूरत नहीं होती है। साहस के लिए द्दढ़ विश्वास चाहिए कि जो कर रहे हैं वह सही है। हमें यकीन हो गया था कि हम कुछ गलत नहीं कर रहे हैं। हमने सही समय पर अपने साहस का परिचय दिया। हमें उम्मीद थी कि यह दुर्भाग्यपूर्ण दौर जल्द ही खत्म हो जाएगा।

कभी मैं अपने आप को दोषी ठहराती हूं कि मैंने उनके बेटे को उनसे दूर ले गई । मैंने एक पिता और उसके पुत्र के बीच सुलह के तरीकों के बारे में सोचा। सुलह हुई लेकिन इतनी धीमी गति से कि इसका अर्थ ही खो गया। ठाम्मा ने उन दिनों को याद किया।

काफी रोमांटिक था वो समय। मैंने गंभीर स्थिति को खुशनुमा बनाने की कोशिश की ।

तुम ऐसा कह सकते हो अपू बाबू। मुझे लगता है कि तुम्हारे दादू ज्यादा रोमांटिक हैं।

आप ऐसा क्यों सोचती हैं ठाम्मा।

तुम्हारे दादू ने हिन्दू कॉलेज में पढ़ाना शुरू ही किया था। मैंने अपने शिक्षक बनने का प्रशिक्षण पूरा किया था। 1959 में हमने शादी की। उसी साल सत्यजीत रे की अपुर संसार रिलीज़ हुई थी। जैसा कि तुम जानते हो तुम्हारी ठाम्मा सत्यजीत रे की बहुत बड़ी प्रशंसक है।

दादू इस फिल्म से मेरी भी कुछ अच्छी यादें जुड़ी हैं। पहले आप मुझे अपनी कहानी बताइये और फिर मैं आपको अपनी कहानी सुनाऊँगा।

अपर्णा से पूछो । मेरा मतलब ठाम्मा से पूंछो ।

मैं दादू की आँखों में चमक देख सका। आंखें जो देख नहीं सकती लेकिन व्यक्त कर सकती हैं।

तो ठाम्मा आपकी अनुराधा भी थी और अपर्णा भी।

थी से क्या मतलब। आज भी है। ठाम्मा

मुझे बताओ उस दिन की बात।

अपु मुझे 50 साल पीछे जाना पड़ेगा । तुम्हे अपनी ठाम्मा को 20 वर्ष और दादू को 25 वर्ष के युवक होने की कल्पना करनी पड़ेगी ।

मुझे कल्पना करने की ज़रूरत नहीं है। दोनों मेरे सामने बैठे हैं - एक युवक और उसकी नवविवाहित सुंदर पत्नी अपुर संसार देख रहे हैं।

जब मैं अपुर संसार के बारे में सोचता हूं तो खुद को बहुत युवा महसूस करता हूं।

उस दिन तुम्हारे दादू जल्दी घर आ गए। मुझे थोड़ी हैरानी भी हुई और चिंता भी। लेकिन उनका रोमांटिक अंदाज देखने के बाद मुझे थोड़ा सुकून मिला।

वह कौन सी बात थी जिससे आपको लगा कि दादू रोमांटिक मूड में थे ।

मुझे आज भी याद है । उस दिन तुम्हारे दादू ने मुझसे कहा था – तुमको एक फिल्म के पोस्टर में देखने के बाद मेरा पोस्टर गर्ल के साथ उस फिल्म को देखने का मन हुआ।

मैं विश्वास नहीं हो रहा है कि दादू ने ऐसा कुछ कहा।

तुम्हारे दादू ने मुझे आधे घंटे में तैयार होने के लिए कहा। मैं दस मिनट में तैयार हो गई ।

पोस्टर गर्ल बताओ तुम्हारा पोस्टर बॉय के साथ फिल्म देखने का अनुभव कैसा रहा ।"मैंने अपनी प्रकृति से ज्यादा उत्सुकता दिखाई ।

इस फिल्म को बने पचास साल से ज्यादा हो गए हैं लेकिन लगता है इस फिल्म की उम्र नहीं बढ़ी है। मैं आज भी इसके हर पल को याद कर सकती हूं। मैं अपर्णा जितनी खूबसूरत नहीं थी। मेरे लिए इतना ही काफी था कि मेरे अपू को लगता था कि मैं सुंदर हूं। जब मैंने अपनी मौत की कल्पना की तो मुझे अपने अपू पर तरस आया। अपनी मृत्यु के बाद उनकी बोहेमियन जीवनशैली की कल्पना की। इससे मुझे दुख हुआ। इस विचार ने कि मैं किसी एक विशेष व्यक्ति के लिए जी रही हूं मुझे प्रसन्नता प्रदान की । तुम्हारे दादू मेरे लिए बहुत खास हैं।

अपुर संसार एक महान प्रेम कहानी है ठाम्मा । यह बताती है कि अपरंपरागत अरेंज्ड शादियां एक दूसरे के प्रति प्रेम में कोई बाधा उत्पन्न नहीं करती है।

अपुर संसार मुझे नैन्सी से पहली बार मिलने की याद दिलाती है।

तुम्हारी खास दोस्त जिसने तुमको उस दिन फोन किया था।

हां। नैन्सी के माता-पिता मेलबर्न से हैं। वे लगभग उसी समय अमेरिका आये थे जिन दिनों बाबा अमेरिका आये थे। हम दोनों एक ही यूनिवर्सिटी से हैं। हम पिछले दो सालों से एक-दूसरे को जानते हैं।

अपुर संसार ने मुझे नैन्सी के करीब ला दिया।

मैं उससे पहली बार हमारे विश्वविद्यालय के फिल्म क्लब में मिला । अपुर संसार दिखाई जा रही थी । हमारे एक कॉमन फ्रेंड ने मुझे नैन्सी से मिलवाया - तुम सत्यजीत रे के अपू से अभी मिलकर आ रही हो । अब मिलो मेरे दोस्त अपू से। और अपू यह नैन्सी है। नैन्सी ने अब तक भारत नहीं देखा है लेकिन वह भारत को थोड़ा बहुत जानती है।

अगले दिन हम फिर उसी जगह पर मिले।

फिल्म थी चारुलता। इस बार हमारी मुलाकात "आपसे मिलकर अच्छा लगा" से कहीं अधिक थी। हमने साथ कॉफी पी।

अगला दिन सामान्य कामकाजी दिन था। रे की कोई फिल्म नहीं थी। लेकिन मैं नैन्सी से मिलना चाहता था। मैंने उसे रात के खाने के लिए आमंत्रित करने के लिए अगले सप्ताहांत का इंतजार किया। मैं खुश था कि उसने मेरा निमंत्रण स्वीकार कर लिया। हमने अपने विश्वविद्यालय के पास एक रेस्तरां में रात का भोजन किया। हमने अपुर संसार और चारुलता के बारे में बात की।

हमने भारत के बारे में बात की। उसने सोचा या शायद मैंने ऐसा आभास दिया कि मैं एक भारत विशेषज्ञ हूं।

उसे चारुलता कैसी लगी । ठाम्मा नैन्सी के विचार जानने के लिए उत्सुक थी।

ठाम्मा बताओ क्या कोई है जो अपुर संसार और चारुलता को पसंद नहीं करेगा। भावनाएँ सार्वभौमिक हैं। उनके भाव भिन्न हो सकते हैं।

चारुलता ने नैन्सी को अभिभूत कर दिया। चारुलता में कितनी खूबसूरती से परंपरा और आधुनिकता का ताना-बाना बुना गया है।

ठाम्मा नैन्सी सोचती है कि चारुलता को दोष नहीं दिया जाना चाहिए अगर उसके पति के चचेरे भाई के साथ उसका रिश्ता उतना पवित्र नहीं रहा जितना था या होना चाहिए था ।

मैंने नैन्सी से कहा कि टैगोर को चारुलता का चरित्र लिखने के लिए प्रेरणा लेने की जरूरत नहीं पड़ी । इसे उन्होंने व्यक्तिगत रूप से अनुभव किया। ठाम्मा रिश्तों की मान्यता को मापा नहीं जा सकता है।

अगले सप्ताह मैंने नैन्सी को फिर से रात के खाने के लिए आमंत्रित किया। इस बार रात का खाना मेरे घर पर था। उसे मेरे द्वारा बनाया गया भारतीय भोजन पसंद आया। उसने मुझे अच्छी शाम के लिए धन्यवाद दिया। जाते-जाते वह बोली चारुलता ने अपू जैसे किसी से विवाह किया होता तो घोंसला न टूटता।

नैंसी की इस बात ने मेरा दिल जीत लिया। और उस दिन से हमारे रिश्ते की शुरुआत हो गई ।

–7–

एक दिन दोपहर के भोजन के बाद हमारी चर्चा के दौरान दादू ने मुझसे पूछा तो तुम क्या चाहते हो - अपनी पहचान को बनाए रखना या नई पहचान बनाना ।

इससे पहले कि मैं जवाब देता उन्होंने कहा दूसरों से सीखने के लिए बहुत कुछ है। नई क्षमताओं का यह भंडार अक्सर अप्रयुक्त रहता है। हमारे बीच सांस्कृतिक अंतर होता है। हमारी भाषाएं हमारी परंपराएं नैतिकता की हमारी अवधारणाएं अलग होती हैं। हम नई संस्कृति अपनाना चाहते हैं। साथ ही हम मानते हैं कि स्वदेशी संस्कृति का संरक्षण महत्वपूर्ण है।

मैंने कहा दुनिया भर में सांस्कृतिक विविधता में तेजी से गिरावट आई है। आप्रवासन इस तरह की गिरावट का एक कारण है।

दादू नैन्सी के और मेरे माता-पिता दोनों अपने अडॉप्टेड कंट्री में रहते हैं ।

लेकिन हमारे लिए अमेरिका एक अडॉप्टेड कंट्री नहीं है। यह हमारा अपना देश है। अमेरिका में हम में से अधिकांश लोग कहीं और से आकर बस गए हैं । हममें से अधिकांश लोग अपने मूल देश की परंपराओं का पालन करते हैं । लेकिन इसके सख्त अनुयायी नहीं हैं। हमारी परंपराओं के पालन की हद हमें अपने माता-पिता से अलग बनाती है। हमारे माता-पिता अभी भी अपने मूल देश को याद करते हैं। इसका मतलब यह नहीं है कि हम अपने माता-पिता के देश में नहीं जाना चाहते। हम अपने माता-पिता के देश में जाना पसंद करते हैं क्योंकि वहां हमारे अपने लोग रहते हैं। लेकिन अगर हम नहीं जाते हैं तो हमें इस देश की उतनी याद नहीं आएगी जितनी हमारे माता-पिता को आती है।"

दादू ने कहा लेकिन समाजशास्त्री कुछ देशों की तुलना में कुछ देशों की सांस्कृतिक श्रेष्ठता से चिंतित हैं।

मैंने कहा भाषाओं और परंपराओं का लुप्त होना समाजशास्त्रियों के लिए चिंता का विषय हो सकता है लेकिन इन मुद्दों ने मुझे कभी परेशान नहीं किया। हो सकता है इस विषय में मेरे विचार गलत हों। मैं बंगाली पढ़ या लिख नहीं सकता लेकिन मैं आपसे बंगाली में बात कर सकता हूं। मैं पढ़ या लिख नहीं सकता क्योंकि मैंने बंगाली में कभी पढ़ा या लिखा नहीं है। अगर मैं चाहूँ या जरुरत पड़े तो मैं ऐसा कर सकता हूँ। शायद हमारे बच्चे ऐसा नहीं करना चाहेंगे। शायद चाहेंगे। यह इस बात पर निर्भर करेगा कि हम उनकी परवरिश कैसे करते हैं। भाषा और परंपराओं के अलावा और भी कई चीजें मायने रखती हैं। लेकिन दादू मैं यह मानता हूँ कि भाषा और परंपरा एक को दूसरे के करीब लाने में मदद करते हैं ।

जो बंगाली नहीं जानते हैं उनके लिये रबीन्द्रनाथ को अनुवाद के अलावा पढ़ने का और कोई उपाय नहीं है। लेकिन मूल बांग्ला में रबीन्द्रनाथ को पढ़ने का कुछ और ही मजा है ।

मैंने ठाम्मा से दादू की दोस्तों के साथ बैठक के बारे में बहुत सुन रखा था। ठाम्मा ने बताया कि दादू के कुछ दोस्त हर शनिवार दोपहर लोधी गार्डन में मिलते थे। बैठक अड्डा प्रारूप में आयोजित की जाती थी। हर विषय पर चर्चा होती थी। भाग लेने वालों के लिए शनिवार की बैठक में भाग लेने से अधिक महत्वपूर्ण कोई अन्य कार्य नहीं होता था।

दादू हमारी बैठक में शामिल होते हुए बोले बैठक अपने दोस्तों के संपर्क में रहने का एक शानदार तरीका है। मैं अभी भी अनिल, बिलू और बिशु के संपर्क में हूं। आजकल हम लोग हर शनिवार को नहीं मिल पाते हैं। हमारे दोस्तों में पार्था सुधांशु प्रदीप और नबारून हमसे काफी दूर चले गए हैं। वे हमें छोड़कर कुछ जल्दी ही चले गए।"

बैठक मज़ेदार होती होगी" मैंने पूछा।

दादू ने कहा हम बंगालियों को बहस करना पसंद है। हमारी बैठक ऐसी लगेगी जैसे हम लड़ रहे हों। हम छोटे बच्चों की तरह लड़ते थे । बच्चों के ध्यानाकर्षण के गुणों से हम वंचित होना नहीं चाहते थे।

जब सूरज ढलने को होता था तो हम एक दूसरे को अलविदा कहते। अगले शनिवार उसी समय फिर से मिलने का वादा करते ।

दादू क्या उन दिनों को याद कर आपके कुछ दोस्तों से बैठक का आयोजन किया जा सकता है । आप उन्हें दोपहर के भोजन के लिए आमंत्रित कर सकते हैं ।

अच्छा विचार है अपू बाबू। वे भी हमारे ग्रैंडसन से मिलने को बेताब हैं। तुम्हारी ठाम्मा को भी इस मिलन समारोह की मेजबानी करने में खुशी होगी।

ठाम्मा ने खुशी-खुशी इन रिटायर्ड रेडिकल्स के लिए दोपहर के भोजन की व्यवस्था की। दोपहर के भोजन के लिए अनिल दादू बिलु दादू और बिशु दादू आये ।

अनिल दादू एक बैंक में कार्यरत थे । वर्तमान में लेखक हैं। बिलू दादू एक वैज्ञानिक थे । वर्तमान में एक सामाजिक कार्यकर्ता हैं। बिशु दादू एक सरकारी दफ्तर में काम करते थे । और अब एक तितली की तरह इधर उधर उड़ते फिरते हैं। यह मेरा विवरण नहीं है । दादू ने अपने मित्रों का वर्णन इस प्रकार दिया।

दोपहर के भोजन और अनिवार्य आराम के बाद चाय का समय हो गया था। मैं आकर्षण का केंद्र था क्योंकि सभी प्रश्न मुझसे पूछे जा रहे थे। मैं क्या कर रहा हूं । मैं आगे क्या करना चाहता हूं । केवल वृद्ध अमेरिकी ही भारत क्यों आना चाहते हैं । स्पेलिंग प्रतियोगिता में भारतीय छात्र हमेशा क्यों जीतते हैं । मैंने अपनी क्षमता के अनुसार उन्हें संतुष्ट करने का प्रयास

किया। हमने यहां और वहां कार्य पद्धति के बारे में बात की। हम सभी इस बात से सहमत थे कि हम जो भी करें वह संतुष्टिदायक होना चाहिए और कार्य को सुखद बनाने के लिए हमारे पास पूरक वातावरण होना चाहिए।

कार्य संस्कृति पर अनिल दादू के विचार स्पष्ट थे। उन्होंने जो कहा उसका सार कुछ इस प्रकार था - मैं एक बैंक में था। मुझे बैंक की दिनचर्या नापसंद थी । और ठीक यही मैंने अपने पूरे कामकाजी जीवन में किया। इन दिनों मैं वही कर रहा हूं जो मुझे हमेशा से करना पसंद था। मैं पढ़ता और लिखता हूं। मैं अपनी सीमाओं के प्रति सचेत हूं। जब मैं पढ़ता हूं तो मुझे अपने लेखन में अंतराल दिखाई देता है। मैं अपनी क्षमता के अनुसार इसे बेहतर बनाने की कोशिश करता हूं। मैं जो भी लिखता हूं उसे कई बार पढ़ता भी हूं। मुझे अपना लिखा पढ़ने से आनंद मिलता है। मैं जहाँ जाना चाहता हूँ मेरे लेख मुझे वहां तक ले जाते है।

बिलु दादू अपने कार्यकाल में एक वैज्ञानिक रहे हैं । उन्होंने कहा - मैंने अपने पूरे पेशेवर जीवन में कुछ भी नहीं किया जिस पर मुझे गर्व हो। हालांकि मैं एक प्रशिक्षित वैज्ञानिक और एक तथाकथित शोधकर्ता था। मैंने जो किया उसे शायद अनुसंधान प्रशासन कहा जा सकता है। मैं तथाकथित शोधकर्ताओं द्वारा प्रस्तुत परियोजनाओं के वित्तपोषण और मूल्यांकन के लिए मुख्य रूप से जिम्मेदार था। मैंने परियोजनाओं को मंजूरी दी और वैज्ञानिक समितियों की अध्यक्षता की। जब मैं कहता हूं कि मैंने परियोजनाओं का मूल्यांकन किया है तो मेरा मतलब है कि मेरा काम यह सुनिश्चित करना था कि शोधकर्ताओं ने आवंटित धन को समय पर और फंडिंग एजेंसी के मानदंडों के अनुसार खर्च किया है। यदि उन्होंने मानदंडों का पालन किया है तो हम प्रमाणित करेंगे कि शोधकर्ताओं ने अपना शोध संतोषजनक ढंग से पूरा कर लिया है। यदि नहीं तो उन्हें आवंटित धन खर्च करने और दिए गए अतिरिक्त समय में अंतिम रिपोर्ट जमा करने के

लिए अतिरिक्त समय दिया जाता है। अब मैं एक ऐसे संगठन से जुड़ा हूं जो गैर-स्कूली परिवेश में विज्ञान के बारे में नए तरह से सोचने की कोशिश कर रही है। मेरा मानना है कि अनौपचारिक वातावरण महत्वपूर्ण विज्ञान सीखने की जगह हैं। आज जो मैं कर रहा हूँ उससे मैं खुश हूँ।

बिशु दादू ने कहा कि उन्होंने न केवल काम किया बल्कि अक्सर ज्यादा काम किया। वह हमेशा देर से कार्यालय पहुंचे और देर तक कार्यालय में रहे। उनके लिए काम हमेशा से टाइमपास रहा है। काम उनकी रोजी-रोटी के अलावा कुछ नहीं था। उन्हें इस बात का कोई पछतावा नहीं है कि वह अपने कामकाजी जीवन में या अन्यथा कुछ भी सार्थक नहीं कर सके। वह हमेशा दुसरो की नज़र में हल्के वजन के रहे। दादू उन्हें तितली कहते हैं।

दादू ने कहा बैठक में बिशु दादू की तरह किसी का भी इतनी बेसब्री से इंतजार नहीं होता था। जब मैंने इसका कारण पूछा तो दादू ने कहा कि बिशु दादू हमेशा कुछ खाने-पीने का सामान लेकर बैठक में आते थे। बिशु दादू को बड़ी बड़ी चर्चाओं में बिल्कुल भी दिलचस्पी नहीं थी। उनकी उपस्थिति से सभी उत्साहित हो जाते थे ।

दादू ने कहा बिशु दादू तितली थे और आज भी हैं। दादू के शब्दों में तितली एक दिन के लिए फड़फड़ाती है और सोचती है कि उसकी यह फड़फड़ाहट हमेशा के लिए है। दादू सोचते हैं कि बिशु दादू एक दुर्लभ प्रजाति है।

दादू अपने वर्षों पुराने मित्रों से मिलकर प्रसन्न थे। एक बार मिलने के बाद पता नहीं फिर कब मिलेंगे। उस शाम मैंने दादू के चेहरे पर कुछ उदासी देखी।

दादू को इस बात का दुख था कि वह वह नहीं कर सके जो उन्होंने सोचा था अपनी दूसरी पारी में करने को। उन्होंने इन वर्षों में कई किताबें एकत्रित कीं। सोचा था की इत्मीनान से

पढ़ेंगे। वह लिखना भी चाहते थे । लेकिन जब उन्हें अपनी तरह से पढ़ने-लिखने का समय मिला तो उनकी सीमित आँखों की दृष्टि ने उनका पथ अवरोध किया।

दादू को अपने लेखन में कई कमियां नज़र आती है। वह उन्हें संशोधित करना चाहते हैं। लेकिन ठाम्मा को परेशान करने में हिचकिचाहट महसूस करते हैं। वह कहते हैं उनकी स्थिति उस आदमी की तरह है जिसके हाथ-पैर बंधे हैं ताकि वह हिल न सके लेकिन उसका दिमाग खुला छोड़ दिया गया है जिससे वह बेरोकटोक भटक सके।

दादू ने कहा अपु बाबू पचहत्तर साल की उम्र में मृत्यु के विचारों से दूर रहना आसान नहीं होता है। मुझे लगता है मेरे खेलने का समय अभी खत्म नहीं हुआ है। अपू बाबू मैंने यथोचित अच्छा जीवन बिताया है। मुझे कोई पछतावा नहीं है। मुझे अच्छे साथी मिले।

उस दिन मैं अपने आप को बहुत भाग्यशाली महसूस कर रहा था। मुझे ठाम्मा और दादू का सान्निध्य मिला है ।

कुछ महीने पहले दादू-ठाम्मा ने अपनी शादी के 50 साल पूरे किए। उस दिन ठाम्मा ने दादू के पसंदीदा कुछ रबिंद्रसंगीत गाये ।

चूँकि हम विवाह, उत्सव आदि के बारे में बात कर रहे थे मैंने ठाम्मा से पूछा क्या एक उत्तम विवाह हो सकता है ।

ठाम्मा ने कहा एक आदर्श विवाह हो सकता है या नहीं मुझे नहीं पता। मेरा अपना अनुभव कहता है कि एकजुटता का मतलब यह नहीं है कि हम हमेशा साथ हैं। एकजुटता के लिए हमें अपनी जगह चाहिए होती है । साथ रहने से सारे मतभेद खत्म नहीं हो जाते है । मेरा मानना है कि एकता के लिए सभी मतभेदों को सुलझाना जरूरी नहीं है। आखिरकार हम दो अलग-अलग इंसान हैं। और हमें इस सच्चाई का सम्मान करना चाहिए।

दादू इस चर्चा में शामिल होते हैं। अपू बाबू वैवाहिक जीवन के लिए प्रेम कितना आवश्यक है।

कठिन प्रश्न है दादू। शादी से पहले प्रेम शायद माने रखता है।

शादी के बाद यह कितना महत्वपूर्ण रह जाता है यह बहस का विषय है। मुझे लगता है कि कई मामलों में साथ रहते-रहते साथ रहना आदत सी बन जाती है। धीरे-धीरे अवधारणाएं बदलने लगीं। प्रेम मुख्यधारा का हिस्सा बनने लगा। हम में से कुछ लोग शादी से पहले प्यार के परिणामों का सामना करने के लिए आगे बढे ।

अपू बाबू हम बूढ़े हो रहे हैं पर हम पुरानी दुनिया के नहीं हैं। तुम्हारी ठाम्मा और मेरे लिए एक दूसरे के प्रेम का सम्मान बहुत महत्वपूर्ण था और है ।

शाम होने को थी। मैंने चाय बनाई। चाय की चुस्की लेते दादू ने कहा मुझे तुम्हारी ठाम्मा पर तरस आता है। जिस तरह से मेरे परिवार ने मुझे या तुम्हारे पिता को स्वीकार किया तुम्हारी माँ को स्वीकार नहीं किया। मैं तुम्हारी ठाम्मा को वह सुरक्षा नहीं दे सका जिसकी वह हकदार थी। मैं अपने आदर्शों का पालन करने में व्यस्त था ।

क्या आपके और ठाम्मा के आदर्श भिन्न थे ।

तुम्हारी ठाम्मा ने एक माँ के आदर्श का पालन किया। एक संवेदनशील मां। अमित समझ गया था कि उसकी माँ के साथ उस तरह का व्यवहार नहीं किया जाता जैसा कि उसके या उसके पिता के साथ किया जाता था। अपनी माँ के साथ इस तरह के व्य्व्हार ने अमित को परेशान किया। अमित ने अपने तरीके से अपना विरोध जताया। अपने परिवार से अपनी माँ को मिले अनुचित व्यवहार के लिए उसने अपने पिता को ज़िम्मेदार ठहराया। उसके युवा मन ने सोचा - यदि उसके पिता ने परिवार

की इच्छा के विरुद्ध उसकी माँ से विवाह नहीं किया होता तो उसकी माँ को अपमान नहीं सहना पड़ता।

जब इतना कुछ हो रहा था तो अमित के पिता क्या कर रहे थे । मैंने दादू से पूंछा ।"

यही तो असली त्रासदी है। मुझे पता होना चाहिए था कि अन्याय का केवल निरीक्षण करने से अन्याय का समाधान नहीं होता है। यह बताने की जरूरत होती है कि यह काम करने का सही तरीका नहीं है। मैं एक पति के रूप में असफल रहा। एक बेटा अपनी मां के दर्द को समझ सका। एक पति अपनी पत्नी के दर्द को न समझ सका।

मैं स्थिति की गंभीरता को पूरी तरह समझ नहीं पाया।

यह एक दुखद स्थिति थी। तुमने ठीक कहा। इसके कई परिणामों में से एक यह था कि अमित विवाह बंधन से दूर भागने लगा। विशेष रूप से स्व-व्यवस्थित विवाह से।

मैं बाबा के इस रूप को बिल्कुल नहीं जानता था। दादू फिर क्या हुआ।

अमित जिससे प्यार करता था उससे खुद को दूर ले जाने लगा। बल्कि मैं कहूंगा कि वह प्यार करती थी।

आपका मतलब है कि बाबा का अफेयर एकतरफा था।

अमित प्यार करता था लेकिन उसे अपनाने की उसमे हिम्मत नहीं थी। वह बेहतर संभावनाओं की आड़ लेकर हमसे दूर भाग गया। अपू बाबू मुझे नहीं पता कि मैंने तुम्हे यह सब बताकर सही किया या नहीं। आखिर अमित तुम्हारा पिता है।

मेरे पिता आपके पुत्र हैं दादू। अगर आप मुझे मेरे पिता के बारे में नहीं बताएंगे तो कौन बताएगा। वास्तव में आपने मुझ पर एक उपकार किया है। दादू आपके पास स्व-व्यवस्थित विवाह का

अनुभव है। आपके बेटे की अरेंज्ड मैरिज है। अरेंज्ड मैरिज के मुकाबले लव मैरिज के बारे में आपका क्या ख्याल है?"

जो मायने रखता है वह है दोनों के बीच आपसी समझ। एक स्थिति में प्रेम विवाह से पहले हो जाता है और दूसरी स्थिति में क्रम उलट जाता है। एक में शादी से पहले एक-दूसरे के बारे में बहुत कुछ जाना जा सकता है और दूसरे में कम जाना जाता है। दोनों का अपना आकर्षण है। दोनों ही स्थितियों में एक दूसरे के प्रति प्रेम को आगे बढ़ने में समय लग जाता है । प्रेम कभी कभी बस एक आदत का परिणाम हो सकता है। लोग एक साथ रहने के आदी हो जाते हैं।

हाँ दादू। मैंने ऐसी कई प्रेम कहानियों के बारे में सुना है जो बनने के तुरंत बाद ही खत्म हो गये । कई प्रेम कहानियां सालों चलने के बाद अचानक ख़त्म हो जाते हैं। कोई नहीं जानता कि दोस्ती और प्यार कैसे शुरू होते हैं और कैसे समाप्त होते हैं। मैंने जो समझा है वह यह है कि वे हमेशा परंपराओं का पालन नहीं करते हैं।"

-8-

इतनी जल्दी छह हफ्ते बीत गए। मुझे पता था कि समय उड़ता है लेकिन यह नहीं पता था कि यह इतनी जल्दी उड़ता है। कल मैं हजारों मील दूर चला जाऊंगा। मुझे नहीं पता कि मैं ठाम्मा दादू से दोबारा कब मिलूंगा। इन छह हफ्तों में हम इतने करीब आ गए। इन छह हफ्तों में मैंने दुनिया को अपनी आंखों के सामने सिमटते हुए देखा। मैं जान पाया कि बंद आंखों से भी देखा जा सकता है।

कहा जाता है कि आंख एक महान अनुसन्धान यन्त्र है । यह दुख की बात है कि कुछ लोग इस शक्ति को समय से पहले खो देते हैं। लेकिन उनमे से कुछ लोग ऐसे भी होते हैं जिनके पास विशेष आंखें होती हैं। आंखें जो दृश्य से परे देख सकती

हैं। लौटकर जल्द ही मैं अपने डॉक्टरेट पर काम शुरू करूँगा। मैं मैकुलर डिजनरेशन पर काम करना चाहता हूँ।

दादू देखने की अपनी शारीरिक क्षमता खो चुके हैं लेकिन उसकी मानसिक क्षमता काफी हद तक बरकरार है। मैं उम्मीद कर रहा हूं कि एक दिन मेरे दादू की देखने की क्षमता पूरी तरह सक्षम हो जायेगी। मुझे उम्मीद है कि मेरे दादू फिर से उजाले और अंधेरे में फर्क कर पाएंगे। मुझे उम्मीद है कि मेरे दादू मुझे न केवल मेरी आवाज या स्पर्श से पहचानेंगे बल्कि मुझे शारीरिक रूप से भी देख पाएंगे।

मैं ठाम्मा के बारे में सोच रहा हूं। मैं ठाम्मा को फिर से गाते हुए देख रहा हूं। "आमी तोमर सोंगे बेधेची आमार प्राण सुरेर बधोने । आमी तोमारे पेयेछी अजाना साधोने ।

अगली सुबह हमेशा की तरह आई।

अपू दादू को उठाओ । वह तो जल्दी उठ जाते हैं । आज तुम जा रहे हो। हम साथ चाय पियेंगे।

दादू गुड मॉर्निंग। याद है अभी कुछ ही दिन पहले मैंने तुम्हें सुबह जल्दी जगाया था अपने आने की खुशखबरी देने के लिये और तुमने कहा था - इस तरफ के देवता भी इतने सवेरे सोकर नहीं उठते हैं। क्या हुआ दादू । मैं जानता हूँ कि तुम उदास हो। मैं वादा करता हूं कि मैं जल्द ही वापस आऊंगा।

दादू कोई जवाब नहीं दे रहे थे। मुझे चिंता हुई। मैंने ठाम्मा को बुलाया । वह लगभग दौड़ती हुई आई ।

कुछ देर बाद डॉक्टर आए। उन्होंने घोषणा की कि दादू अब नहीं रहे।

मैंने कभी नहीं सोचा था कि सुबह इतनी क्रूर भी हो सकती है । मैं सोच रहा था कि कोई इतनी शांति से कैसे जा सकता है।

दादू चले गए। ठाम्मा को भी पता नहीं चल सका। अक्सर समय हमें चौंका देता है।

इतने साफ और बेदाग । मौत में भी दादू।

समाचार मिलने के बाद माँ और बाबा तुरंत दिल्ली आये । बाबा ने अंतिम संस्कार किया।

दादू के जाने के बाद बाबा अधिकतर चुपचाप रहे। माँ के पास बैठे रहे। शायद उन्हें इस बात का दुःख था कि वह अपने मापा-पिता के योग्य पुत्र न बन सके। वह अपने पिता के अंतिम समय में भी उनके साथ न रह सके ।

बाबा को ठाम्मा की चिंता थी। अब ठाम्मा की देखभाल कौन करेगा ।

ठाम्मा बाबा-माँ के साथ अमेरिका नहीं जाना चाहती थी । ठाम्मा अपने पति की बनाई दुनिया में रहना चाहती थी ।

ठाम्मा और दादू का रिश्ता प्यार और टकराव का एक सहज भाव।

एक दिन ठाम्मा ने कहा तुम्हें पता है अपू सही व्यक्ति के साथ रहने से ज्यादा खूबसूरत कुछ नहीं होता है। उस व्यक्ति के बिना जीने से ज्यादा अकेला कुछ नहीं होता है।

ठाम्मा का अकेलापन मुझे बहुत परेशान कर रहा था। मुझे क्या करना चाहिए मैं समझ नहीं पा रहा था । मृत्यु हमारे जीवन चक्र की सबसे स्वाभाविक घटना है। हम आने वाले समय का सामना करने या उसे स्वीकार करने के लिए तैयार नहीं होते हैं। अपनों के जाने का कोई सही समय नहीं होता है । कुछ पल पहले वह हमारे साथ थे। अचानक वो चले गए । कभी वापस न आने के लिए।

जिस दिन माँ और बाबा लौट रहे थे मैंने यहाँ कुछ दिन और रहने का फैसला किया।

ठाम्मा ने जोर देकर कहा मुझे वापस जाना चाहिए ताकि मैं जल्द से जल्द अपना डॉक्टरेट का काम शुरू कर सकूं। ठाम्मा को मेरी जरूरत नहीं हो सकती है लेकिन मुझे ठाम्मा की जरूरत है। मैंने भी अपने किसी बहुत खास को खो दिया था । मैंने भी अपने किसी खास को खो दिया था ।

मैंने ठाम्मा के साथ कुछ और समय रुकने के अपने फैसले के बारे में बताने के लिए नैन्सी को फोन किया। मेरे फैसले के बारे में जानकर नैन्सी बहुत खुश हुई। उसने कहा कि वह भी भारत आना चाहती है। वह ठाम्मा से मिलने का अवसर हाथ से जाने नहीं देना चाहती है । यह दुख की बात है कि वह दादू से नहीं मिल पाएगी।

मैं नैंसी के फैसले से खुश था।

इस बार नैन्सी को रिसीव करने ठाम्मा के साथ मैं एयरपोर्ट गया।

ताल मिले नदी के जल में

मैं सुधा को तब से जानता हूँ जब वह बहुत छोटी थी। उसके पिता मेरे मित्र हैं। सुधा का बचपन बेहद लाड़-प्यार में बीता।

समय बीतता गया, और सुधा एक सुंदर युवती बनकर खिल उठी–साहसी, संवेदनशील, और मधुर आवाज़ की मल्लिका। कई लोग उसकी ओर आकर्षित हुए, पर सुधा ने कभी अपने मन की बात खुलकर किसी से नहीं कही। उसे डर था कि जिसे वह सच में चाहती है, कहीं वह उसकी भावनाओं को गलत न समझ ले।

वह मानती थी कि विवाह स्वर्ग में तय होते हैं, और माता-पिता केवल अपना कर्तव्य निभाते हैं।

सुधा ने अनिमेष से विवाह नहीं किया–जिस व्यक्ति के लिए उसके मन में एक विशेष स्थान था। उसने अपने माता-पिता की पसंद, अविनाश, से विवाह किया।

विवाह स्वीकार किया, पर अनिमेष को मित्र के रूप में खोना नहीं चाहा।

भावनाओं और जिम्मेदारियों की इस त्रिकोणीय संरचना की नाजुकता तीनों समझते थे।

वे उस रेखा का सम्मान करते थे, जहाँ प्रेम और कर्तव्य एक-दूसरे को छूते तो हैं, पर पार नहीं करते।

अक्सर स्त्रियाँ अपने विश्वास के लिए प्रेम त्याग देती हैं,

और पुरुष प्रेम के लिए अपने सपने।

समय बहता रहा।

अगला मोड़

अब सुधा पचास की है। उसकी बेटी सुमेधा अपनी माँ की तरह सुंदर और प्रतिभाशाली, पर कई मायनों में बिल्कुल अलग।

सुमेधा मानती थी कि व्यक्ति अपने साथी का चुनाव स्वयं करे। उसके अनुसार "अरेंज्ड" व्यक्ति मित्र बन ही नहीं सकता।

पर कठोरता भी पिघलती है, यदि रिश्तों में थोड़ी लचक हो।

यह लचक अविनाश ने दी। उन्होंने माँ और बेटी के बीच के तीखे किनारों को तराशा।

उधर अनिमेष ने भी अविनाश से मित्रता का अर्थ सीखा।

भावनात्मक रिश्तों की असली प्रकृति उसे स्पष्ट हुई।

और जीवन–नदी की तरह–अपना मोड़ लेता हुआ आगे बहता रहा।

व्यक्तित्व

सुधा का बेटा सुधीर अब पच्चीस वर्ष का है। उसने जीवन हमेशा बेफ़िक्र होकर जिया–कागज़ पर साधारण दिखता था, पर भीतर एक अनकहा विस्तार था जिसे कुछ ही आँखें पहचान पाती थीं।

ऐसी ही एक आँख थी इंदिरा की।

उसने सुधीर में नेतृत्व की चमक देखी और अपने संघर्षरत स्टार्ट-अप में उसे शामिल होने का निमंत्रण दिया।

सुधीर ने सुरक्षित अवसरों को ठुकराते हुए यह चुनौती स्वीकार की।

प्रारंभिक अड़चनों के बाद स्टार्ट-अप ने रफ्तार पकड़नी शुरू की।

इंदिरा पचपन की थी–मेधा सम्पन्न, दृढ़निश्चयी, और अपनी अलग तरह की प्रखर व्यक्तिगतता वाली। वह अकेली थी, पर इसे स्वीकार करना उसके स्वभाव में नहीं था। पेशेवर रूप से निपुण, पर भावनात्मक रूप से असंवेदनशील।

वह सुधीर से प्रसन्न थी, पर अपनी प्रसन्नता छिपाए रहती। वह उसकी सफलता पर गर्व करती, और उसी सफलता से ईर्ष्या भी करती।

संस्थापक और खोजे गए प्रतिभा के बीच संघर्ष शुरू हो गया।

सुधीर अपनी व्यक्तिगतता की कीमत पर कोई सुविधा नहीं चाहता था। वह मानता था कि उसने अपनी सफलता कमाई है।

इंदिरा मानती थी कि उसके बिना सफलता सुधीर के दरवाजे तक आती ही नहीं।

वह जिम्मेदारी सौंपने को तैयार थी, पर अपने शर्तों पर।

वह शर्तें सुधीर को स्वीकार नहीं थी।

उनके रणकौशल का सम्मान दोनों को था, पर रिश्ते जिन्हें बहुत कसकर पकड़ा जाए, अक्सर फिसल जाते हैं।

इंदिरा ने अपनी पकड़ ढीली नहीं की।

अंततः इंदिरा और सुधीर अलग हो गए।

व्यक्तित्व ने जीत हासिल की।

सुमेधा ने कभी दुख नहीं देखा। वह अपने चमकीले किले में सुरक्षित पली-बढ़ी थी।

उसकी सहपाठी सुमिता बिल्कुल विपरीत थी–कठिनाइयों से जूझती, दुख से गुज़रती, बिना किसी सुरक्षा कवच के जीवन जीती हुई।

दोनों में समानता बहुत कम थी, पर वे अच्छी मित्र थीं।

उनके क्षितिज बहुत दूर थे, पर दोनों को उम्मीद थी कि शायद एक दिन वे क्षितिज मिल सकें।

सुमेधा की दुनिया गुलाबी थी, वह काँटों को देख ही नहीं पाती थी।

सुमिता की दुनिया काँटों की थी, वह गुलाब की कल्पना भी नहीं कर पाती थी।

उनके सपने अलग थे।

उनकी कहानियाँ अक्सर एक-दूसरे को अविश्वसनीय लगतीं।

फिर भी वे अपने अनुभव साझा करती रहीं, धीरे-धीरे एक-दूसरे के मूल्यों के पीछे के कारणों को समझने लगीं।

समय के साथ उन्होंने जाना कि उनके बीच की भिन्नताएँ सतही थीं। धीमी प्रतिद्वंद्विता गहरी संगति में बदल गई।

सुमेधा डॉक्टर बनी।

सुमिता सामाजिक कार्यकर्ता।

एक आशा देती।

दूसरी प्रकाश फैलाती।

और दोनों मिलकर मानवता की सेवा करने लगीं।

एक नदी

पीढ़ियाँ बदलती रहीं, पर नदी की तरह जीवन बहता रहा–जहाँ ज़रूरत हुई, मोड़ लेता, जहाँ अवसर मिला, किनारे गढ़ता हुआ।

व्यक्तित्व साहस से टिकता है। जीवन प्रवाह से टिकता है।

मानवीय रिश्तों में उतनी परतें हैं जितनी जीवन-विज्ञान कभी गिन नहीं सकता।

शरीर नियमों से चलता है; हृदय लहरों से।

जो विज्ञान मापता है, रिश्ते उसे धुँधला कर देते हैं। जो रिश्ते स्पष्ट करते हैं, विज्ञान कई बार उसे छू भी नहीं पाता।

जीवन नदी की तरह है–मोड़ तब लेता है, जब मोड़ आता है।

बहुत दिनों पहले एक गीत सुना था–

ताल मिले नदी के जल में, नदी मिले सागर में।

सागर मिले कौन से जल में, कोई जाने न।

जलेबी कथा

मेरी नानी कहा करती थीं कि पेट भर खाना और परीक्षा के अच्छे फल के बीच गहरा रिश्ता होता है। नानी की बातों पर पूरा भरोसा था, सो मैंने पेट भर खाना शुरू कर दिया और पढ़ाई छोड़ दी। अब रिज़ल्ट तो अपने आप अच्छा होना ही था।

नानी की बातों से बचपन का एक वाक़या याद आ गया।

दोपहर ढल रही थी, शाम का इंतज़ार था। ऐसे समय एक सब्ज़ीवाला हमारे मकान के सामने से आवाज़ लगाता हुआ निकला।

नानी ने उसे बुलाया। सब्ज़ी देखते ही नानी का पारा चढ़ गया। बोलीं, "सारे शहर की सड़ी-गली सब्ज़ी तुम्हें मेरे ही घर लाने को मिली?"

सब्ज़ीवाला बोला, "माताजी, मैंने सोचा चच्चड़ी बनाने में काम आ जाएगी। आप लोगों के यहाँ तो कोई भी सब्ज़ी फेंकी नहीं जाती।"

नानी ने तमतमाकर कहा, "ठीक ही सुना है तुमने। हम सब्ज़ी की पूजा करते हैं। पर इसका मतलब यह नहीं कि कुछ भी उठाकर मेरे घर ले आओ।"

उन दिनों सब्ज़ीवाले से ऐसी लंबी बहसें आम बात थीं।

खाने का ज़िक्र चला है तो जलेबी-कथा कैसे छूटे। मेरी उम्र तब कोई दस साल रही होगी। गली से निकलते ही हलवाई की दुकान थी। वह सुबह-सुबह गरमागरम जलेबियाँ बनाता था। दही-जलेबी हम सबकी प्रिय थी।

एक दिन सुबह के करीब नौ बजे थे। थाल में कुछ जलेबियाँ पड़ी थीं। हलवाई चाचा दुकान पर दिखाई नहीं दिए। मैंने थाल से कुछ जलेबियाँ उठाईं और चल दिया। बड़ा खुश–किसी ने मुझे जलेबी उठाते देखा नहीं।

स्कूल से लौटा, सब कुछ रोज़ जैसा ही था। शाम को खेला, घर आकर होमवर्क किया, खाना खाया। गर्मी का मौसम था, बाहर खाट बिछी थी। मैं सोने चला गया।

देर रात पिताजी सोने आए। उन्होंने माँ से धीमी आवाज़ में कहा, "जानती हो, तुम्हारे लाडले ने आज क्या किया?"

माँ चुप रहीं।

पिताजी बोले, "हरिराम ने उसे जलेबी उठाते देख लिया था। सामने ही बैठा था। मेरा लिहाज़ कर कुछ बोला नहीं। शाम को आकर सब बता गया।"

यह सुनते ही मेरा पसीना सूख गया।

मैं बिस्तर पर पड़ा रहा, जैसे मेरे प्राण जलेबी चाचा अपने साथ ले गए हों। किसी तरह सुबह हुई।

घर में मानो कुछ हुआ ही नहीं। माँ वैसी ही रहीं।

पिताजी ने कहा, "चलो, जलेबी की दुकान होकर आते हैं।" मेरे दिल की धड़कन जैसे थम गई। पिताजी ने एक दोना भर जलेबी खरीदी। मैं रो पड़ा। जलेबी लेकर उनके साथ घर चला आया।

माँ ने बस इतना कहा, "बेटा, कभी किसी चीज़ की ज़रूरत हो तो हम हैं न तुम्हारी ज़रूरत पूरी करने के लिए।"

उनका वह छोटा-सा उपदेश मुझे आज भी याद है।

कई दिनों बाद समझ में आया कि हम सब एक काँच के कटघरे में रहते हैं। सोचते हैं, कोई हमें देख नहीं रहा। और इसी सोच में, स्वयं को देखने की हिम्मत खो देते हैं।

ज्यामितीय समस्या

इस त्रिभुज की भुजाएं और उनके बीच के कोण अलग अलग ज़रूरतो की ओर झुके हुए थे।

अविनाश मेरा करीबी मित्र।

उसकी पत्नी अनुपमा मुझे भाई की तरह मानती थी। उनकी बेटी तृप्ति इस ज्यामिति की तीसरा कोण थी।

मैं अनजाने ही एक नाज़ुक संरचना का हिस्सा बनता जा रहा था। मैं सभी का स्नेहपात्र था।

इस पति-पत्नी की कहानी में मैं आवश्यक भी था, और हाशिये पर भी।

अनुपमा और अविनाश के बीच की दूरियां दिनोदिन बढ़ती जा रही थी। कारण कई थे। मुख्य कारण था, एक दूसरे के प्रति सम्मान की कमी। कुछ दिनों पहले तक जो एक दूसरे के लिए बने दिखते थे, आज एक दूसरे से इतने दूर चले जाएंगे, अनुमान करना कठिन है।

तृप्ति अपने पिता के क़रीब थी, स्वाभाविक रूप से। लेकिन जैसे-जैसे पति और पत्नी के बीच दूरी बढ़ी, वैसे-वैसे पिता और बेटी के बीच भी एक अदृश्य फासला उभरने लगा। इसलिए नहीं कि प्रेम कम हो रहा था, बल्कि इसलिए कि प्रेम दबाव में पुनर्वितरित हो रहा था।

ऐसे त्रिभुज तभी टिकते हैं जब कोई ज़्यादा हिले नहीं। जैसे ही गति शुरू होती है, संतुलन ढह जाता है।

गाड़ी पलट गई। तलाक़ हुआ। अस्थिरता स्थायी हो गई। बेटी ने माँ का पक्ष लिया।

वह अपने पिता के दर्द को शायद सबसे बेहतर समझती थी, पर समझना हमेशा अभिव्यक्ति की अनुमति नहीं देता।

कभी-कभी सहानुभूति विश्वासघात जैसा लगता है।

मेरा मित्र अकेला रह गया।

साल बीते।

अकेलापन, जब अनदेखा छोड़ दिया जाए, तो शॉर्टकट तलाशने लगता है।

अविनाश का अपने एक सहकर्मी के साथ मेलजोल बढ़ा। उस एक कदम ने कहानी की जटिलता और बढ़ाई। नया संबंध अरुचिकर लगने लगा।

समाज दुख के प्रति उदार होता है, अपराध-बोध के प्रति नहीं। पुराने घाव भुला दिए जाते हैं, सिर्फ़ अनुचित संबंध ही दिखाई देने लगते हैं।

पीछे मुड़कर देखें तो कहना आसान है कि इस रिश्तों की विफलता की शुरुआत पत्नी से हुई और उसे ईंधन पति ने दिया। पर गूढ़ संबंध आसानी से सुधरते नहीं। और अस्त व्यस्त हो जाते हैं।

सबने योगदान दिया संबंधों को बिगाड़ेने में, सबको कीमत चुकानी पड़ी। यहाँ तक कि बेटी को भी, जिसने किसी को आहत न करने की सबसे ज़्यादा कोशिश की।

जब माँ की मृत्यु हुई, तो घाव सूखने की जगह और गहरा हो गया। अंत्येष्टि में बेटी ने पिता को आने की अनुमति नहीं दी। यह भाग्य का लेखन था। बेटी ने अपनी माँ की कहानी को अक्षुण्ण रखना चाहा।

त्रिभुज त्रिभुज ही रहा–बस अब और भी टेढ़ा मेढ़ा।

एक नया व्यक्ति अब ऐसे त्रिभुज में कदम रख चुका है जो अपूर्ण शोक, अपराध-बोध और अधूरी निष्ठाओं से गढ़ा गया है। ऐसी जगहें नए आगंतुकों का स्वागत नहीं करतीं।

सबसे दुखद यह है कि हर किसी को लगता था कि वह समझदारी से, ज़िम्मेदारी से काम कर रहा है। हर कोई समस्या को अपने संकरे कोण से ही देख पा रहा था, अपना दर्द, न्याय की अपनी परिभाषा साथ लिये।

कोई जानबूझकर अंधा नहीं था; वे बस पूरी आकृति देख पाने में असमर्थ थे। यही है हर ज्यामितीय समस्या का एक अनकहा, अपूर्ण अंग।

अवरोहण

आज सुबह का सपना अलग था, इतना अलग कि जागने के बाद भी वह मेरे साथ चलता रहा।

मैं स्वयं को माउंट एवरेस्ट की चोटी पर खड़ा देख रहा था। न साँसों का संघर्ष था, न जमे हुए हाथ-पैर।

मानो किसी अदृश्य शक्ति ने मुझे वहाँ पहुँचा दिया हो बिना चढ़ाई, बिना तैयारी।

शिखर पर पहुँचकर वह उत्साह नहीं था जिसकी कल्पना की जाती है। न तालियों की कोई गूँज, न विजय का नशा। बस एक हल्की-सी असहजता थी।

जैसे मैं वहाँ तो हूँ, पर वहाँ के लिए बना नहीं हूँ।

चोटी अजीब निर्विकार थी। न बर्फ़, न चमक।

कुछ लोग वहाँ थे, पर कोई इतिहास रचने को आतुर नहीं था।

ऊँचाई डराती थी, पर मृत्यु का भय नहीं था।

गिर जाने की आशंका नहीं थी, न कुछ खो देने का डर।

मुझे शिखर से उतरने की जल्दी थी। मुझे लगा कि यह ठहरने की जगह नहीं है।

उतरना कठिन था। हर क़दम सोच-समझकर रखना पड़ता था। लेकिन उतरते हुए मुझे लग रहा था कि मैं धीरे-धीरे अपने आप में लौट रहा हूँ।

मैंने कोई तस्वीर नहीं ली। मुझे किसी को यह दिखाना नहीं था कि मैं यहाँ पहुँचा था। शायद इसलिए कि यह पहुँचना मेरी उपलब्धि नहीं, एक संयोग था।

बाद में मैंने यह सपना एक शुभचिंतक से साझा किया।

उसने कहा, ऐसा अक्सर उनके साथ होता है जो ऊँचाई को लक्ष्य नहीं बनाते, फिर भी वहाँ पहुँच

जीतें यात्रा की सच्चाई कहती हैं।

कुछ शिखर बस छूने के लिए होते हैं, बसने के लिए नहीं।

कुछ संघर्ष दिखते नहीं, पर वही हमें गढ़ते हैं।

कभी कभी अवरोहण पलायन नहीं होता है।

असहज अपनापन

हम यहाँ समय-समय पर आते हैं। कुछ दिन रहते हैं और फिर जहाँ रहते हैं, वहाँ लौट जाते हैं। हर बार यहाँ के लोगों से सामंजस्य बैठाने में समय लगता है। कुछ लोगों से बात करते हुए मुझे हल्की-सी झिझक होती है। लगभग हर बात में उनका दख़ल मुझे अच्छा नहीं लगता। कभी अपनी नाराज़गी जता देता हूँ, कभी चुप रह जाता हूँ।

लेकिन जब लौटने का समय आता है, तो मन थोड़ा उदास हो जाता है। तब समझ में आता है कि जिसे मैं दख़ल समझ रहा था, वह शायद दख़ल था ही नहीं। उनका बिना पूछे अपनापन–मान लिया गया अधिकार–किसी दुर्भावना से नहीं, आदत और स्नेह से उपजा था।

आज सुबह हमारी अस्थायी सहायिका, जो रोज़ चाय देती है, हमेशा की तरह चाय के साथ बिस्कुट ले आई। चाय अच्छी बनी थी। बस इतना-सा फर्क था कि बड़ा कप किनारे तक भरा नहीं था।

मैंने मज़ाक में कहा–क्या पानी की कमी है? कप तो आधा खाली है।

उसने भी मज़ाक में जवाब दिया–ज़्यादा चाय पीना अच्छा नहीं होता।

वह कहना चाह रही थी कि 'आधी कप चाय' जानबूझकर दी गई है।

यहीं कोलकाता अपनी विडंबना प्रकट करता है–अभाव यहाँ चिंता कहलाता है, चिंता अधिकार बन जाती है, और यह रूपांतरण अक्सर ऐसे अनपेक्षित स्थानों से शुरू होता है जहाँ असहजता भी अपनापन बन जाती है।

ऐसी बातचीत सिर्फ़ कोलकाता में ही संभव है।

छोटी सी दुनिया हमारी

मेरे माता-पिता कौन हैं या थे मैं नहीं जानता। माँ ने जन्म दिया लेकिन साथ न रख सकी। माँ की अपनी कोई मजबूरी रही होगी। कौन माँ अपने बच्चे को अपने से अलग रखना चाहती है। सोचने में अच्छा लगता है कि मेरी माँ भी कहीं मेरा इंतजार कर रही है।

पिताजी के बारे में मैं ज्यादा नहीं सोचता हूँ। अगर मैं अपने माता-पिता के साथ न रह सका, पिताजी इसके लिये जिम्मेदार हैं, मुझे ऐसा लगता है। हो सकता है कि मैं गलत हूँ।

मेरा जन्म कब हुआ, कहाँ हुआ मुझे पता नहीं। जन्म के बाद मैं कहाँ रहा, मुझे याद नहीं। याद है तो सिर्फ रहीम चाचा और उनकी चाय की दुकान।

रहीम चाचा कहते थे कि मैं उनके साथ छह-सात साल की उम्र से रह रहा हूँ। चाचा की दुकान रेलवे स्टेषन के सामने वाली गली में थी।

जिनके घर नहीं होते हैं, रेलवे स्टेषन और रेल के डिब्बे उनके घर बन जाते हैं। मेरा भी ऐसा ही एक घर था, आज यहाँ तो कल वहाँ। चाचा ने काम दिया और साथ में रहने की जगह।

याद आती है चूल्हा जलाते-जलाते धूएँ के आंसूओं की। सबेरे-सबेरे चूल्हा जलाना किसको अच्छा लगता है। लेकिन मजबूरी थी। चाचा के दुकान पहुँचने से पहले चूल्हा जल जाना चाहिये बस। उधर इंजन का धुआँ और इधर चूल्हे का। चाचा दुकान पहुँचते ही चाय बनाते। खुद पीते और मुझे भी पिलाते। बिस्कुट चाय में डुबोकर पीने का मजा ही कुछ और होता है।

खाने, रहने और काम के बाहर भी हम लोगों की एक दुनिया होती है। इस दुनिया में सुख-दुख बाँटने वाला होता है। शुरू

षुरू के दिनों में रहीम चाचा की इस दुनिया में मैं नहीं था। हँसता तो किसके लिये, रोता तो किसके लिये। कोई तो ऐसा हो जिसके लिये रोये, जो मेरे लिये रोये। धुएँ के आँसुओं का सहारा कोई कब तक ले।

समय बहुत कुछ बदल देता है। मेरे इर्द-गिर्द भी बहुत कुछ बदला। मेरी भी एक छोटी सी दुनिया बनी। मेरे भी अपने बने।

रहीम चाचा तीस रूपये देते थे महीने के, खाने रहने के अलावा। यह रूपये मेरे लिये काफी थे। घर जो पैसे भेजने नहीं पड़ते थे। लेकिन मन करता था किसी अपने को पैसे भेजने का। अपने जब साथ में न हों तो ज्यादा उनके साथ रहने को मन करता है।

फिल्में देखने का चस्का बचपन से था। रहीम चाचा को बताये बगैर बगल वाले सिनेमा हॉल में जब भी मौका मिले फिल्में देखने लगा। कभी-कभी एक ही फिल्म को दो दो बार देखा। बचे पैसों से अक्सर चाचा की दुकान से बन-आमलेट खाता। लोगों को बन-आमलेट खिलाते खिलाते मन करता था खुद खाने का। रहीम चाचा को जब पैसे देता तो वह कुछ कहे बिना रख लेते। हर बार लगता था इस बार कहेंगे नालायक, बन-आमलेट के पैसे दे रहा है अपने चाचा को और पैसे लौटा देंगे। लेकिन कभी ऐसा नहीं हुआ। मुझे क्या मालूम था रहीम चाचा सूद समेत सारे पैसे लौटा देंगे।

अचानक एक दिन रहीम चाचा बोले चल कबीर साथ वाले स्कूल हो आते हैं। मैं बोला घुमाने ले जाना ही है तो अवस्थी जी के स्कूल ही क्यों। चाचा बोले बेटा उस जगह घूमने का मजा ही कुछ और है।श्

चाचा के साथ बी०एन० कॉलेज पहुँचा। अवस्थी जी से बात कर, थोड़ी देर बाद चाचा ने मुझे उनके कमरे में बुलवा भेजा। घुसते ही चाचा बोले तेरा दाखिला अवस्थी जी के स्कूल में हो गया है। तू कल से स्कूल जायेगा।

अवस्थी जी, जो मेरा दाखिले का फार्म भर रहे थे, मेरी तरफ बिना देखे बोले कब पैदा हुआ था। चाचा ने तपाक से उत्तर दिया 9 नवम्बर, 1964। पिता/संरक्षक की जगह चाचा ने अपना नाम लिखवाया।

बी0एन0 कॉलेज से मैंने दसवीं बोर्ड की परीक्षा सैंतालीस प्रतिषत नम्बर लेकर पास किया। मैथ्स में अच्छे नम्बर आये थे। ग्यारहवीं में भी मैने मैथ्स लिया।

मैथ्स के मास्साहब नरेन्द्र सिंह जी हम सब के प्रिय थे। मास्साहब सर पर ढेर सारा नारियल का तेल लगाकर कॉलेज आते। छोटा कद, ऊँची साईकिल और कूदकर साईकिल पर उनका चढ़ना देख हंसी तो आती थी लेकिन इससे उनकी ऊँचाई पर कोई असर नहीं पड़ता था। मास्साहब में एक और खास बात थी। वह कभी एबसेंट नहीं होते। पानी बरसे, आँधी चले, ठण्ड से पाइप फट जाये, मास्साहब लेकिन स्कूल में हाजिर। बिना स्कूल देखे और हम लोगों से मिले उनका खाना हजम नहीं होता था।

क्लास के बाद वह एक्सट्रा क्लास भी लेते। मास्साहब का मानना था कि सब्जेक्ट के अलावा और भी कई सारी चीजें शामिल होती हैं पढ़ाई में। मैथ्स के साथ-साथ कई और तरह की बातें भी करते थे मास्साहब, जिनमें क्रिकेट और फुटबाल भी शामिल होते। उनके एक्सट्रा क्लासेज अटेंड करने का नतीजा है कि मेरे जैसा भी मैथ्स में अच्छे नम्बर लेकर पास हो गया।

रिजल्ट निकलने वाले दिन मैं रहीम चाचा के साथ स्कूल जाता। जब टीचर मेरे बारे में अच्छा बताते तो रहीम चाचा की आँखों की चमक देखते बनती। उस दिन वह घर बुलाकर खाना भी खिलाते।

चाची से मेरी मुलाकात सिर्फ तिमाही, छमाही और सालाना रिजल्ट निकलने के दिन ही होती थी। चाची की सोच चाचा से अलग थी। उनको डर था कि कहीं मैं ज्यादा ही घर का न बन जाऊँ। शायद उनका ऐसा सोचना स्वाभाविक है। क्या यह मेरे

लिये कम बात थी कि चाचा ऐसा नहीं सोचते थे। चाचा जानते थे कि उनके ऐसा चाहते हुये भी मैं उनके घर का कभी नहीं बन सकता। लेकिन मन का क्या करें।

फिल्मों में कितनी मांओं को देखा है। सोचता था चाची एक दिन फिल्मी अदा से मुझे अपना लेंगी। इच्छायें कभी कम नहीं होती हैं। हर समय कुछ न कुछ चाहिये। मैंने तो हद कर दी चाहने की। माँ न मिली, अब चाची चाहिये। शायद यही वजह थी कि मैं रिजल्ट के दिन का

इंतजार करता। शायद कभी कबीर बेटा सुनने को मिल जाये।

उस दिन की बात याद आती है जिस दिन मैंने बोर्ड की परीक्षा के लिये फार्म भरा था। घर लौटते ही चाचा से बताया फार्म भरने की बात। चाचा खुष होकर बोले, बेटा कुछ महीने जम कर पढ़ ले बाद में काम आयेगा।

मैं सोच रहा था कब पैदा हुआ था वाली बात जो फार्म में भरकर आया था। मैंने चाचा से कहा उस दिन अवस्थी जी के स्कूल में दाखिले के समय मेरा जन्मदिन जो मन में आया लिखवा दिया। अगर अवस्थी जी नगर पालिका का कागज मांग लेते तो।श्चाचा बोले अगर नगर पालिका का कागज मांगते तो तब की तब देखते।

फिर थोड़ी देर चुप रहे। कुछ देर बाद बोले वैसे बेटा जो मन में आया लिखवा नहीं दिया था। उस दिन मेरा बेटा, जो अब नहीं रहा, पैदा हुआ था। तेरे जन्मदिन पर उसकी भी याद कर लेता हूँ। मैं आगे कुछ बोल न सका। जहाँ खड़ा था वहीं खड़ा रहा। मेरी आँखों में धुएँ के नहीं सच्ची नमी थी।

माधो भैया चाचा की दुकान में मेरे आने के पहले से काम करते थे। मुझसे उम्र में बड़े थे। इतने बड़े भी नहीं कि चाचा कहें। उम्र में तो बड़े थे ही, तजुर्बे में भी। मुझे फिल्म देखने का शौक था तो माधो भैया को कहीं और जाने का। बतलाते नहीं थे कहाँ

जाते हैं। कहते थे जब बड़े हो जाओगे तब बतलाऊँगा और साथ भी ले जाऊँगा। कुछ दिनों बाद पता चला कि वह कहाँ जाते हैं। उस जगह मुझे ले जाना भी चाहते थे लेकिन माधो भैया का डरपोक छोटा भाई वहाँ जाने की हिम्मत नहीं जुटा पाया। शायद माधो भैया की तरह मैं बड़ा नहीं हुआ था।

हर किसी को एक पंचिंग बैग की जरूरत होती है। पंचिंग बैग सिर्फ घूँसे खाने के लिये बनाया जाता है। कुछ लोगों के पास खुद के होते हैं और कई लोग मन ही मन एक पंचिंग बैग की कल्पना कर उसमें घंूसे लगाकर मन की तृप्ति करते हैं। खूंटे से बंधा होने के कारण पंचिंग बैग घूंसे खाने के बाद भी फिर घंूसे खाने सामने आ टपकता है।

माधो भैया और मैं रहीम चाचा का पंचिंग बैग था। चाची के घूंसे खाकर चाचा दुकान आते और मुझ जैसों पर घूंसों की बौछार करते। जैसा घूंसा खाकर आते वैसी बौछार करते।

एक दिन मैं एक्सट्रा क्लास कर शाम को घर लौटा ही था कि देखा चाचा जरूरत से ज्यादा नाराज थे। जिस घर में चाची हो उस घर के चाचा को गुस्सा क्यों आता है पूछने की जरूरत नहीं पड़ती है। मुझे देखते ही आव देखा न ताव लगे चाचा घूंसों की बारिष करने। बोले कल से मेरा कॉलेज जाना बंद। भाड़ में गई तुम्हारी जियोग्राफी और भाड़ में गया तुम्हारा मैथ्स। मुझे भी बड़ी जोर का गुस्सा आ गया। लगा चाचा के ऊपर बड़बड़ाने। बहुत कुछ कह दिया चाचा को। थोड़ी देर के लिये भूल गया कि आज मैं जो कुछ भी हूँ इसी चाचा की बदौलत हूँ। भूल गया कि अगर चाचा न होते तो न होती गणित न होती भूगोल।

पढ़ने लिखने की सबसे बड़ी खूबी होती है कि वह अपने बारे में और दूसरों के बारे में सोचने की ताकत देती है। मेरी षिक्षा अधूरी थी। मैंने सिर्फ अपने बारे में सोचना सीखा। दूसरों के बारे में नहीं। मैंने बिना सोचे साईकिल उठाई और निकल पड़ा दुकान छोड़कर। कुछ देर इधर-उधर भटकता रहा। भूख लगी। एक

चाय की दुकान में रूका। बन-आमलेट का आर्डर दिया। खा न सका। चाचा बहुत याद आये। रोने को मन करा। लेकिन रो न सका। इस दर्द का सिर्फ अनुभव किया जा सकता है, बयान नहीं। दुकान से उठा। सोचा अब कहाँ जायें। सोचते-सोचते पार्क पहुँच गया। रात हो चुकी थी।

ऐसा लगा चाचा मेरी बगल में ही बैठे हुए हैं। मुझसे कह रहे हैं, बेटा मेरे सिर्फ घूंसे देखे। क्यों समझ नहीं पाया कि मैं तुझे घूंसे नहीं मार रहा हूँ। मैं खुद को घूंसे मार रहा हूँ। तू नहीं समझेगा तो कौन समझेगा। मेरे बेटे तो समझ नहीं पाये। ठीक ही तो है किसी और के हिस्से के घूंसे तू क्यों खाने लगा। मुझे माफ कर दे बेटा। घर चल। मैं तुझे यहाँ अकेला छोड़कर घर नहीं लौट पाऊँगा।

मुझे लगा मेरा भी कोई है। कोई मेरा भी इंतजार करता है। मैं बेंच से उठा और चल पड़ा दुकान की ओर। मैं रहीम चाचा के खूंटे से जो बंधा था। वापिस दुकान लौटा। घूंसे फिर से खाने के लिये।

चाचा नहीं रहे। न रहा कोई जो मुझे कॉलेज एडमिषन के लिये उकसाये। मैं ग्रेजुएट न बन सका। चाचा की दी हुई षिक्षा शायद काफी थी मेरे लिये।

चाचा के चले जाने के बाद अहमद भाई ने दुकान सम्हाली। जिस दुकान को मैं अपना समझने लगा था, उसमें मेरी कोई जगह नहीं रही। नया घर लिया। घर चलाने के लिये पड़ौस के बच्चों को पढ़ाने लगा।

एक दिन अवस्थी जी से मिलने उनके घर पहुँच गया। उन्होंने अपने बेटे और कॉलेज के नये प्रिंसिपल श्री रमाषंकर अवस्थी, एम0एम0, बी0एड0 से मिलने को कहा। रमाषंकर जी ने कुछ दिनों ट्रायल टीचर की हैसियत से स्कूल में रखने के बाद चौथी-पाँचवीं कक्षा के बच्चों को मैथ्स पढ़ाने के लिये रख लिया।

मैं एक चाय वाले से स्कूल टीचर बन गया। मैं रहीम चाचा के दिये जन्मदिन के अनुसार 25 वर्ष का हो गया था।

सावित्री अवस्थी जी के कॉलेज के पास सरस्वती बालिका विद्यालय में पढ़ाती थी। मैंने सावित्री को स्कूल जाते या लौटते समय कई बार देखा था। अच्छी लगती थी। शायद उसको मैं भी। कुछ दिनों में परिचय बढ़ा, चाहने लगे एक दूसरे को। लेकिन हम दोनों चर्चा का विषय बनना नहीं चाहते थे। डर था बात का बतंगड़ न बन जाये। हम दोनों में मिलना कम ही होता था। लोगों के सामने ऐसा बरताव करते जैसे दूर-दूर तक का कोई सम्बन्ध नहीं है।

पता नहीं मैं सावित्री को चाहता था या यह मेरा सावित्री के प्रति सामूहिक आकर्षण था। सामूहिक आकर्षण समय के साथ बदल जाते हैं। हम दोनों के बीच कई प्रकार की दूरियां थी।

मेरा जीवन अस्थाई और अस्थिर था। सावित्री के जीवन में स्थायित्व था। उसको मिला था माता-पिता का स्नेह। इन दूरियों के बावजूद हम दोनों के बीच नजदीकियां बढ़ने लगी। मेरा डर कम हुआ, लेकिन सावित्री का नहीं। सावित्री जो सारी दुनिया से डरती थी।

हम लोग खुद अपनी दुनिया बनाते हैं। कुछ लोग अपनी दुनिया में कई लोगों को जगह दे देते हैं। तो कुछ लोग अपनी दुनिया के लोगों को अनदेखा कर देते हैं। मेरी दुनिया भी छोटी थी, डर भी। सावित्री की दुनिया भी बड़ी थी और डर भी। सावित्री अपनी बनाई दुनिया में कई लोगों को जानती तक नहीं थी।

किसी के प्रति प्रेम डर की अहमियत कम कर देता है। कुछ ऐसा ही हम दोनों के साथ हुआ। मेरे प्रति सावित्री का प्रेम जैसे-जैसे बढ़ता रहा उसका डर भी कम होने लगा। मेरे प्रेम में आकर्षण ज्यादा था। मेरे आकर्षण में स्वामित्व था। मेरा आकर्षण सिर्फ आकर्षण ही रहा, प्रेम में परिवर्तित नहीं हुआ। मैंने सावित्री के प्रेम की मर्यादा नहीं रखी। समय के प्रवाह में हम दोनों बह गये। दोनों से गलती हुई। सावित्री प्रेम में सब कुछ हार गई।

इस घटना के बाद सावित्री स्कूल नहीं आई। मैंने सोचा मेरे आकर्षण की तरह सावित्री का स्कूल न आना एक सामूहिक घटना है। शायद बीमार हो गई है। लेकिन ऐसा नहीं हुआ। सावित्री का डर संकोच में बदल गया था। मेरे और सावित्री के अलावा हम दोनों की बात और कोई नहीं जानता था। लेकिन सावित्री ने अपने स्वभाव स्वरूप समझा कि सारी दुनिया को यह बात पता चल गई है।

उसकी आखिरी चिट्ठी से पता चला कि वह घर छोड़कर जा रही है। उसने बताया नहीं कहाँ। उसने यह भी नहीं बताया कि हम दोनों की बात उसके माता-पिता जान गये थे या नहीं। मुझमें पूछने की हिम्मत नहीं थी। समय निकलता गया। धीरे-धीरे अनुभव किया कि मैंने क्या खोया है। सावित्री की अनुपस्थिति में मेरा उसके प्रति आकर्षण प्रेम में परिवर्तित होने लगा। मेरे हर क्षण में सावित्री रहने लगी।

सावित्री के हर सपने में मैं था। मैं उसके सपनों की भाषा क्यों नहीं समझ पाया। क्यों मैं सावित्री का दायित्व नहीं उठा सका। क्यों मैंने सावित्री को दायित्व समझा। क्यों नहीं समझ सका कि सावित्री एक बोझ नहीं एक सहारा है। मैं अपनी इस छोटी सी दुनिया में सावित्री को क्यों नहीं रख पाया ?

शायद मेरा जन्म भी इन्हीं परिस्थितियों में हुआ होगा। मेरी माँ को भी मुझ जैसा ही कोई मिला होगा।

मुझे सावित्री के सहारे की जरूरत है। मैं जानता हूँ सावित्री मेरा इन्तजार नहीं कर रही है। फिर भी लगता है मुझे उसके पास जाना चाहिये। हो सकता है मैं उसके किसी काम आ सकूं।

मैं मैथ्स टीचर हूँ। रिष्तों की गणित में कैसे फेल हो सकता हूँ। मैं सावित्री को जरूर ढूँढ निकालूँगा। खुद को साहस देने के लिये कभी-कभी अपनी ही पीठ थपथपानी पड़ती है। इतनी बड़ी गलती के बाद भी मैं अपनी पीठ थपथपाई । मैं जानता हूँ कि यह अनुचित है। लेकिन किसी अच्छे काम के लिये कोई भी

काम अनुचित नहीं होता है। क्या मेरा ऐसा सोचना गलत है ? आप ही बताईये।

मृगतृष्णा

कल्पना, तुम इतनी सुंदर क्यों हो।

सुंदर और मैं। मधुर, तुम जैसा मेरे बारे में सोचते हो मैं वैसी ही दिखने लगती हूँ। मैं नहीं तुम्हारी सोच सुंदर है।

कल्पना, तुम जब एक मनोवैज्ञानिक की तरह बातें करने लगती हो तो बिल्कुल स्कूल की मास्टरनी लगती हो।

शायद तुम भूल रहे हो मधुर, मैं नहीं स्निग्धा स्कूल की मास्टरनी है।

तुम फिर स्निग्धा को हमारे बीच ले आई।

किससे बातें कर रहे थे। स्निग्धा ने कमरे में घुसते हुए पूछा।

किसी से भी तो नहीं।श् मधुर ने बात टालते हुए कहा।

मैं समझी तुम मेरे बारे में किसी से बातें कर रहे थे।श् कहते हुये स्निग्धा कमरे से बाहर चली गई।

कल्पना, तुम तो कह रही थी कि हम दोनों की बातें कोई तीसरा नहीं सुनता है। फिर स्निग्धा ने कैसे सुना।

तुमने जो अंदर की बात बाहर जाने दी।

मन की बात को मन से बाहर जाने से कैसे रोकें।

रोकने से ज्यादा जरूरत है मुझे मन से निकालने की। मुझे भूलने की कोशिश करो, मधुर।श्

तुम ही बताओ कल्पना, कैसे।

जैसे तुम सोचते हो मैं हूँ, वैसे ही सोचने की कोशिश करो कि मैं नहीं हूँ। तुम सोचते हो मैं सुंदर हूँ। सोचने की कोशिश करो कि मैं सुंदर नहीं हूँ।

क्या तुम सोचती हो सोच को इस तरह इधर-उधर मोड़ा जा सकता है। तुम क्यों नहीं मेरे पास आना बंद कर देती हो।

मुझे अपने पास न आने दो, मैं नहीं आऊँगी। कोशिश करके तो देखो।

कितनी आसानी से तुमने यह बात कह दी।

तुम आसान सी बात आसानी से नहीं समझना चाहते हो तो मैं क्या करूं। मैं घुमा फिराकर पूछती हूँ। अगर मैं सुंदर न होती तो भी तुम मुझे इतना चाहते।

क्या तुम्हें लगता है कि सुंदरता ही सब कुछ है किसी को चाहने के लिये।

मैंने ऐसा तो नहीं कहा। कोई तो कारण होगा मुझसे मिलने, मुझसे बातें करने का।

मेरे पास इसका कोई सटीक उत्तर नहीं है। फिर भी मैं कोशिश करता हूँ।

मैं सुन रही हूँ।

तुम जानती हो मेरे बचपन की सारी बातें। फिर भी फिर से सुन लो।

घर से आधे घण्टे दूर मेरा स्कूल था। मैं पैदल जाता था। स्कूल जाते समय मैं एक लड़की को मेरे बगल वाले स्कूल जाते हर रोज देखता था। शायद वह मुझसे उम्र में बड़ी थी। बातचीत तो दूर की बात उसने मुझे कभी ठीक से देखा भी नहीं। फिर भी स्कूल आते जाते समय मैं हर रोज उसका इंतजार करता। जिस दिन वह स्कूल नहीं जाती मेरी जानने की इच्छा होती वह क्यों

नहीं आई। यह एकतरफा सिलसिला एक साल तक चलता रहा। एक साल बाद मैं दूसरे स्कूल जाने लगा। नये स्कूल जाने के बाद मैंने उसको फिर कभी नहीं देखा। कई बार पुराने स्कूल के सामने से होते हुए घर लौटा इस उम्मीद से शायद वह रास्ते में दिख जाये। लेकिन वह नहीं दिखी। मैं उसे भूल नहीं पाया।श्

अब वह कहाँ है।

पता नहीं क्यों मुझे लगता है बचपन की वह अनाम लड़की अब बड़ी हो गई है और वह तुम हो। मैं तुम्हें पहचान गया लेकिन देखो तुम मुझे पहचान नहीं पाई।

इतनी पुरानी बात तुम्हें अभी तक याद है। भूल क्यों नहीं जाते।

तुम्हें क्या लगता है कि कोई कुछ भूलना चाहता है और आसानी से भूल जाता है। मुझे तो लगता है जितनी उन यादों से हम दूर भागना चाहते हैं उतनी ही वह यादें पीछा करती हैं।

शायद।

एक और बात है। कुछ बीते पलों को भूलने को मन भी तो नहीं करता है।

मधुर, तुम सिर्फ नाम से ही नहीं, स्वभाव से भी मधुर हो। अपनी इस स्वाभाविक मधुरता को बनाये रखना।

कल्पना, तुम्हें सिर्फ मुझमे मेरी मधुरता दिखाई पड़ती है। तुम्हारी दृष्टि और मेरे बचपन की उस अनाम लड़की की दृष्टि में कोई अंतर नहीं है। उसने भी कभी मुझे नहीं देखा उस दृष्टि से और तुमने भी।

फिर मैं किस दृष्टि से तुम्हें देखती हूँ।श्

तुम्हें पता होना चाहिये।

पता नहीं है तभी तो पूछ रही हूँ। तुम जानते हो तुम्हारी कल्पना कैसी है। तुम्हें मालुम है कि मैं तुम्हारा या किसी और का

विश्लेषण नहीं कर सकती हूँ। मुझमें इतनी योग्यता कहाँ। तुम्हें दोनों पक्षों का विष्लेषण करना पड़ेगा।

और तुम क्या करोगी।

जैसा तुम चाहोगे।

कितनी पुरानी यादें हैं फिर भी जाती नहीं। अब तो मेरी शादी भी हो गई है। स्निग्धा क्या सोचेगी।

शादी के लिये मैं प्रस्तुत नहीं था। पिताजी का कहना टाल नहीं सका। माँ नहीं है। पिताजी माँ की कमी मुझे पत्नी देकर पूरा करना चाहते थे। मैंने सोचा स्निग्धा को पुत्री के रूप में पाकर पिताजी शायद अच्छा महसूस करेंगे। मैंने हाँ कर दी।

पिताजी ने स्निग्धा को देखा था एक छात्रा के रूप में। पिताजी समाजशास्त्र के अध्यापक हैं और स्निग्धा इसी विषय को लेकर एम०एम० कर रही थी। पिताजी ने मुझे स्निग्धा से मिलने को कहा। मैंने कह दिया आपकी पसंद मेरी पसंद। पिताजी ने फिर कहा। मैंने फिर अपना उत्तर दोहराया। आपकी लाई किसी चीज को आज तक मैंने ना पसंद किया है कि आज करूँगा।श्

पिताजी ने कहा तब की बात और थी। तेरी माँ थी। वही पसंद करती थी मैं तो सिर्फ हाँ करता था।श् मैंने कहा आज भी कुछ नहीं बदला है। आपकी हर पसंद मुझे मंजूर है।श्

मैं जानता हूँ स्निग्धा के साथ मैं अन्याय कर रहा हूँ। लेकिन मैं ऐसा क्यों कर रहा हूँ। मेरे माता-पिता की दी हुई शिक्षा के यह विपरीत है।

इतने दिन साथ रहने के बाद भी मैं और स्निग्धा अपरिचित से लगते हैं। वह मेरी हर बात का ध्यान रखती है। क्या मैं रखता हूँ उसकी हर बात का ख्याल ? क्यों वैसी घनिष्टता नहीं है हम दोनों के बीच जैसी एक पति-पत्नी के बीच में होनी चाहिए।

मैं ऐसा कुछ भी नहीं करता जिससे स्निग्धा के मन को ठेस लगे। लेकिन मैं ऐसा भी कुछ नहीं करता जिससे स्निग्धा का मेरे प्रति अपनापन बढ़े। मेरी इस मानसिक द्वंद का कारण कल्पना है। वह इस कदर मेरे मानस पट पर छाई हुई है कि मुझे और कुछ दिखाई नहीं देता है। स्निग्धा में मैं कल्पना को ढूँढता फिरता हूँ।

स्निग्धा कल्पना कैसे बन सकती है।

मेरे पास दो तरीके हैं। या तो कल्पना को भूल जायें या स्निग्धा में कल्पना को देखने की कोशिश करें। दोनों संभव है। मुझे ही तो भूलना है। मुझे ही तो देखना है। क्यों सोचें कि मैं भूल नहीं सकता या मैं देख नहीं सकता।

दो नहीं एक तीसरा उपाय भी है। स्निग्धा में मैं सिर्फ स्निग्धा को देखूँ। स्निग्धा में कल्पना को देखना उसके प्रति अविचार होगा। मुझे कोई अधिकार नहीं है किसी के आत्माभिमान को ठेस पहुँचाने का। अगर मुझसे कोई कहे कि तुम अपने आप को इतना बदल डालो कि तुम तुम न रहो, तो मैं क्या इसके लिये राजी होऊंगा। कतई नहीं। फिर क्यों मैं अपेक्षा करता हूँ कि स्निग्धा ऐसा करेगी।

स्निग्धा ने एक दिन अचानक मुझसे पूछा शादी से पहले मुझसे मिलने क्यों नहीं आये। किसी और कल्पना को मन में सजाये बैठे थे क्या।

मैं चौंक सा गया। स्निग्धा को कैसे पता चला कल्पना के बारे में। पूजा घर में कौन है पूछने पर शंकाग्रस्त व्यक्ति का उत्तर होता है मैंने तो केला नहीं खाया है। मेरी हालत कुछ ऐसी ही थी।

मुझे चौंकता देखकर स्निग्धा कुछ सहम सी गई। उसे लगा मुझसे इस तरह का प्रश्न नहीं पूछना चाहिए था शायद उसको। लेकिन उसके प्रश्न में तो कोई चौंकाने वाली बात नहीं थी। मैंने झेंपते

हुए उत्तर दिया आज्ञाकारी पुत्र हूँ। क्या पिता की पसंद की इतनी भी मर्यादा नहीं दे सकता मैं। मेरा उत्तर सुनकर शायद स्निग्धा खुष हुई। फिर भी उसने पूछा और अगर पिताजी की पसंद तुम्हारी पसंद नहीं होती तो।श्

मन में आया कह दूँ कि किसने तुमसे कहा है कि तुम मुझे पसंद हो। लेकिन मैंने ऐसा कुछ नहीं कहा । मैंने यह भी नहीं कहा कि वह मुझे पसंद है। मेरे ख्याल से स्निग्धा मुझे पसंद नहीं है कहना ठीक भी नहीं होगा। वह मेरी कल्पना नहीं है कहना ज्यादा उचित होगा।

अगर स्निग्धा पूछ बैठती तुम्हारी कल्पना है कैसी तो मैं क्या उत्तर देता। मैंने तो सिर्फ उसको स्कूल जाते देखा था। स्कूल के ड्रेस का रंग बता सकता था। अब तो साड़ी पहनने लगी होगी । उसका सांवला रंग या सुन्दर बालों के बारे में बताता। कहता मेरी दोस्त है वह। वह मुझे मुझसे ज्यादा जानती है। मैं उसे मेरे बनाये कई रंगों में देखता हूँ।

उस दिन हम दोनों की शादी की पहली सालगिरह थी। स्निग्धा काफी खुष नजर आ रही थी। रजनीगंधा के फूलों को गुलदस्ते में लगाते हुये वह बोली जानते हो आज हमारे यहाँ कौन आ रही है।

मृगया, शादी के समय तुम मिले थे। याद है। अरे वह जो बैंक में ऑफिसर है। मेरी दोस्त।

तुमने पहले तो नहीं बताया।

मैं भी कहाँ जानती थी जो बताती। आज दोपहर को उसने गेस्ट हाउस से फोन किया था। बैंक की किसी टेªनिंग में आई है। करीब एक महीना रहेगी। कहने लगी मुझे सरप्राइस देना चाहती थी। इसलिये पहले नहीं बताया। माँ को भी मुझे बताने को मना किया।

मृगया आज शाम को आ रही है। रात का खाना हम लोग साथ लेंगे ।

उस दिन फूल और फूल लगाने वाली कुछ ज्यादा ही महक रहे थे।

मैंने कहा, अच्छे दिन तुम्हारी दोस्त आ रही है। आज का दिन खास है। मृगया के साथ मिलकर सेलिब्रेट करते हैं।

थोड़ी देर में हम लोग गेस्ट हाउस पहुँचे। मृगया इंतजार ही कर रही थी हम दोनों के आने का। दो दोस्तों की उत्फुल्लता देखते बनती थी। पहली मैरिज एनिवर्सरी की मुख्य अतिथि का स्वागत स्निग्धा ने खूब जोर शोर से किया। शाम अच्छी कटी।

स्निग्धा को कतई मंजूर नहीं था कि मृगया उसके शहर में रहते हुए भी उसके साथ न रहे। मृगया ने न आने के कई बहाने बनाये। कहने लगी मुझे समय तो दे नहीं पाएंगे, तो मैं क्यों रहने आऊँ तेरे साथ।

स्निग्धा ने छूटते ही उत्तर दिया तू आकर तो देख। तुझे पता नहीं मेरे पास कितना समय है। मेरा दिन चौबीस घण्टे से कहीं ज्यादा का होता है।

स्निग्धा के मनाने पर, मृगया उसके साथ रहने को मान गई और अगले इतवार रहने आ गई बोरिया बिस्तर बांधकर। कहने लगी अब जाने के लिए कहेगी भी तो मैं नहीं जाऊंगी।श्

मृगया के आने से घर का सारा वातावरण बदल गया। मैं शाम को जल्दी घर लौटने लगा। प्रायः बाहर खाने जाने लगा। सिनेमा देखने जाने का प्रोग्राम अब स्निग्धा नहीं मैं बनाने लगा। पता नहीं इतने दिनों तक कहां छुपा हुआ था मेरा इतना सारा उल्लास। मेरे इस परिवर्तन का कारण मृगया थी।

स्निग्धा मेरे इस परिवर्तन से जरा भी विचलित नहीं हुई। मेरे ख्याल से मेरे प्रति स्निग्धा का अगाध विश्वास ही इसका मुख्य

कारण था। स्निग्धा खुश थी कि मैं उसकी दोस्त का इतना ध्यान रख रहा हूँ। लेकिन मृगया को लगने लगा कि हम दोनों के साथ रहने का उसका निर्णय शायद ठीक नहीं था। मेरी मृगया के प्रति अत्यधिक उत्सुकता ने उसको ऐसा सोचने को मजबूर किया।

मृगया शाम को देर से लौटने लगी। स्निग्धा के पूछने पर कह देती टेªनिंग पूरी होने को है, प्रोजेक्ट रिपोर्ट सबमिट करना है, सेमिनार देना है, इत्यादि इत्यादि। मृगया ठीक ही तो कहती थी। इसमें संदेह की कोई बात भी नहीं थी। लेकिन मुझे लगता था जैसे यह सब मुझसे दूर रहने का एक बहाना मात्र है।

मैं अपना दायित्व भूलने की गलती कर सकता हूँ, लेकिन हर कोई नहीं। मृगया को अपने दायित्व का पूरा ध्यान था। उसने कभी ऐसा कुछ नहीं किया जिसकी वजह से मैं उसके प्रति कोई भ्रांत धारणा बना सकूं। वह कल्पना और स्निग्धा की तरह निर्मल है। उसके हंसमुख स्वभाव के कारण कोई भी उसके प्रति आकृष्ट हो सकता है। अगर मुझे वह अच्छी लगने लगी तो इसमें उसका क्या दोष।

कल मृगया अपने घर लौट जायेगी। स्निग्धा मार्केट गई है। माँ और छोटे भाई के लिये मृगया के साथ कुछ सामान भेजना चाहती है। उसने बता रखा था घर लौटते देर हो जाएगी उसको।

मैं घर लौटकर इन दोनों के लौटने का इंतजार कर ही रहा था कि देखा मृगया आ रही है। मुझे देखते ही बोली आज तो स्निग्धा देर से घर लौटेगी। मैं दो मिनट में चाय बनाकर लाती हूँ। मैं बस गई और आई।श्

थोड़ी देर में दो प्याले चाय के साथ लेकर मृगया बाहर वाले कमरे में आई।

चाय का प्याला मेरी तरफ बढ़ाते हुये मृगया ने अचानक मुझसे पूछा मधुर, तुम स्निग्धा के साथ ऐसा बर्ताव क्यों कर रहे हो।

क्या तुम्हारा उसके प्रति या मेरे प्रति बर्ताव अस्वाभाविक नहीं है। स्निग्धा बेचारी।

स्निग्धा बेचारी। इन दो शब्दों ने मुझे बुरी तरह झकझोर दिया। किसी को बेचारी कहना कितना दुर्भाग्यपूर्ण होता है, मैंने उस क्षण अनुभव किया। हो सकता है स्निग्धा अपने आप को बेचारी नहीं समझती है। हो सकता है मेरा मृगया के प्रति आचरण स्निग्धा को अस्वाभाविक नहीं लगता हो। लेकिन सच तो यही है। स्निग्धा के न जानने से क्या मेरा अपराध कम हो जाता है।

मैं थोड़ी देर गुमसुम बैठा रहा। मैं इस आकस्मिक प्रष्न की अपेक्षा नहीं कर रहा था। क्या कहूँ समझ में नहीं आ रहा था।

मृगया भी चुप बैठी रही। वहां से उठकर चली नहीं गई। वह सुनना चाहती थी कि मैं उसके दोस्त के प्रति यह अन्याय क्यों कर रहा हूँ।

मुझे किसी न किसी के पास आत्म समर्पण करना था। तो क्यों न उसके पास करूं जिसने मुझे रंगे हाथों पकड़ा हो।

मैंने कहा, मेरे मानस पट पर कोई और बचपन से बैठी हुई है। यह न पूछना कि जब इतना चाहता हूँ उसको तो जीवन साथी क्यों नहीं बनाया। इसका उत्तर मैं तुम्हें नहीं दे सकता।

मैंने स्निग्धा के साथ कभी बुरा व्यवहार नहीं किया। सिर्फ मैं उसको कल्पना की तरह चाह न सका। मुझे इसका दुख है। और भी बुरा लगता है जब यह सोचता हूँ कि स्निग्धा मेरी इस अवहेलना से अवगत नहीं है।

मैंने शादी के समय तुम्हें देखा था। तुम जो हर समय स्निग्धा के साथ थी। जब तुम बैंक के काम से यहां आई, पता नहीं क्यों मुझे अच्छा लगा। तुम सोच रही होगी जिससे भी मिलता हूँ, अच्छी लगने लगती है। विष्वास करो मेरा, ऐसा नहीं है।

यह मेरा दुर्भाग्य है या फिर एक संयोग कि मैंने तुम में अपनी कल्पना को देखा। जैसे-जैसे तुम्हें निकट से जानने का मौका मिला, मैं तुम्हारी ओर आकृष्ट होता चला गया। तुम्हारी ओर आकृष्ट होने का कारण तुम्हारी पूर्णता है।

जरूरी नहीं गुलाब की हर पंखुड़ी सुंदर हो, फिर भी गुलाब सं ुदर है। उसकी पूर्णता उसे सुंदर बनाती है। तुम्हारा खुद के उपर विष्वास तुम्हें सुंदर बनाता है। तुम्हारे अंदर और बाहर में कोई अंतर नहीं है। तुम जैसा दिखती हो वैसी हो। तुम्हें समझने के लिये किसी माइक्रोस्कोप या टेलिस्कोप की जरूरत नहीं पड़ती है।

तुम समझ गई मेरे छिपे मन की बात इतनी आसानी से। इसका मुझे आष्चर्य नहीं है। मैं जानता था कि तुम मुझे कभी तुम्हारी ओर बढ़ने का मौका नहीं दोगी। कल्पना भी ऐसा ही कहती है। मुझसे वह कहती है उसे भूल जाने को।

कल्पना की बात आते मृगया ने चुप्पी तोड़ी।

कल्पना जब ऐसा सोचती है तो तुमसे क्यों मिलती रहती है। क्यों बात को आगे बढ़ाने का मौका ढूँढती रहती है। क्यों अनुचित को बढ़ावा देती है वह। तुम्हें उसे रोकना चाहिये। अगर तुम ऐसा करने में असमर्थ हो, मुझे बताओ। मैं बात करूंगी उससे।श्

कल्पना सिर्फ मेरी कल्पना है। वह तुम्हारी बात क्यों सुनने लगी। उसको सिर्फ मैं देख सकता हूँ। उसके स्पर्ष का अनुभव सिर्फ मैं कर सकता हूँ। उसको मैंने सुना है लेकिन उसकी आवाज मैं तुम्हारे कानों तक नहीं पहुँचा सकता। उसकी मृदु सुगंध को सिर्फ मैं पा सकता हूँ। उसके आने की आहट सिर्फ मैं सुन सकता हूँ। मैं उसको बचपन से जानता हूँ। क्या तुम उसे देख पाओगी, उसे सुन पाओगी, उसे स्पर्ष कर पाओगी।

मधुर मैंने भी तुम्हें थोड़ा बहुत पहचाना है। अनुभव किया है। मैं तुम्हारी कल्पना को देख पा रही हूँ, छू पा रही हूँ, सुन पा

रही हूँ। फिर भी कह रही हूँ कि तुम्हें तुम्हारी कल्पना से दूर जाना पड़ेगा। जैसे मैं तुमसे दूर जा रही हूँ। एक और बात कहना चाहती हूँ। कल्पना थी। कहीं दूर चली जायेगी। उसको फिर कभी वापस न बुलाना।

मृगया, मुझे खुशी है कि तुम मुझे थोड़ा बहुत समझ पाई। मैं जानता हूँ तुम जानती हो कि कल्पना को सदा के लिये दूर भेज देना इतना सहज नहीं है। लेकिन मैं तुम्हें विष्वास दिलाना चाहता हूँ कि मैं कोषिष करूंगा। तुम्हारी दोस्त स्निग्धा की खातिर।

आज मृगया अपने घर लौट गई। स्निग्धा और मैं उसे स्टेषन छोड़ने गये। स्टेषन से लौटते समय स्निग्धा कुछ ज्यादा ही चुप थी। मेरे मन में कई बातें उठ रही थी। जिसने मुझे रंगे हाथों पकड़ा उसके सामने तो मैंने आत्म समर्पण किया। मुझे उसके पास भी तो आत्म समर्पण करना चाहिये जो इन बातों से अनभिज्ञ है।

मुझे अचानक लगा कि हम लोगों की दुनिया कांच की बनी होती है। मैंने कांच को सहजता से टूटने की वजह से यहाँ याद नहीं किया। मैंने कांच की पारदर्शिता को याद किया।

हम लोग सोचते हैं हमारी गलती अगर कोई न देख पाये तो वह गलत गलत नहीं होता है। गलत गलत ही होता है, उसे कोई देख पाये या नहीं। मैंने निर्णय किया कि मैं स्निग्धा को सब कुछ बता दूंगा।

घर लौटकर खाना खाने के बाद मैंने स्निग्धा से कहा दो मिनट रूकना। मैं चाय बनाकर लाता हूँ।श् उसको हैरानी हुई क्योंकि खाना खाने के बाद मैं चाय नहीं पीता। फिर मैंने स्निग्धा से पूछा तुम्हारे पास थोड़ा समय होगा। मैं तुमसे कुछ कहना चाहता हूँ।

आज अचानक यह परिवर्तन। पहले तो कभी पूछा नहीं। बातें करने के लिये पति को पत्नी से पूछने की जरूरत नहीं पड़ती

है। पूछने की जरूरत सिर्फ तब पड़ती है जब मन में कोई जड़ता हो।श् स्निग्धा ने अपने शांत स्वभाव स्वरूप कहा।

स्निग्धा, मैंने तुम्हारी भावनाओं का अपमान किया है। शायद तुम मेरी इस अवहेलना से अवगत नहीं हो। तुम्हारा पति होने के नाते मुझे मेरा सच तुमसे छुपाना नहीं चाहिये था।

मैंने स्निग्धा को मेरे बचपन की अनाम लड़की, कल्पना और मृगया के बारे में बताया। स्निग्धा चुपचाप सुनती रही। उसने बीच में नहीं टोका। मेरे आत्मसमर्पण से वह विचलित नहीं हुई। थोड़ी देर चुप रहने के बाद वह बोली।

अब तुम्हारी धैर्य परीक्षा की बारी है। यह सच है कि तुमने मेरी भावनाओं का अपमान किया है। लेकिन यह सच नहीं है कि मैं इससे अवगत नहीं थी। यह न सोचना कि मैं तुम्हारी और तुम्हारी कल्पना की बात छुप-छुपकर सुनने की कोशिश करती थी। तुम्हारे अकृत्रिम व्यवहार में मुझे संतुलन की कमी लगती थी।

तुम कुछ ज्यादा ही मेरा ध्यान रखते हो। लेकिन जहाँ ध्यान रखना चाहिये वहाँ अक्सर चूक जाते हो। मैं तुम्हें मुझसे दूर जाते देखती हूँ, लेकिन मैं यह भी जानती हूँ तुम्हारी दौड़ की सीमा कहां तक है।

मैंने सिर्फ देखा, कुछ कहा नहीं। शायद तुम इसे मेरी विवषता समझो। एक सम्भ्रांत परिवार की पढ़ी लिखी महिला कभी विवष नहीं होती है। अपने और अपने सच्चे दोस्तों के ऊपर आत्मविष्वास उसे कभी विवष होने नहीं देता है। आत्मविष्वास का विवषता से बड़ा गहरा सम्बन्ध है।

मधुर तुमने अपना द्वंद मुझसे छुपाया क्यों। अगर यह सच है कि मैं तुम्हारी कल्पना नहीं हूँ तो यह भी सच है कि मैं तुम्हारी बहुत कुछ हूँ।

शायद न बताकर मुझे मानसिक आघात से दूर रखना चाहते थे तुम। तुम जैसा संवेदनशील व्यक्ति शायद यह भी जानता है कि बताने वाली बात न बताने से मन को ज्यादा आघात मिलता है।

मधुर तुम सम्मोहन और प्रेम के बीच के फासले को ठीक तरह से समझ नहीं पाये हो। तुम उम्र में बड़े तो हो गये लेकिन सम्मोहन से आगे बढ़ नहीं पाये। तुम मृगया को कल्पना समझकर उसकी तरफ झुके, लेकिन उसका सानिध्य नहीं मिल सका। जिसके पास जाने से सानिध्य मिल सकता था उसके पास गए नहीं।

मैं जानती हूँ कल्पना ही सच को जन्म देती है। लेकिन यह भी सच है कि मृगतृष्णा पकड़ने की कोषिष बेकार जाती है। काल्पनिक दोस्त कभी सच नहीं हो पाते।

हर पत्नी चाहती है एक समझदार पति। मेरा मानना है एक अच्छा दोस्त समझदार पति बन सकता है। मुझे दुख है तुमने मुझे कभी अपना दोस्त नहीं समझा। कभी कहकर तो देखते अपने मन की बात। दूसरों के अनुभव किताबों में पढ़ने में अच्छे लगते हैं। खुद के अनुभव खुद को ही करने पड़ते हैं।

मैं समझती हूँ पुरानी यादें क्या मायने रखती हैं हर एक के जीवन में। हर बीती बात समय के साथ बीत नहीं जाती है। कैसे कोई भूल सकता है कि वह क्या था।

बीती यादें आज के सच के साथ जुड़ने को हर समय कोशिश करती हैं। बीता कल जितना सच है आज भी उतना ही सच है। यादें सिर्फ मीठी होती हैं या कह लो होनी चाहिये। बीते कल और आज के बीच कड़वाहट का कोई स्थान नहीं है।

मेरी भी कई सारी मीठी यादें हैं। वह मेरे साथ आज भी हैं सिर्फ इसलिये क्योंकि वह मीठी हैं। क्या तुमने कभी मेरे बीते कल की वजह से कड़वाहट का अनुभव किया है।

आज के परिप्रेक्ष में अपने कल को कभी-कभी बदलना पड़ता है। पता होना चाहिये हम क्या बदल सकते हैं और क्या नहीं। खुद को बदलना शायद ज्यादा सहज है। खुद को बदलने से अगर काम न बने तो आसपास के वातावरण को बदलना पड़ता है।

मैं स्निग्धा सेठ थी। स्निग्धा कपूर बन गई। मैंने तुम्हारे नाम के साथ सिर्फ अपना नाम जोड़ा ही नहीं, अपनाया भी है। किसी के साथ जुड़ना भी उतना ही कठिन है जितना कटना। इसका दूसरा पहलू भी है। अगर जुड़ना सहज है तो कटना भी।

जब सच सामने खड़ा हो तो कल्पना के सहारे की जरूरत नहीं पड़ती है। खुद में खुद को ढूँढने की कोषिष कभी बेकार नहीं जाती है। मैं जानती थी तुम एक दिन मुझे अपने अतीत में झांकने दोगे। मुझे खुशी है तुम कोशिश कर रहे हो मुझमे मुझे ढूँढने की।

पद्मिनी

मैंने गाड़ी चलाना विदेश में सीखा था। जब मैंने अपने शहर में गाड़ी चलाना चालू किया, सलाहकारों ने मुझे सलाह दी, अगर मैं इधर उधर ताकना जारी रखूंगा, तो मैं अपनी मंजिल तक कभी नहीं पहुंच पाऊंगा। इस अभ्यास को भूलने में मुझे कुछ समय लगा।

थोड़े ही दिनों में मेरी गाड़ी मेरे परिवार की एक सदस्य बन गई। पांच साल बिना किसी समस्या के निकल गए। फिर मुझे दूसरी नौकरी के सिलसिले में दूसरे शहर जाना पड़ा। इस नौकरी ने मुझे कंपनी की गाड़ी दी, ड्राइवर के साथ । इसके बावजूद मैं अपनी पुरानी गाड़ी को अपने साथ नई जगह ले आया।

नई जगह में पुरानी गाड़ी का उपयोग ना के बराबर होने लगा। पुरानी गाड़ी के साथ मेरी बहुत सारी भावनाएं जुड़ी हुई थीं। मैं उसमे समय-समय पर पेट्रोल भरवाता, ब्रेक, टायर और बैटरी की जांच करवाता। चूंकि मैं इसका इस्तेमाल नहीं कर रहा था, मैंने धीरे-धीरे इसे नज़रअंदाज़ करना शुरू कर दिया। मैं इसके रख-रखाव को लेकर इतना सावधान नहीं रहा। कुछ दिनों के बाद मैंने इसे बेचने का फैसला किया। मुझे एक खरीदार मिल गया। मैंने गाड़ी की चाबी इन सज्जन को लगभग सौंप ही दी थी, अचानक मैंने गाड़ी से बिछुड़ने का दुख अनुभव किया। मुझे लगा मेरी गाड़ी मुझसे कह रही है, इतने दिनों तक मैं तुम्हारे परिवार का हिस्सा थी, अब मुझसे कुछ रुपयों के लिए छुटकारा पाना चाहते हो। सिर्फ इसलिए कि मैं बुढ़ी हो गई हूं। मुझे लगा जैसे मैं अपनी बुढ़ी माँ को घर छोड़ने के लिए कह रहा हूं । एक निर्जीव वस्तु के लिए मेरी आंखों में आंसू थे।

विज्ञान कहता है कि जीवित और निर्जीव चीजों की छवि प्रसंस्करण मस्तिष्क के विभिन्न क्षेत्रों में होती है। लेकिन उस क्षण मैं सजीव

और निर्जीव में भेद नहीं कर पा रहा था । मैंने उन सज्जन से कहा, मुझे खेद है, अभी-अभी मैंने गाड़ी न बेचने का फैसला किया है।

सज्जन के चले जाने पर मुझे बहुत राहत महसूस हुई। जब हार से जीत मिलती है तो व्यक्ति को दोगुनी खुशी मिलती है। मेरी गाड़ी कुछ और समय मेरे पास रही।

क्या मेरी गाड़ी कबाड़ है या कचरा ?

कबाड़ कचरे से अलग होता है। हम जो दिन के दिन फेंक देते है उसे कचरा कहते हैं। कबाड़ वह जो कभी उपयोगी था, लेकिन आज नहीं है, फिर भी हम उसे फेंकना नहीं चाहते हैं। कबाड़ अनावश्यक स्थान घेरता है, और उसका कोई मूल्य नहीं होता है। फिर भी, हम इसे फेंकना नहीं चाहते हैं। इसके कई कारण हैं। भावना उनमे से एक है।

कल्पना कीजिए, आप अपने घर से बहुत दूर हैं। आपको अपनी माँ से मिठाई का डिब्बा मिलता है। मिठाई खत्म हो गई है, लेकिन आप डिब्बे को कचरे के डिब्बे में नहीं फेंकना चाहते हैं ।

कुछ लोग इसे आपकी बेवकूफी समझ सकते हैं। लेकिन आप इसकी परवाह नहीं करते। उस कबाड़ को अनावश्यक स्थान घेरने देते हैं।

इस तरह के निवेश का समझना हर एक के बस की बात नहीं होती है।

मेरी पुरानी गाड़ी मेरे लिए कबाड़ है, कचरा नहीं। इसका मूल्य मेरे लिए तितली जैसा है। तितली के पास न वजन होता है, न उपयोगिता लेकिन वह हमारे जीवन में रंग-बिरंगी खुशियां बिखेरती है।

मेरी गाड़ी मुझे मेरे पुराने दिनो की याद दिलाती है । उसे देखकर मुझे एक अलग तरह की संतुष्टि मिलती है । मैं उसे कचरा कैसे बनने दूँ?

दादा की रामायण मण्डली

हर इतवार को मुखर्जी दादा के घर मेरा जाना निश्चित था। दादा श्री राम के अनन्य भक्त थे। उनसे पूछिये "दादा कैसे हैं" तो उत्तर मिलेगा "रघुनाथ जी की असीम कृपा है, सीता मैया की जय हो" इत्यादि।

हर इतवार को दादा के घर रामायण की कथा का पाठ होता था। एक एक करके सात कांड पूरे होने के बाद अखण्ड रामायण की कथा। कई सालों से यह क्रम चलता चला आ रहा था। रामायण पाठ के लिये दादा को रामनवमी का इंतजार नहीं करना पड़ता था।

दादा का शहर के पुराने बंगालियों में बोलबाला था। उनके परिवार की कई शाखाएं शहर के चारों ओर फैली हुई थी। दादा थे तो बंगाली लेकिन बंगाली बोलने से कतराते थे। किसी ने दादा को अशुद्ध बंगाली बोलते टोक दिया। दादा फ़ौरन बोल उठे "मैं यू०पी० का मुखर्जी हूँ। बंगाली बोलता हूँ यही क्या कम है। "

दादा टेक्सटाइल मिल में काम करते थे। काम से ज्यादा ध्यान धारणा उनकी अपनी रामायण मंडली पर थी। हम लोग जैसे हर समय कोई ना कोई फिल्मी गाना गुनगुनाते रहते हैं, वैसे ही मण्डली के सदस्य मोरे तुम प्रभु गुरू पितु माता .. या कोई दोहा या चौपाई गुनगुनाते पाये जाते।

मण्डली के अन्य सदस्य पुत्तन चाचा, शुक्ला जी और पांडे जी दादा के साथ मिल में काम करते थे। पुत्तन चाचा के गले की मधुरता का कोई जवाब नहीं था। शुक्ला जी ढ़ोलक एक्सपर्ट थे तो पांडे जी हारमोनियम के। यशोदा बहन मोहल्ले के जच्चा-ंबच्चा हॉस्पिटल में नर्स थीं। एक मात्र महिला सदस्य के बिना जैसे मण्डली अधूरी लगती थी। यशोदा बहन को इस जिम्मेवारी का पूरा ध्यान था।

दादा के मकान की गली से निकलते ही राधेश्याम हलवाई की दुकान थी। राधेश्याम जी खुद तो आते ही, साथ में पेड़े और चाय पीने के लिये कुल्हड़ भी साथ लाते।

रघु भैया अपने साथ पान की छोटी सी दुकान लेकर पहुँचते दादा के घर हर इतवार। रघु भैया दादा के बचपन के दोस्त थे। भक्तों को पान खिलाने का जुम्मा उनके ऊपर था।

दुकान तो नहीं दैनिक जागरणष् का छोटा संस्करण था रघु भैया की दुकान। कुछ बोलने की जरूरत नहीं सिर्फ लोगों की सुनते रहो। कौन किस पार्टी से चुनाव लड़ेगा, क्रिकेट टीम में किसको जगह मिलेगी और कौन निकाला जायेगा, कौन सी फिल्म हिट होगी और कौन सी फ्लॉप, शुद्ध शाकाहारी भोजनालय की हालत दिन पर दिन बिगड़ती क्यों जा रही है, इत्यादि के बारे में अधिक जानकारी के लिये रघु भैया की दुकान पधारना आवश्यक था।

रघु भैया बोलते कम थे। बातें सिर्फ इशारे से करते। मुँह में हर समय पान दबाये रहते रघु भैया। मुँह खोलते तो सिर्फ पान की पीक थूकने के लिये। पान का जमाना था। गुटका और पुड़िया का बोलबाला शुरू नहीं हुआ था। रघु भैया दुकान देर रात तक खोलते थे। रात में दुकान का जमघट देखने लायक होता था। इस समय मौहल्ले के अति विशिष्ट व्यक्तियों के विचार मुफ्त में सुनने का हर एक को मौका था। लोगों में आपस में भाईचारा भी था और खूब झगड़ते भी। लगेगा ही नहीं कि रज्जन भैया और कपूर साहब के बीच अभी थोड़ी देर पहले हाथापाई होने की नौबत आ गई थी। घर जाते समय जब रज्जन भैया "रघु मेरी तरफ से कपूर साहब के लिये चार पान बांध देना" कहकर घर की ओर चल पड़ते तो श्री राम-ंभरत मिलन की याद दिला जाते।

बड़े दादा, दादा के बड़े भाईसाहब का श्री राम के प्रति उत्साह कुछ कम था। लेकिन इस साप्ताहिक बृहत आयोजन में छोटे

भाई की मदद के लिये वह सदैव तैयार रहते। बड़े दादा का काम था बाहर बैठे यह देखना कि पाठ के अलावा और सब काम ठीक से हो रहे हैं कि नहीं। वह शहर के एक बड़े पैमाने के दुर्गा पूजा का आयोजन कई सालों से करते चले आ रहे हैं। इस तजुर्बे का फल है कि वह जान गये हैं पूजा के अतिरिक्त जो भी काम होते हैं वह पूजा से ज्यादा महत्व रखते हैं।

भाभी और बड़ी भाभी के इतवार राम भक्तों की सेवा में निकल जाते। मैं राम भक्त हनुमान की तरह इधर-ंउधर फुदकता फिरता। मेरा काम था भक्तों को चाय पिलाना। रामचरितमानस ज्यादा समझ में नहीं आती थी लेकिन सब लोगों के साथ गला मिलाकर पाठ करना अच्छा लगता था। दादा अक्सर कहते थे कि मनोहर से सात कांड की रामायण पढ़ने के बाद पूछो कि सीताजी कौन थी तो वह बता नहीं पायेगा। मेरी हालत इतनी भी खराब नहीं थी। लेकिन यह जरूर था कि पाठ से ज्यादा उसके कारण पैदा हुई आबोहवा मुझे अधिक आनन्द देती थी।

राज्याभिषेक के समय पुत्तन चाचा का मुख्य गायक होना प्रायः निश्चित था। हमारे राम आज राजा बनेंगे, राजा बनेंगे महाराजा बनेंगे जब पुत्तन चाचा गाते थे तो ऐसा लगता था कि सच में राम राज्य आने वाला है।

इस राम राज्य के आने का इंतजार मैं आज तक कर रहा हूँ।

मधुबाला के सपने

हर कोई हमारे वीवीपुरम के चाय की दुकान को जानता है। हमारी चाय की दुकान में चाय की जगह कॉफी मिलती है, लेकिन किसी को 'मधुबाला चाय की दुकान' से कोई शिकायत नहीं है।

लोग कहते हैं मैं मधुबाला जैसी दिखती हूँ। लोग मेरा असली नाम भूल चुके हैं। मनोरमा अब मधुबाला बन चुकी है।

मेरे पिताजी सुबह की शिफ्ट संभालते हैं, और मैं शाम की। हमारी दुकान पर ज़्यादातर छात्र आते हैं।

हम मूल रूप से केरल के रहने वाले हैं। माँ के गुजर जाने के बाद मैसूर आकर बस गए।

सपने देखे बिना कोई कैसे जी सकता है?

मैं उस लड़के के बारे में सोचती हूँ जो लगभग हर शाम हमारी चाय की दुकान पर आता है। वह हमेशा उसी मेज़ पर बैठता है, जैसे कि वह मेज़ उसके लिए ही आरक्षित हो।

मैं उसका इंतज़ार करती हूँ। मैं उससे बात नहीं करती, लेकिन मुझे पता है कि वह मुझसे बात करना चाहता है।

उसे कन्नड़ या मलयालम नहीं आती है। और मैं ऐसा दिखाती हूँ जैसे मुझे टूटी-फूटी हिंदी आती हो।

वह राजस्थान का है और यहाँ के विश्वविद्यालय में पढ़ता है। छुट्टियों में वह घर चला जाता है, लेकिन मैंने देखा कि वह छुट्टियाँ खत्म होने से एक हफ्ता पहले ही यहाँ वापस आ जाता है।

एक बार उसने मुझसे टूटी-फूटी कन्नड़ में कहा कि मैं बहुत सुंदर हूँ। मैं मधुबाला जैसी दिखती हूँ।

मैंने उससे पूछा, "क्या यही वजह है कि तुम छुट्टियाँ अधूरी छोड़कर वापस आ जाते हो?"

उसने "हाँ" कहा, बिना किसी हिचकिचाहट के।

मैंने पूछा, "अगर मैं मधुबाला नहीं होती, अगर मैं सिर्फ मनोरमा होती, तो भी क्या तुम अपनी छुट्टियाँ छोड़कर आते?"

उसने फिर "हाँ" कहा, उतनी ही दृढ़ता और आत्मविश्वास के साथ।

उस रात मैंने सपना देखा। सपना बहुत स्पष्ट और अजीब था।

मैंने खुद को मधुबाला के रूप में देखा, लेकिन कॉफी परोसते हुए नहीं, बल्कि चांदनी से नहाए बगीचे में चलते हुए, हिंदी फिल्मों के जैसी एक कांजीवरम सिल्क की साड़ी पहने।

वह राजस्थान का लड़का भी वहाँ था, लेकिन वह चुपचाप मेज़ पर नहीं बैठा था। वह देव आनंद की तरह बात कर रहा था, लेकिन कन्नड़ में। वह मुझसे पूछ रहा था, "क्या तुम मेरे साथ सितारों के बीच नाचना चाहोगी?"

अगली सुबह, मैं बेचैन थी। ऐसे सपने इतनी देर तक नहीं टिकते, लेकिन यह सपना टिका। वह लड़का अपने समय पर आया, अपनी तय मेज़ पर बैठा और अपनी तय कॉफी मंगवाई। लेकिन आज, मैं खुद को रोक नहीं पाई। मैंने उससे टूटी-फूटी हिंदी में पूछा, "तुम हमेशा अकेले क्यों बैठते हो?"

वह झेंपकर हँस पड़ा।

उसने कहा, "मैं इंतजार करता हूँ।"

"किसका?" मैंने पूछा।

"तुम्हारा, कि तुम मुझसे कब बात करोगी," उसने जवाब दिया। मुझे समझ नहीं आया कि क्या कहूँ। मैं बस मुस्कुरा दी। यह मुस्कान शायद सच्ची थी। एक पल के लिए, चाय की दुकान की चहल-पहल शांत हो गई। कपों की खनक और बातें जैसे पृष्ठभूमि में विलीन हो गईं।

उस दिन मेरा देव आनंद ज़्यादा देर नहीं रुका। जाते वक्त उसने मेरी ओर देखा और हाथ हिलाया। वह ज्यादा कुछ नहीं था, लेकिन मेरे अंदर एक अजीब सी गर्माहट छोड़ गया, जिसे मैं समझा नहीं सकती।

शायद मैं बाकी सबके लिए मधुबाला बन चुकी थी, लेकिन उसके लिए, मैं सिर्फ मनोरमा थी। और पहली बार, मुझे दोनों होने में कोई आपत्ति नहीं थी।

कुछ सालों के उपरांत

अब मैं दो प्यारे बच्चों की माँ हूँ। ज़िंदगी मुझे उन रास्तों पर ले आई, जिनकी मैंने कल्पना भी नहीं की थी। फिर भी, वे रास्ते प्यार और अर्थ से भरे हुए हैं।

नहीं, मधुबाला को देव आनंद नहीं मिला।

कुछ सपने ऐसे होते हैं, जो एक हल्की रोशनी की परछाई की तरह बने रहते हैं। वे डराते नहीं, बस हल्के से याद दिलाते हैं कि मैं कभी कौन थी, और मैंने कौन से सपने देखे थे।

मैं कभी-कभी मेरे सपने अपने पति को सुनाती हूँ। शायद, मैं भूलना नहीं चाहती उन सपनों को । उन सपनों में अभी भी इतनी सच्चाई है, जो हकीकत की सीमाओं को पार कर जाती है।

कुछ सपने पूरे होने के लिए नहीं बनते हैं । ये बीते हुए लम्हों, भावनाओं, और यादों की ओर लौटने का एक जरिया होते हैं। ये हमें खूबसूरत पलों को फिर से जीने की खुशी में आते हैं।

ये हमें पीछे देखने और मुस्कुराने का मौका देने के लिए आते हैं।

मैली चादर ओढ़ के कैसे

भक्ति और प्रेम के बीच गहरा और स्वाभाविक संबंध है। भक्ति प्रेम का ही एक परिष्कृत रूप है, जहाँ प्रेम आत्मसमर्पण में बदल जाता है और अहं का पूर्ण लय हो जाता है। प्रेम में जहाँ आकर्षण, जुड़ाव और गहराई होती है, वहीं भक्ति में श्रद्धा, समर्पण और निष्काम भावना जुड़ जाती है।

प्रेम सांसारिक भी हो सकता है और आध्यात्मिक भी, लेकिन भक्ति में प्रेम की पराकाष्ठा देखने को मिलती है–जहाँ प्रिय का अस्तित्व स्वयं से बढ़कर लगने लगता है।

कुछ लोगों के लिए ईश्वर केवल एक उपास्य नहीं, बल्कि प्रियतम, सखा या मार्गदर्शक भी है। भक्ति में प्रेम का यह स्वरूप व्यक्ति को मोह से मुक्त करता है और दिव्यता से जोड़ता है।

हमारे नखलऊ वाले हरिओम जी, उनकी गायन क्षमता उनके सुंदर व्यक्तित्व को और भी सुंदर बना देता। उनकी छात्राओं का उन पर मोहित होना स्वाभाविक था। हरिओम जी के प्रति उनके प्रेम में भक्ति थी। सखियों के प्रेम में आनंद था।

सखियों का प्रेम आनंद से भरा था–एक सहज आकर्षण, एक रसिकता, लेकिन उसमें पूर्ण आत्मसमर्पण नहीं था। यह भक्ति का वह रूप नहीं था, जिसमें प्रियतम के आगे स्वयं का विलय हो जाता है। उनके प्रेम में आसक्ति थी, लेकिन वह किसी एक कें लिए आरक्षित नहीं था।

हरिओम जी केवल किसी एक के नहीं, बल्कि सभी के थे–जैसे कोई खुला आकाश, जिसमें हर कोई अपनी अनुभूतियाँ भर सकता है, लेकिन उसे बाँध नहीं सकता।

यह एक अनूठा संयोग था– प्रेम में माधुर्य था, लेकिन भक्ति में समर्पण की पराकाष्ठा नहीं।

हरिओम जी का व्यक्तित्व एक प्रवाहमान धारा की तरह था–जो बंधता नहीं था, बल्कि जहाँ जाता, वहाँ अपनी छाप छोड़ जाता।

सखियाँ आतीं, चली जातीं, लेकिन हरिओम जी का कुछ अंश अपने भीतर समेट ले जातीं। वे किसी एक के लिए नहीं बने थे–उनका हृदय विशाल था, जिसमें अनेक भावनाओं, अनेक प्रेमों और अनेक आस्थाओं के लिए जगह थी।

हरिओम जी से मेरी मुलाकात उनके जीवन के तृतीय चरण में हुई। उनकी उम्र पचास से ऊपर हो गई थी। उनके जीवन की यह अवस्था किसी ऋषि की तरह लगती थी–न स्थायी ठिकाना, न किसी एक स्थान पर बंधने की इच्छा।

वे साल में दो-एक बार अपनी साइकिल पर हारमोनियम बाँधकर आते, बगलवाली चाची के घर ठहरते, और शाम को भजनों का आयोजन होता। चाची की भक्ति देखने को मिलती–शायद यह उनका तरीका था हरिओम जी से जुड़ने का, उनका अंश अपने भीतर समेटने का।

लेकिन हरिओम जी रुकने वालों में नहीं थे। कुछ दिन बाद वे फिर निकल पड़ते–इस बार इलाहाबाद की ओर, जहाँ संगम उनका इंतज़ार करता।

यह आत्माओं का, भावनाओं का संगम था–जहाँ वे अपने गीतों से लोगों को जोड़ते, और फिर किसी नए किनारे की तलाश में आगे बढ़ जाते।

हरिओम जी के प्रिय गाने "मैली चादर ओढ़ के कैसे द्वार तुम्हारे आऊँ..." में भक्ति और आत्मसमर्पण की गहराई थी। यह भजन केवल एक गीत नहीं, बल्कि आत्मा की पुकार थी– जहाँ इंसान अपनी असमर्थता स्वीकार कर, ईश्वर के द्वार पर आ खड़ा होता है।

हरिओम जी की आवाज़ में एक तपस्वी की विनम्रता थी, एक विरक्त की पवित्रता थी। सखियों को मंत्रमुग्ध करने की क्षमता थी।

शायद इसी कारण, हरिओम जी कभी कहीं ठहरते नहीं थे। वे अपनी साइकिल पर चलते रहते, अपनी धुन में गाते रहते, जैसे जीवन स्वयं एक यात्रा हो–जहाँ द्वार-द्वार पर उनकी भक्ति के स्वर गूंजते रहें, और वे किसी अनंत संगम की खोज में आगे बढ़ते रहें।

सेठ हरि दास ट्रस्ट

देश की स्वतंत्रता के कुछ वर्षों बाद, सेठ हरि दास ट्रस्ट ने कानहीपुर के पास के एक गाँव को गोद लिया, उसे प्रगति का आदर्श बनाने की कल्पना के साथ।

वर्षों में गाँव ने समृद्धि हासिल की। एक स्कूल ने युवा मन को शिक्षित किया, एक कुम्हार इकाई ने पारंपरिक शिल्प को पुनर्जीवित किया और रोजगार प्रदान किया। एक निजी बैंक ने वित्तीय सुरक्षा सुनिश्चित की, जबकि सड़कें, एक पानी की टंकी, और पचास पक्के मकान गाँव को समृद्धि की ओर धकेल रहे थे। यह सफलता की तस्वीर थी–स्वतंत्रता के वादे की पूर्ति।

एक दशक तक सब कुछ सुचारू रूप से चलता रहा। गाँव फला-फूला, लोग संतुष्ट थे, भविष्य सुरक्षित लग रहा था। फिर, अचानक, सेठ हरि दास का निधन हो गया।

जो धन उदारता से बहता था, वह सूख गया। स्कूल को अपने दरवाजे खुले रखने में मुश्किल होने लगी, व्यवसाय ठप पड़ने लगे, और बनाए गए मकानों में जर्जरता झलकने लगी।

एक समय का आत्मनिर्भर और जीवंत गाँव धीरे-धीरे अपनी पूर्व छवि की परछाईं मात्र बन गया।

इस डूबते हुए सपने की ज़िम्मेदारी सुधीर बाजोरिया पर आई, जो स्वर्गीय सेठ जी के एक दूर के रिश्तेदार थे।

उन्हें कभी नेतृत्व के लिए नहीं सोचा गया था–लेकिन अब, जब बोझ बहुत भारी हो चुका था, किसी और के लिए इसे उठाना असंभव हो गया।

गाँव अब आशा की किरण नहीं, बल्कि एक डूबता जहाज़ था, और सुधीर को इसके बचे-खुचे अवशेषों का प्रबंधन करने का कड़वा कार्य सौंपा गया।

यह एक हारी हुई लड़ाई थी। फैसला लिया गया कि मरते हुए इस संस्थान को सरकार को सौंप दिया जाए। प्रक्रिया जटिल थी–असंख्य कागजी कार्यवाहियों हुई। अंततः, परिवर्तन को अंतिम रूप दे दिया गया।

आधिकारिक हस्तांतरण के दिन, सुधीर ने घंटों तक हस्ताक्षर किए। इस प्रक्रिया में, उसे एक अजीब-सी अहमियत महसूस हुई, मानो वह अभी भी किसी बड़े उद्देश्य का हिस्सा हो।

जब वह बाहर निकला, तो अंतिम बार उसने प्रवेश द्वार की ओर देखा।

साइनबोर्ड पहले ही बदल चुका था–सेठ हरि दास सिंघानिया ट्रस्ट का नाम मिट चुका था और उसकी जगह अब राज्य सरकार का चिह्न लगा था।

बदलाव तत्काल और निर्मम था।

नाम, विरासत, स्मृति–सब कुछ कुछ ही क्षणों में समाप्त हो गया।

सुधीर वहीं खड़ा रहा, एक अजीब-सा खालीपन उसके भीतर उभरा। उसने देखा कि समय कितनी तेज़ी से भव्य पदचिह्नों को मिटा देता है।

और इस तरह, कृष्णापुर गाँव भावी युग की गिरफ्त में आ गया।

स्वेटर

मैंने कभी सोचा भी नहीं था कि एक स्वेटर अनकहे भावनाओं के वर्षों का बोझ अपने साथ ला सकता है। जब मधुर ने उसे मुझे लौटाया, तो मेरे अंदर कुछ हुआ। यह अब केवल एक स्वेटर नहीं रह गया था–यह एक ऐसा पुल था अतीत का , जिसे मैं समझता था समझ चूका हूँ ।

यह स्वेटर रौशनी का था, उसका जन्मदिन का तोहफ़ा, जो मैंने सालों पहले उसे दिया था, जब हमारे बीच की नज़दीकी का एक अर्थ हुआ करता था।

उसने इसे इतने सालों तक क्यों संभाल कर रखा था? और क्यों मधुर ने मुझे इसे अब लौटाया?

ये सवाल मुझे परेशान करते रहे, लेकिन मैंने कुछ नहीं पूछा। कभी-कभी जवाब प्रश्नों को और उलझा देते हैं।

आइए, आपको वहाँ ले चलते हैं, जहाँ से सब शुरू हुआ था ।

हम एक अजनबी शहर में मैनेजमेंट ट्रेनीज़, घर की आरामदायक दुनिया से बहुत दूर।

मैं नवीन निगम, जयपुर से, रौशनी बनर्जी, दिल्ली से, और मधुर आप्टे, नागपुर से ।

बेंगलुरु हम तीनों के लिए अजनबी था, लेकिन यहीं हमने एक-दूसरे को पाया। हमारी महत्वाकांक्षा की कहानी यहीं से शुरू हुई।

वे पाँच साल शायद हमारी ज़िंदगी के सबसे अच्छे दिन थे।

हम तीन, दोस्ती का एक परिपूर्ण त्रिकोण। लेकिन त्रिकोण में, एक कोण का खिंचाव अक्सर दूसरे को कमजोर कर देता है।

समय के साथ, रौशनी और मधुर के बीच की दूरियां कम होने लगी। उनका बंधन गहरा और अंतरंग होता चला गया। मैंने इसका विरोध नहीं किया–मैं कर भी नहीं सकता था।

हमारे बीच एक अनकही समझ थी: रौशनी ने अपनी प्राथमिकता चुन ली थी। फिर भी, हमारी दोस्ती बरकरार रही, नाज़ुक लेकिन स्थिर।

जब रौशनी और मधुर ने शादी की, तो भी मैं उनके परिवार का अभिन्न हिस्सा बना रहा ।

एक दिन, रौशनी ने मुझसे कहा, उसकी आवाज़ में झुंझलाहट थी, "ऐसा लगता है जैसे हम साथ हैं, लेकिन सच में नहीं। एक-दूसरे से मिलने का आकर्षण जैसे कम होता जा रहा है।"

रौशनी के शब्द चुभ गए। क्या समय की प्राथमिकता रौशनी और मधुर के सम्वावित विच्छेद का कारण है ?

और फिर, अचानक, मधुर ने मुझे स्वेटर लौटा दिया।

उसके इस असाधारण बर्ताव को मैं नज़रअंदाज़ नहीं कर सकता था। क्या यह उसका हमारे संबंधों के बीच लकीर खींचने का एक तरीका था? या कुछ ऐसा पाने का, जो उसका नहीं था?

मैंने कुछ नहीं पूछा। मधुर ने कुछ नहीं समझाया, और न ही रौशनी ने। शायद इसकी ज़रूरत भी नहीं थी।

मैंने स्वेटर को छुआ ही था कि यादों की एक लहर दौड़ गई।

रौशनी को बेंगलुरु की शामों में उसे पहने देखना, चाय के साथ अनगिनत हंसी-मज़ाक सब सामने आने लगे ।

स्वेटर उन पलों का गवाह था, जो हमें परिभाषित करते थे।

"मेरा कुछ सामान तुम्हारे पास पड़ा था," मैंने गुलज़ार की उन पंक्तियों को याद किया। यह स्वेटर अभी भी हमारे जीवन में किसी न किसी रूप में मौजूद था।

अगर मधुर ने स्वेटर वापस न किया होता, मैं यह मानना जारी रखता कि मैं अभी भी उनके त्रिकोण का हिस्सा हूँ , उनके किसी भूले-बिसरे कोने में बसा हुआ। अपने हाथों में स्वेटर को पकड़कर, मैंने उस खालीपन को महसूस किया, जिसे मैंने पहले महसूस नहीं किया था।

लेकिन, मैं नाराज़ नहीं था। मैंने खुद को उनसे दूर जाने का दोषी नहीं ठहराया।

ज़िंदगी टुकड़ों को नए सिरे से जोड़ने का हुनर सिखाती है। वहाँ दरारें भी बना देती है, जहाँ कभी बंधन थे।

प्राथमिकताएँ बदलती हैं, लोग बदलते हैं, और कभी-कभी, जो बचता है वह केवल उन पलों की गूंज होती है, जो कभी थे।

जब मैंने स्वेटर को सम्हालकर अपनी अलमारी में रखा। मैंने महसूस किया कि कुछ चीज़ें अधूरी ही रहने के लिए ही बनाई जाती हैं।

स्वेटर का खिंचाव कितना भी मजबूत क्यों न हो, वह उन बंधनों को नहीं जोड़ पाता है, जिन्हें समय की शीतलता शिथिल कर देती है।

एक दृष्टिहीन का अनुभव

देखना एक क्रमिक प्रक्रिया है। एक बौद्ध पाठ इसका वर्णन इस प्रकार करता है ।

एक आदमी आता है, आत्मविश्वास से प्रेरित होता है; आकर, वह जुड़ जाता है; शामिल होकर वह सुनता है; सुनकर, वह सिद्धांत प्राप्त करता है; सिद्धांत प्राप्त करने के बाद, वह इसे याद करता है; वह याद की गई चीजों के अर्थ की जांच करता है; भाव की परीक्षा करने से, बातों की पुष्टि होती है; स्वीकृत होने पर, इच्छा का जन्म होता है; वह सोचता है; विचार करके वह उत्सुकता से खुद को प्रशिक्षित करता है; और उत्सुकता से खुद को प्रशिक्षित करते हुए, वह मानसिक रूप से उच्चतम सत्य को महसूस करता है और इसे ज्ञान के माध्यम से भेदता है, वह देखता है।

हम एक ही वस्तु को देखते हैं लेकिन अलग-अलग तरीके से देखते हैं। हम क्या देखते हैं वह हमारे महत्त्व के स्तर पर निर्भर करता है। शूमाकर लिखते हैं, आंख नहीं, केवल दिमाग ही महत्व का स्तर निर्धारित कर सकता है।

देखने का महत्व इस बात पर निर्भर करता है कि कौन इसे देख रहा है। जो लोग नहीं देख पाते हैं, वे उन लोगों से अलग देखते हैं जो देख पाते हैं। कुछ लोग देख तो पाते हैं पर देखना नहीं चाहते हैं।

अपने बीच मौजूद हम कुछ लोगों को ऐसे देखते हैं जैसे कि वे अदृश्य हों।

कुछ लोग अपनी देखने की अक्षमता के बावजूद देख सकते हैं। अंधेरा उनके लिए रोशनी का काम करता है। उनकी आंखों की रोशनी भले ही चली गई हो लेकिन उनकी नजर उनके साथ

रहती है। उनके पास विशेष आंखें होती हैं। वे प्रकाश को उठते, फैलते, वस्तुओं पर ठहरते, उन्हें आकार देते महसूस कर सकते हैं । जब वे डरते हैं, क्रोधित होते हैं और अधीर होते हैं, तो प्रकाश फीका पड़ जाता है। उन्हें लगता है जैसे किसीने उनकी आँखों पर पट्टी बाँध दी हो।

कुछ लोग जो अपनी दृष्टि खो चुके होते हैं, उन्हें उपहार के रूप में कई असाधारण क्षमताएं प्राप्त होती हैं। ऐसा लगता है कि वे बेहतर सुन सकते हैं। एक दृष्टिहीन के लिए घावों, खरोंचों, और अधिकांश चोटों से बड़ा खतरा होता है अलगाव का।

एक दृष्टिहीन की कहानी कुछ इस प्रकार है।

इक्कीस साल की उम्र में फैक्ट्री में दुर्घटना की वजह से उसकी दृष्टि चली जाती है। डॉक्टर उसे सलाह देते हैं वो अपनी सभी दृश्य कल्पनाओं को पीछे छोड़ दें, और श्रवण और स्पर्श का उपयोग करके वास्तविकता के अपने मानसिक प्रतिनिधित्व का पुनर्निर्माण करें। उसने बिलकुल विपरीत मार्ग चुना; अपनी अतिसक्रिय दृश्य कल्पना के माध्यम से उसने अपने आसपास की दुनिया को चित्रित करना शुरू कर दिया ।

एक दिन अस्पताल में वह बहुत उदास बैठा था। उसने खुद से कहा, भगवान और ब्रह्मांड मेरे लिए क्या कर सकते हैं। मैं यह क्यों नहीं पूछता कि मैं भगवान और ब्रह्मांड के लिए क्या कर सकता हूं?

उसने अपनी काल्पनिक दुनिया की खोज की। इस कला में महारत हासिल करने में उसे कुछ समय लगा, और कुछ महीनों के बाद वो एक दृश्य वास्तविकता की दुनिया में जी रहा था ।

उसका सबसे महत्वपूर्ण संदेश यह है कि भाग्य एक चीज है, लेकिन हम उसका किस तरह से उपयोग करते हैं, वह दूसरी बात है।

एक और दृष्टिहीन का अनुभव काफी रोमांचक है।

तेरह साल की उम्र में उसे मोतियाबिंद हो गया था। सत्रह साल की उम्र में, उसकी बायीं आंख ने देखना बंद कर दिया। जब वे अड़तालीस वर्ष के थे, तब वे पूरी तरह अंधे हो गए। यहाँ तक कि वस्तुओं का आभास, दृश्य विशेषताएँ होने का बोध भी लुप्त हो गया।

उन्होंने अपनी दृश्य कल्पना खो दी, लेकिन उनकी अन्य इंद्रियां उल्लेखनीय रूप से तेज हो गईं।

वे लिखते हैं, मैंने अनुभव किया कि मिथ्या चेतना मेरे जीवन में एक उठती हुई लहर की तरह रेंग रही थी। जीवन को ढेर के ऊपर से देखना आसान हो गया और नीचे से इसकी कल्पना करना अधिक कठिन हो गया। यह अंधापन ही था, जिसने मुझे इस घातक झूठ के सामने पूरी तरह से झुकने से बचा लिया। हर दिन एक दर्जन कुंठाओं और थोड़े अपमान का सामना करते हुए, दूसरों पर अपनी निर्भरता के बारे में लगातार जागरूक होने के कारण, मैं उस तरीके के बारे में सचेत हो गया जैसा विकलांग अनुभव करते हैं।

उनके लिए उनका अंधापन एक विरोधाभासी उपहार बनकर आया। वह अब विजुअल नॉस्टैल्जिया के कैदी नहीं थे । उन्होंने अपनी एक नई पहचान बनाई।

साहित्य में हमें तरह-तरह के अंधेपन और अदृश्यता की कहानियां पढ़ने को मिलती हैं।

एच जी वेल्स की द कंट्री ऑफ ब्लाइंड में एक सामान्य दृष्टि वाला व्यक्ति अंधों की नगरी में जाता है, जहां के सभी निवासी अंधे हैं। इनके पास अन्य इंद्रियां हैं, लेकिन इनके दिमाग बंद हैं। चूँकि इस प्रदेश के निवासी अंधे हैं, वे आये आगंतुक को उसकी आँखों से वंचित करना चाहते हैं।

जोस सारामागो ने अपने उपन्यास ब्लाइंडनेस में एक काल्पनिक और समकालीन शहर का वर्णन किया है जहां सभी लोग अंधे हो जाते हैं। सामूहिक अंधेपन का कारण कोई नहीं जानता।

पहला शिकार एक आदमी है जो अपनी कार में ट्रैफिक लाइट बदलने की प्रतीक्षा में अपनी दृष्टि खो देता है।

अंधापन एक संक्रामक रोग के रूप में बहुत तेजी से फैलता है। राभी अंधे लोगों को अस्पताल में रखा जाता है। एकमात्र व्यक्ति, जो दृष्टिहीनता से स्पष्ट रूप से प्रभावित नहीं है, वह है नेत्र रोग विशेषज्ञ की पत्नी।

अचानक, जब सारी उम्मीदें खत्म होती दिख रही होती हैं, हर कोई फिर से देख पाता है। दृष्टि की कमी उसी तरह अचानक समाप्त हो जाती है जैसे शुरू हुई थी।

अंत में, सरमागो लिखते हैं, क्या आप चाहते हैं कि मैं आपको बताऊं कि मैं क्या सोचता हूं, हां, मुझे नहीं लगता कि हम अंधे हो जाते हैं, मुझे लगता है कि हम अंधे हैं, अंधे लेकिन देखने वाले, अंधे लोग जो देख सकते हैं, लेकिन देखना नहीं चाहते हैं । सारामागो का इशारा हमारे समाज की भेद्यता की ओर है।

जब हम देखने की क्षमता खो देते हैं, जब दृश्य हमारी आंखों के सामने गायब हो जाता है, जब समाज स्वयं अंधा हो जाता है, जब हम एक-दूसरे से अंधे होते हैं तो हम अपने विचारों और भावनाओं को कैसे संप्रेषित कर सकते हैं, सारामागो पूछते हैं ।

हम दृश्यमान से अधिक अदृश्य हैं।

सूक्ष्म जीव, भूत, जादू और भगवान - सभी अदृश्य हैं। हमारी महत्त्वाकांक्षाएँ, भय, शंकाएँ, रहस्य, द्वेष, आकर्षण, सभी अदृश्य हैं। हम एक हिमशैल की तरह हैं, जिसका एक बड़ा

हिस्सा छिपा हुआ है। हम व्यक्ति का केवल एक हिस्सा ही देख पाते हैं और उसी के आधार पर हम उस व्यक्ति का आंकलन करते हैं।

हम अदृश्य व्यक्ति की उपेक्षा करते हैं। जब हम किसी व्यक्ति को आंकते हैं तो हम उसके विचारों, भावनाओं, और कल्पनाओं को नज़रअंदाज़ कर देते हैं।

सूचना आवश्यक है, साथ ही ध्यान भी । यदि ध्यान की कमी है तो जानकारी का कोई फायदा नहीं। बहुत अधिक दृश्यता ध्यान की गरीबी पैदा करती है।

क्या अदृश्यता का मतलब केवल अनदेखा करना है?

छलावरण अदृश्यता का एक लोकप्रिय रूप है। किसी चीज़ को अदृश्य बनाने की तकनीक असीम रूप से जटिल है। दूसरी ओर, मानव मन किसी चीज़ को जिसे वह देखना नहीं चाहता है, नज़रअंदाज़ करने में माहिर है ।

बिना मकसद के कोई भी अदृश्य नहीं होता। कोई भी स्थायी रूप से अदृश्य नहीं रहना चाहता।

आप कुछ कहते हैं, और आपको सुना नहीं जाता है। आप कुछ मांगते हैं, कोई उत्तर नहीं मिलता। यह सबसे अपमानजनक अनुभव है।

राल्फ एलिसन इस प्रकार के एक अदृश्य व्यक्ति का वर्णन करते हैं, मैं अदृष्य हूं क्योंकि लोग मुझे देखने से इनकार करते हैं।

कभी कभी मुझे लगता है कि आँखे बंद रखने से ऊर्जा का अपचय कम होता है।

मैंने कहीं पढ़ा है - आभार व्यक्त करने का एक सरल तरीका यह है कि एक मिनट के लिए अपनी आँखें बंद करें और उन लोगों के बारे में सोचें जिन्हें कभी खोलने का मौका नहीं मिला।

एक दृष्टिहीन का अनुभव

कुछ नहीं बदला है सिवाय इसके
कि मैं दर्पण में अपना प्रतिबिम्ब नहीं देख सकता
जब ऊपरवाला एक कीमती चीज़ छीन लेता है
कुछ अधिक उपयोगी दे देता है
मैं पढ़ नहीं सकता, लेकिन जो मुझे पढ़कर सुनाया जाता है
मैं समझ लेता हूं, अधिक स्पष्ट और गहराई से
कमियां पूरी हो जाती हैं
यदि कोई अच्छा क्षतिपूर्तिकर्ता उपलब्ध हो
मानो किसी दुर्घटना में मैं अपना एक पैर खो देता हूँ
मुझे लकड़ी के पैर का सहारा लेना पड़ता है
कुछ समय बाद, कृत्रिमता ख़त्म होती सी लगती है
लकड़ी अब लकड़ी नहीं रह जाती है
शरीर का एक हिस्सा बन जाती है
अब मैं देख सकता हूं
मेरे जीवन साथी की आँखों से
लेकिन खुद को दोषी महसूस करता हूं
एक साथी को मेरे एक अंग के रूप में देखकर
हैरान मेरी साथी मुझसे पूछती है
यदि कोई निर्जीव एक सजीव का विस्तार बन सकती है
तो एक साथी एक साथी की साथी क्यों नहीं बन सकती

महत्त्वाकांक्षा की लपटें

मेरे शहर का एक स्वतंत्र उम्मीदवार कभी परिस्थितियों को चुनौती देने का साहस लेकर राजनीति में उतरा था।

वह सत्ता की भूख से नहीं, बल्कि सेवा की आकांक्षा से प्रेरित था। दृढ़ विश्वास और स्पष्ट सोच उसके हथियार थे।

मेरे परिवार ने उसमें एक दुर्लभ ईमानदारी देखी और उसका साथ दिया।

शुरुआत में वह अडिग रहा। दबाव, भ्रष्टाचार और समझौतों के सामने झुका नहीं।

पर राजनीति की अपनी ही भूख होती है। स्वतंत्र बने रहने की कीमत बहुत भारी होती है। इनमें शामिल हैं आर्थिक, सामाजिक और भावनात्मक स्थितियां।

धीरे-धीरे जो कभी नैतिक शक्ति लगती थी, वही असह्य बोझ बन गई। जिस व्यवस्था को वह बदलना चाहता था, उसी ने उसकी आत्मा को निचोड़ लिया।

वह समय से पहले मर गया, केवल शरीर से नहीं, आत्मा से भी।

राजनीति वह धरातल है जहाँ ईमानदारी की साँस लेना कठिन होता है। जो झुकने से इनकार करते हैं, वे अक्सर सबसे पहले टूटते हैं।

उस उज्ज्वल भविष्य की कहानी हमें याद दिलाती है कि परिवर्तन केवल अकेले के साहस पर टिकता नहीं।

उसके लिए सामूहिक संकल्प की जरूरत होती है, जो विवेक से नेतृत्व करने वालों को पोषित करे, उन्हें संरक्षण दे।

एक स्वतंत्र व्यक्ति, महत्त्वाकांक्षा की लपटों में घिरकर, सच्ची स्वतंत्रता का अर्थ भूल गया।

महत्त्वाकांक्षा अंधाधुंध जलती है। कोई भी पेशा उसकी आग से अछूता नहीं।

मैं अक्सर उन लोगों के बारे में सोचता हूँ जिनमें महत्वाकांक्षा नहीं होती। और यह महत्वाकांक्षा है क्या–एक सद्गुण, या केवल एक स्वभाव?

जो व्यक्ति महत्वाकांक्षा से रहित होकर भी भीतर से सुसंगत और संतोषजनक जीवन जीता है, वह उस व्यक्ति से अधिक सुखी हो सकता है जो बिना रुके लगातार ऊपर चढ़ता रहता है। जब महत्वाकांक्षा को ही उद्देश्य समझ लिया जाता है, तब वह अनुग्रह की अवस्था न रहकर एक तरह की `coping mechanism` बन जाती है; और `coping` पर टिकी खुशी स्वभावतः नाज़ुक होती है।

लेकिन जब महत्वाकांक्षा स्पष्टता से जन्म लेता है, तो वह विफलता नहीं, एक सचेत चयन होता है।

हर किसी का शिखर तक पहुँचना नियति नहीं है। कुछ लोग ज़मीन के क़रीब, साधारण जीवन बिताना पसंद करते हैं। वहीं उन्हें पूर्णता का अनुभव होता है। ऐसे लोग अपेक्षाओं और मापदंडों से संचालित दुनिया में अक्सर असहज दिखाई देते हैं।

वो सफलता पर प्रश्न उठाते हुए, मूल्य की नई परिभाषा गढ़ते हुए, 'ऊपर चढ़ने' की तानाशाही का प्रतिरोध करते हैं।

एक शहर की आत्मा

"जो व्यक्ति शतरंज से इतना प्रेम करता है कि दिनभर काम करते हुए भी शाम के खेल की प्रतीक्षा करता है, वह भाग्यशाली है; पर जिसने शतरंज खेलने के लिए काम ही छोड़ दिया–उसने संयम का सद्‌गुण खो दिया।"

"लंबी रेलयात्रा में एक यात्री अपने सहयात्रियों पर ध्यान नहीं देगा, जबकि दूसरा यात्री हर किसी का चरित्र पढ़ लेगा, उनके हालात का अंदाज़ा लगा लेगा, और शायद कुछ के गुप्त इतिहास भी जान लेगा"

"कुछ लोग अनेक देशों में घूमते हैं, पर हर जगह वही होटल चुनते हैं, वही खाना खाते हैं जो घर पर खाते हैं, वही अमीर आलसी लोगों से मिलते हैं जो घर पर मिलते हैं, और उन्हीं बातों पर चर्चा करते हैं जो अपने डिनर टेबल पर करते हैं। लेकिन कुछ लोग जहाँ भी जाते हैं, वहाँ की असलियत को देखते हैं–स्थानीय लोगों से मिलते हैं, उस जगह की विशेषताओं को पहचानते हैं, वही भोजन करते हैं, वही भाषा और तौर-तरीके सीखते हैं, और नई-नई सुखद स्मृतियाँ लेकर लौटते हैं।"

"सालों-साल से कहा जा रहा है कि कलकत्ता मर रहा है... पर वह मरा नहीं। उसने बहुत कुछ नहीं किया, बस चलता रहा।"

"कलकत्ता हर किसी के लिए नहीं है। अगर आपको शहर साफ़-सुथरा और हराभरा चाहिए–दिल्ली जाइए। शहर अमीर और अनौपचारिक चाहिए–बंबई जाइए। टेक्नॉलॉजी और ड्राफ्ट बीयर चाहिए–बंगलुरु जाइए। पर अगर एक ऐसा शहर चाहिए जिसमें आत्मा हो, तो कलकत्ता आइए।"

"खाने के शौकीन कोलकाता में जी भरकर जीते हैं–यह शहर स्ट्रीट-फूड प्रेमियों को कभी निराश नहीं करता।"

"अपना-अपना कलकत्ता ढूँढो—अपने घरों में, अपने परिवारों में, अपने कार्यस्थलों और विद्यालयों में। दुनिया भर में तुम्हें कलकत्ता मिल जाएगा—जहाँ भी उपेक्षित, अनचाहे, अकेले लोग मिलें।"

"ऐसा लगता है कि सड़क पर रहने वाले लोग किसी रहस्यमय बुद्धि से प्रेरित होकर जानते हैं कि इस शहर का असली इतिहास उसकी आत्मा की अनकही कथाओं और अभिशापों में लिखा है।"

"कभी-कभी मैं कलकत्ता की सड़कों पर स्वयं को विदेशी समझता हूँ, और तभी मुझे दिखाई देता है कि कितना कुछ छूट गया है—क्योंकि ध्यान से देखना ही उसका मूल्य है। देखने की भूख ही लोगों को दूर देशों में ले जाती है।" रवीन्द्रनाथ ने लिखा ।

कोलकाता में होने का अर्थ है—उसकी तिरछी फुटपाथों पर चलना, उसकी टूटती बालकनियों के नीचे से गुजरना, उसकी अचानक फूटती हँसी और गीत को सुनना। रवीन्द्रनाथ का कोलकाता जागरूकता की अवस्था है। वह देखने की संवेदना में बसता है, बुद्धि और भावना के संगम में।

जिसे मछली से प्रेम है, वह उसे पकड़ नहीं पाता; वह किनारे बैठने में ही संतोष पाता है कि मछली स्वतंत्र है। यही इस शहर का नैतिक स्वभाव है—बिना अधिकार के प्रेम करना, बिना कड़वाहट के खोना, और खोने में एक गहरी संपूर्णता पाना।

कोलकाता शोर के पीछे की खामोशी में बसता है, जर्जरता के पीछे की कोमलता में, और मानवीय रिश्तों में।

इसीलिए शायद टैगोर नए सवेरे का सपना देख सके—विजय का नहीं, नवजीवन का; यश का नहीं, प्रेम का।

शहरों ने सिनेमा को प्रभावित किया है, और सिनेमा ने शहरों को।

सत्यजीत रे की आँखों से देखें तो कोलकाता एक जीवंत चरित्र बन जाता है।

रे लिखते हैं, "मैं जीवन भर यहीं रहा हूँ। कला की सबसे अच्छी चीजें भारत में यहीँ हो रही हैं–एक महान बौद्धिक ऊर्जा है...।"

फिल्म स्टूडियो के बारे में वे कहते हैं– हर दरार, हर फटा कैनवास उसके गौरवशाली अतीत का प्रमाण है... यहाँ की जर्जरता मुझे परेशान नहीं करती। साधनों की कमी हमें मितव्ययी और रचनात्मक बनाती है–यही सच्ची उत्तेजना है।

रे की कोलकाता त्रयी– प्रतिद्वंदी, सीमाबद्ध और जन अरण्य– काम और उसके प्रभावों की कथा है–कैसे नौकरी की खोज, नौकरी की सुरक्षा, और नौकरी बनाने की मजबूरी मानव की नैतिकता को आकार देती है–कभी संवारती, कभी बिगाड़ती है।

प्रतिद्वंदी–दुविधाओं, बेरोज़गारी और समझौतों की कहानी।

सीमाबद्ध–सफलता की चाह में सरलता से जटिलता की ओर यात्रा।

जन अरण्य–नैतिक समझ वाले युवक का धीरे-धीरे छाया में बदल जाना।

मृणाल सेन–शहर से प्रेम भी करते थे और उससे लड़ते भी थे। उनकी फिल्मों में बेरोज़गारी, टूटे सपने, राजनीतिक अस्थिरता और मोहभंग अपनी पूरी तीव्रता के साथ उपस्थित हैं।

उनकी 'कोलकाता त्रयी'– इंटरव्यू, कोलकाता '71, पदातिक– शहर के क्रोध, अशांति और संघर्ष का दस्तावेज़ है।

इंटरव्यू–औपनिवेशिक मानसिकता के सामने बेरोजगार युवक का संघर्ष।

कोलकाता '71–विगत दशकों की गरीबी, शोषण और विद्रोह का स्वर।

पदातिक–राजनीतिक आत्मचिंतन और संबंधों की जटिलता का प्रश्न।

कुणाल सेन लिखते हैं, "यह वह व्यक्ति था जिसने अपना जीवन अपनी शर्तों पर जिया–और लोगों द्वारा सम्मानित होकर विदा हुआ। इससे अधिक कोई क्या माँग सकता है।"

मेरे लिए कौन-सा कोलकाता जीवित है?

इन वर्णनों को पढ़ते-पढ़ते–पुराना कोलकाता याद आता है, वह कोलकाता जो जीने के जोश के लिए जाना जाता था। कभी जिसकी सोच पूरे देश को दिशा देती थी, अब उसकी आवाज़ को लोग संदेह से सुनते हैं। जो उससे प्रेम करते हैं, उनके मन में एक शांत उदासी है। जो उससे घृणा करते हैं, वे इसे मृतप्राय घोषित करने में तत्पर हैं। जिस शहर ने कभी मनों को रोशन किया था, आज धुँधली छाया-सा लगता है।

क्या हुआ उस शहर को जिसने पुनर्जागरण को जन्म दिया?

शहर बीजों की तरह होते हैं–वे पराजित नहीं होते, बस निष्क्रिय हो जाते हैं।

प्रश्न यह है–कौन फिर से इन बीजों को पानी देगा?

आज ४ मई, शाम ६ बजे

एक अजीब-सा विश्वास जागा है।

मानो पचास वर्षों की अराजकता

अब थमने को है।

कुछ वर्षों के लिए ही सही,
इस शहर को
पानी देनेवाला मिल गया है।

देखना है अब,
यह पानी
सिर्फ बहता है,
या जीवन भी रचता है।

जागो मोहन प्यारे

आज सुबह मुझे राज कपूर की एक फिल्म जागते रहो याद आई। जीवन में हम भी उस भटकते यात्री की तरह ही चलते हैं , किसी ठिकाने की तलाश में नहीं, बल्कि अपना ही कोई औचित्य खोजने के लिए। हमें अक्सर पता नहीं रहता कि हम क्या ढूंढ़ रहे हैं; बस ठहर जाने की बेचैनी हमें आगे बढ़ाती रहती है।

दरवाज़े से दरवाज़े तक, एक वादे से दूसरे वादे तक, हम उम्मीद करते हैं कि अगला सामना हमारे अस्तित्व को मान्यता देगा । पर हर दहलीज़ हमें याद दिलाती है कि समाज अपरिचित से कितना डरता है। यह समझने में समय लगता है कि हर अजनबी ख़तरा नहीं होता। हम संदेह से आशा की ओर भागते हैं, और फिर आशा से संदेह की ओर लौट आते हैं।

जागते रहो उस मनुष्य की कथा है जो सिर्फ़ इस बात की तलाश में है कि कहीं ऐसा स्थान मिले जहाँ उसके होने पर प्रश्न न उठे।

हम इसलिए नहीं भागते कि हमें अपनी मंज़िल पता है, बल्कि इसलिए कि अदृश्य बने रहने का बोझ हम सह नहीं पाते।

जब रात अंतहीन लगने लगती है, तब वह भटकता यात्री एक ऐसे से मिलती है जो उससे सवाल नहीं पूछती।

राज कपूर का नरगिस से मिलना रोमांस नहीं, पहचान है। यह बताता है कि मुक्ति पहुँचने में नहीं, बल्कि मनुष्यता के रूप में स्वीकार किए जाने में है।

"जागो मोहन प्यारे" हमारे भीतर सोई हुई इसी क्षमता को जगाने का आह्वान है। भटकने वाले की रात हमारी अपनी है। और जो जागरण वह माँगती है, वह भी हमारा अपना है।

एक वैश्विक प्रवासी

अद्वैता उसका नाम है।

अद्वैता को संगीत से प्यार है। संगीत से भी ज्यादा, उसे ज़िंदगी से प्यार है। उसे बहते रहना पसंद है। वह किसी एक जगह से बंधकर नहीं रहना चाहती। वह हमेशा खुली, अधूरी रहना पसंद करती है।

वह एक वैश्विक प्रवासी की तरह है।

उसका जन्म एक ऐसे देश में हुआ था जहाँ 'आगमन' ने बहुत पहले ही 'मूल' की जगह ले ली थी, और जहाँ यादों ने हल्का होकर सफर करना सीख लिया था।

अतीत से उसे एक विश्वास विरासत में मिला: भारत कोई जगह नहीं, बल्कि एक दिशा है। उसे यह समझ आ गया है कि पहचान कोई ऐसी चीज़ नहीं है जहाँ कोई लौटकर जाए; बल्कि यह वह चीज़ है जिसके साथ इंसान आगे बढ़ता रहता है। कोई भी एक जगह उस पर अपना दावा नहीं कर सकती, फिर भी कोई भी जगह उसे पराई नहीं लगती।

उसकी ज़िंदगी के निर्देशांक एक कंपास की तरह बदलते रहते हैं; दिशा के प्रति वफ़ादार, पर किसी भी बंधन को न मानने वाले।

जन्म ने उसे कोई सीमा नहीं दी। यादों ने उसे सिर्फ़ संदर्भ दिए, जड़ें नहीं।

वह अपनी शुरुआत को बिना किसी मालिकाना हक के, बड़े ही सहज भाव से अपने साथ लिए चलती है।

उसका जुड़ाव न तो कोई विरासत है, न कोई मजबूरी, और न ही कोई पलायन।

जैसे-जैसे समय बीतता है, उसकी पहचान और भी विस्तृत होती जाती है। बिना किसी चीज़ पर अपना हक़ जमाए, उसके लिए 'घर' का मतलब और भी गहरा होता जाता है। उसे अपनी पहचान साबित करने के लिए किसी मुहर या ठप्पे की ज़रूरत नहीं है। उसने बहते रहना सीख लिया है। उसके लिए, 'बहते रहना' का मतलब 'भटकना' नहीं है।

उसके परदादाओं में से एक की मुलाक़ात एक बार स्वामी विवेकानंद से हुई थी। उनके धर्म के विचारों ने उन्हें इतना गहराई से प्रभावित किया कि उन्हें यह विश्वास होने लगा कि उनकी जड़ें भारत में ही हैं। तब से लेकर आज तक, यह परिवार इस विश्वास को अपने साथ लिए चला आ रहा है कि वे भारत से ही हैं।

अद्वैता की भारत यात्रा, विचारों की इसी विरासत का ही एक परिणाम थी।

वह विवेकानंद की तलाश में भारत आई थी। यहाँ उसकी मुलाक़ात रवींद्रनाथ टैगोर से हुई–भले ही शारीरिक रूप से न सही, पर आध्यात्मिक रूप से ज़रूर हुई।

जब वह भारत से विदा हुई, तो उसके पास न कोई सबूत था, न कोई वंशावली, और न ही कोई आधिकारिक पुष्टि; उसके पास बस एक शांत और गहरी समझ थी: जहाँ भी कोई पूरी ईमानदारी और सच्चाई के साथ खड़ा होता है, वही जगह उसका 'घर' बन जाती है।

वेदांत ने उसे उन तरीकों से गढ़ा, जिनकी उसने कभी कल्पना भी नहीं की थी–विशेष रूप से अपनी 'समावेशिता' (सबको साथ लेकर चलने की भावना) के ज़रिए। यह किसी एक ही रास्ते, सिद्धांत या स्वभाव पर चलने का ज़ोर नहीं देता। यह सत्य की खोज के कई रास्तों की अनुमति देता है–कर्म, भक्ति,

ज्ञान या ध्यान के माध्यम से–और इनमें से हर रास्ता, खोज करने वाले के अपने स्वभाव के अनुसार ही आकार लेता है।

इसकी सबसे बड़ी ताकत उसकी 'खुली सोच' में छिपी है। यह न तो किसी संशयवादी को बाहर करता है और न ही किसी भक्त को; न ही किसी तर्कवादी को और न ही किसी रहस्यवादी को।

सत्य को किसी एक भाषा, किसी एक रीति-रिवाज या किसी एक ही विश्वास-प्रणाली तक सीमित रखने से साफ़ इनकार करके, वेदांत अलग-अलग संस्कृतियों और सदियों के पार जाकर लोगों से संवाद करता है। यह आपसे यह सवाल नहीं पूछता कि आप कौन हैं–इससे पहले कि आप अपनी यात्रा शुरू करें; यह बस इतना ही चाहता है कि आप पूछताछ करें।

इसकी सार्वभौमिकता एकरूपता से नहीं, बल्कि मतभेदों को बिना किसी चिंता के समाहित करने की इसकी क्षमता से उत्पन्न होती है।

यह अनेकों को साथ-साथ रहने की अनुमति देता है, और साथ ही कुशलता से उस 'एक' की ओर संकेत करता है।

अंतिम

रमेश चौहान 'दिनकर' की पहली साफ-सुथरी फिल्म बुरी तरह पिट गई। फिर उसने नफ़रत बेचना सीख लिया, क्योंकि वही उसे बिकती दिखी ।

धधकती भीड़, आग, विद्रोह, भय, अंधा क़ानून–यही उसका शिल्प बन गया।

उसकी फिल्मों में हीरो को खुद मरने का अधिकार नहीं था। वह किसी छोटे-मोटे किरदार के हाथों मरता था।

शायद वह हीरो को मरने का सुख भी नहीं देना चाहता था।

उसकी फिल्म 'विश्राम' में वह हीरो को एक बड़े किरदार के हाथों मरवाना चाहता था।

किरदार उसे मारने आता है, लेकिन हीरो को मरा हुआ पाता है।

हीरो की नियति में प्राकृतिक मृत्यु लिखी थी।

हीरो अपनी आख़िरी लड़ाई, होनी के सामने

हार गया।

दिनकर के पात्र नहीं, दिनकर स्वयं मृत्यु पर कभी नियंत्रण नहीं पा सका। नियति के सामने वह हमेशा असहाय खड़ा रहा।

बस चाहती हूँ

रणवीर सक्सेना बहुत समय बाद अपनी बेटी श्रावणी बंसल से मिल रहा था। श्रावणी की आंखों में पहले जैसी चमक नहीं दिखाई पड़ी रणवीर को।

रणवीर ने श्रावणी से पूछा–सब कैसा चल रहा है?

श्रावणी ने कहा, "काफी वर्षों से आपने प्रगति का खेल खेल लिया है। अब मैं बस आपको अपने पिता के रूप में पाना चाहती हूँ।"

एक समय था, जब एक पिता अपनी बेटी को, हर सुबह स्कूल छोड़ने जाता था। उसे अपनी बेटी के साथ संगीत सुनने के लिए समय मिलता था । दोनों की पसंद अलग-अलग थीं, पर उन्होंने अपने साझा संसार में एक-दूसरे के लिए समय निकाला।

उनके मासिक डिनर हमेशा आनंददायक होते, भले ही उनके स्वाद एक दूसरे से अलग हों। उनकी फिल्में एक दूसरे की पसंद बन जाती। भले ही देवानंद श्रावणी के पसंदीदा न हों, या माधुरी दीक्षित रणवीर की।

फिर एक दिन, जीवन के नियमों के अनुसार, वे एक दूसरे से दूर चले गए।

श्रावणी को सात समुंदर पार जाना पड़ा।

धीरे-धीरे, दोनों अपने-अपने बनाए हुए कोनों में सिमट गए, उन परिवेशों में ढलते हुए जो अब नए नहीं रह गए थे।

एक दिन, श्रावणी घर लौटी। उसे लगा, उसके पिता को उसकी ज़रूरत है। उसे यह भी लगा कि उसे अपने पिता की ज़रूरत है–ऐसे पिता की, जिसके पास पिता होने का समय हो।

मुझे एक लेखक की याद आती है। उस लेखक के पिता एक आकांक्षी लेखक थे। एक दिन पिता ने, कागजों का एक पुलंदा अपने बेटे को यह कहकर दिया कि वह उन्हें उनके जाने के बाद पढ़े।

बेटा उन्हें पढ़ने के लिए उत्सुक था, पर उसके भीतर एक शांत-सी इच्छा भी थी कि उन्हें पढ़कर उसे ऐसा न लगे कि उसके पिता एक बहुत अच्छे लेखक हैं।

वह अपने पिता को पिता की तरह पाना चाहता था, न कि लेखक की तरह।

समय बीता, और एक दिन वही बेटा एक नोबेल पुरस्कार विजेता बन गया। फिर भी, वह अपनी लेखनी पर अपने पिता की राय का इंतज़ार करता रहा।

वरिष्ठ लेखक की आवाज़, कनिष्ठ लेखक के लिए अब भी मायने रखती थी।

चाहे कोई कितना भी आगे बढ़ जाए– विचारों में, या दूरियों में– पिता की आवश्यकता हमेशा रहती है, उनके जाने के बाद भी।

दुई पाखी

अशोक के कोने वाले कमरे का दरवाज़ा शायद ही कभी बंद रहता था। उसके बॉस, चंद्रन, बिना दस्तक दिए भीतर आ जाया करते–कभी किसी समस्या के साथ, कभी किसी विचार के साथ, और कभी यूँ ही, हाथ में चाय का कप लिए। बातचीत सहजता से बहती थी। दोनों के बीच एक अनकही ऊष्मा का प्रवाह होता था।

अब दरवाज़ा खुला रहता था, पर कदमों की आहट आनी बंद हो गई थी।

न कोई माँग। न कोई निर्देश। न कोई प्रश्न।

शुरुआत में, अशोक को लगा कि यह एक अलग तरह की स्वीकृति है। वह कहती है, "अब तुम्हें निगरानी की ज़रूरत नहीं।"

समय के साथ, यह सन्नाटा गहराता गया। बैठकों में वह होता था, पर उसका होना न के बराबर माना जाता था।

वह न शामिल था, न बाहर।

न अस्वीकार, न स्वीकार।

एक अजीब-सी स्थिति।

अशोक को अपने मित्र महेंद्र की याद आई। एक दोपहर, चाय पर, महेंद्र ने बताया कि इस समय उसके पास कोई औपचारिक काम नहीं है।

फिर थोड़ी देर रुककर उसने कहा,

"लेकिन मैंने खुद को काम दे रखा है।"

अशोक ने उत्सुकता से देखा।

"मैं देखता हूँ," महेंद्र बोला। "मैं सुनता हूँ। मैं नोट बनाता हूँ– जहाँ कुछ कमी है, जहाँ कुछ बेहतर हो सकता है।"

"और क्या वे मायने रखते हैं?" अशोक ने पूछा।

"कभी रखते हैं," महेंद्र ने कहा। "कभी नहीं भी रखते।"

फिर वह बोला,

"जब कोई तुम्हें भूमिका नहीं देता, तो या तो तुम ग़ायब हो जाते हो, या अपनी भूमिका खुद तय करते हो।"

दिन बीतते गए। अशोक ने उन बातों पर ध्यान देना शुरू किया, जिन्हें वह पहले अनदेखा कर देता था। उसने भी छोटे-छोटे नोट अपने लिए शुरू किए। न कोई आधिकारिक रिपोर्ट, न औपचारिक सुझाव, बस कुछ साधारण अवलोकन। कुछ अनसुने रह गए। कुछ उम्मीद से आगे निकल गए।

अजीब बात यह थी कि जब उसके नोट अनदेखे रह जाते, तो उसे बुरा नहीं लगता था।

पर जब उसकी उपस्थिति अनदेखी रह जाती, तो उसे बुरा लगता था।

एक शाम, जब संस्थान खाली होने को था, वह खिड़की के पास बैठा। उसे बाहर पेड़ पर दो पंछी अलग-अलग डालियों पर बैठे दिखे।

वे एक-दूसरे को पुकार नहीं रहे थे।

वे पास भी नहीं आ रहे थे। न दूर जा रहे थे।

अशोक ने उन्हें देर तक देखा।

शायद हर साथ को नजदीक आने की ज़रूरत नहीं होती, उसने सोचा।

शायद कुछ रिश्ते बिना अभिव्यक्ति के भी बने रहते हैं।

अगले दिन, उसने अपने बॉस को एक छोटा-सा नोट लिखा। शिकायत नहीं–बस कुछ कहने के लिए समय मांगा।

जीवन के चौथे पड़ाव में, अशोक ने "दुई पाखी" में से एक पंछी की तरह सोचा।

वह नहीं जो दाने गिनता है,

बल्कि वह जो उड़ान की स्वतंत्रता पर भरोसा करता है।

थोड़ी देर सोचने के बाद अशोक ने

वह मेल न भेजने का मन बनाया।

सन्नाटा बना रहा।

दो पंछी, एक पेड़।

एक मापता है, एक मुक्त करता है।

वे आसमान साझा करते हैं,

पर उड़ान अपनी-अपनी भरते हैं।

मन रे तू काहे न धीर धरे

विषय-सूची

मन मस्त मगन

मन शक्ति है, सृजन और विनाश का आधार। मन विजय है, संयम और आत्म विचार का विस्तार।

मन विचारों का उद्गम है। मन दर्पण है। निर्मल मन में आत्मा की छवि प्रतिबिंबित होती है। कलुषित मन में केवल भ्रांतियाँ। मन को सजग रहने के लिये साधना करनी पड़ती है।

निश्छल मन पर अनुभव रेखाएँ खींचती हैं, धारणाएँ रंग भरती हैं। यात्रा समाप्त होने पर, मन लौटता है निस्तब्धता की ओर। स्मृतियाँ घुल जाती हैं, जैसे वर्षा की बूँदें पट पर लिखी रेखाएँ मिटा देती हैं। शेष रहता है विस्मय, मानो कभी कुछ लिखा ही न गया हो।

हम अलग हैं। हमारी भिन्नता मांसपेशियों या हड्डियों की मज़बूती में नहीं, बल्कि हमारे मस्तिष्क में है।

कभी प्रकृति की विशालता हमें डराती थी। पर हमने पृथ्वी पर शासन करने की चाह की। शीर्ष पर होना बुरा नहीं, यदि हम तर्क और प्रवृत्ति–दोनों का संतुलन जानें।

मन रहस्यमय है। इसमें क्षणिक विचार भी हैं और गहरी अनुभूतियाँ भी। इसमें प्रश्न, विरोधाभास और विस्मय के टुकड़े शरण लेते हैं। इसमें स्मृतियाँ साँस लेती हैं और विजय की प्रतिध्वनि सुनाई देती है।

वैज्ञानिकों ने जाना कि मन क्यों भटकता है। क्यों हम समय का बड़ा हिस्सा उस पर सोचने में बिताते हैं जो हमारे सामने नहीं होता है। यही भटकाव हमें दूरगामी लक्ष्यों की ओर बनाए रखता है।

हिमालय जाकर एकांत पाना संभव है। आँधी के बीच मन को शांत रखना कहीं अधिक कठिन है। इसलिए हम अकसर चाहते हैं कि मन थोड़ी देर अवकाश पर जाए, और सच तो यह है कि ऐसे छोटे अवकाश अक्सर बहुमूल्य फल देते हैं।

मानव-मस्तिष्क जन्म के समय अधूरा होता है। नवजात का मस्तिष्क 400 ग्राम से भी कम होता है, जबकि वयस्क का लगभग 1400 ग्राम। बीस वर्ष के बाद इसका भार धीरे-धीरे घटने लगता है। फिर भी, यह जीवन भर नए संबंध बना सकता है, पुराने मिटा सकता है, और मौजूदा को मज़बूत कर सकता है। इसमें अनंत रूपांतरण की क्षमता छिपी रहती है।

पर मशीनों की तरह मन भी रुक सकता है। चिंता इसे तेज़ कर देती है, अवसाद इसे धीमा कर देता है। कभी स्मृति बिगड़ जाती है, कभी भावनाएँ अटक जाती हैं, कभी उद्देश्य खो जाता है। पर अच्छी बात यह है कि यह संभल भी सकता है–संवाद से, सहयोग से।

हज़ारों वर्षों में मस्तिष्क की क्षमता लगभग वही रही है। बदला है इसका उपयोग–भाषा, संस्कृति, साधन और ज्ञान-साझेदारी के माध्यम से। फिर भी हम इसकी गहराई को सृजनशीलता, करुणा, आत्मचिंतन में पूरी तरह नहीं छू पाए हैं। सच्ची चुनौती यह नहीं कि मन और क्या कर सकता है, बल्कि यह कि हम इसे कितनी समझदारी से उपयोग करते हैं।

जैसे मांसपेशियाँ अभ्यास और विश्राम से मज़बूत होती हैं, वैसे ही मन भी सोच-समझकर प्रयोग और विराम से सशक्त होता है। अधिक खिंचाव इसे थका देता है, पर संतुलित उपयोग इसे साफ़ और लचीला बनाता है।

क्षमता एक बात है, उसका सार्थक उपयोग दूसरी।

आपके मन में अनंत अवशोषण शक्ति है, पर इसका मतलब यह नहीं कि आप इसे व्यर्थ से भर दें। थोड़ा सा "जंक" भी ज़रूरी है–ताकि मन लचीला और मानवीय बना रहे।

आख़िरकार, यह आपका सबसे मूल्यवान साधन है। आपकी दुनिया का आकार और गुणवत्ता इसी पर निर्भर करती है।

समय का मन

एक पत्नी की सामान्य शिकायत–जब वह फ्लू से पीड़ित थी–कि उसका पति उससे बहुत देर तक दूर रहता है, भले ही वह केवल थोड़ी देर के लिए दूर रहा हो। पति को पत्नी के ऊपर किये गए प्रयोगों से यह पता चला कि जैसे-जैसे पत्नी का तापमान बढ़ता गया, उसकी मानसिक घड़ी और तेज चलने लगी।

समय की धारणा को संकुचित या फैलाया जा सकता है। समय के भ्रम और विकृतियाँ हमारे मस्तिष्क द्वारा समय की छवि बनाने की प्रक्रिया का परिणाम हैं। छोटे, खतरनाक क्षणों में–जैसे सड़क दुर्घटना–समय धीमा प्रतीत होता है।

हम समय-यात्री हैं। हम जब चाहें भविष्य की यात्रा कर सकते हैं या अतीत में लौट सकते हैं। एक क्षण का अंत दूसरे क्षण की शुरुआत है। कोई भी अपनी सारी पुरानी स्मृतियाँ संजोकर नहीं रखना चाहता, और न ही पूरी तरह अतीत को धो डालना चाहता है।

अतीत और वर्तमान 'बीज और वृक्ष' की तरह हैं। हर बीज में वृक्ष बनने की संभावना होती है, पर हर बीज वृक्ष नहीं बनता। यदि मिट्टी ठीक न हो, तो बीज सड़ जाता है। बीज को वृक्ष बनने के लिए उचित मिट्टी और धूप की आवश्यकता होती है।

Janus को अक्सर दो चेहरों के साथ चित्रित किया जाता है, जो विपरीत दिशाओं में देखते हैं। Janus भविष्य और अतीत

दोनों को देख पाता था। Janus परिवर्तन और संक्रमण का प्रतीक है। वह समय के विभिन्न पहलुओं को एक ही फ्रेम में, एक ही समय में देख सकता है।

समय मित्र भी है और शत्रु भी। बुद्धिमानी इसमें है कि हम समय की अपनी धारणा के अनुरूप चलें। जैसे-जैसे उम्र बढ़ती है, समय और तेज़ी से बीतता प्रतीत होता है। इसे 'फॉरवर्ड टेलीस्कोपिंग' कहा जा सकता है। वहीं 'बैकवर्ड टेलीस्कोपिंग' तब होता है, जब हमें लगता है कि घटनाएँ वास्तव में जब घटी थीं, उससे कहीं ज़्यादा पहले घटी थीं। उदाहरण के लिए: मुझे लगता है यह तो कई साल पहले हुआ होगा, जबकि यह घटना पिछले साल ही हुई थी।

हम अतीत या भविष्य में ज़्यादा देर तक जी नहीं सकते और न ही जीना चाहिए। अतीत और वर्तमान ज्ञात हैं, इसलिए सीमित हैं। भविष्य अज्ञात है, इसलिए असीमित है। 'सीमित' के आधार पर 'असीमित' को समझ पाना कठिन होता है।

नेत्र-मन संबंध

आँखों के पास एक विशेष मन होता है। आँखें दूसरों के मन को पढ़ सकती हैं और साथ ही दूसरों को उनके मन को पढ़ने की अनुमति भी देती हैं। आँखों में आँख डालकर देखना ईमानदारी दर्शाता है। लंबे समय तक आँखों का संपर्क आक्रामक माना जाता है। आँखों का संपर्क टूटना तब होता है जब हम अपनी सच्ची भावनाओं को छिपाने की कोशिश करते हैं। बच्चे आँखों से जान लेते हैं कि लोग उनसे क्या छिपाना चाहते हैं।

वैज्ञानिकों के शोध रो पता चलता है कि हम उन लोगों पर अधिक ध्यान देते हैं जिनका जीवन में उच्च स्थान होता है। शोधकर्ता कहते हैं, हम अपने परिवेश में रहने वाले व्यक्तियों की सापेक्ष सामाजिक स्थिति को समझने की कोशिश करते हैं,

और उसी के अनुसार अपनी सामाजिक ध्यान प्रक्रियाओं को आकार देते हैं।

आँख से आँख मिलने के अलग-अलग अभिप्राय हो सकते हैं । कोई इसमें जिज्ञासा देखता है, तो कोई इसमें चुनौती। आँखों के संपर्क से विश्वास लगभग तुरंत विकसित हो सकता है। अगर आप बहुत देर तक (आमतौर पर पाँच से सात सेकंड से ज़्यादा) आँखों में देखते हैं, तो इसे घूरना समझा जा सकता है और यह देखने वाले व्यक्ति के लिए असहजता का कारण बन सकता है।

अक्सर, एक शर्मीला व्यक्ति या आत्मविश्वास की कमी वाला व्यक्ति आँख से आँख मिलाने से डरता है। झूठे और सामाजिक चिंता से ग्रस्त लोगों को आँख से आँख मिलाने में परेशानी होती है। कक्षा में, छात्र की आँखों से पता चल सकता है कि शिक्षक की बात समझ में आ रही है या नहीं।

आँख से आँख मिलाने का पक्षपात: कुछ लोगों को दूसरों की तुलना में ज़्यादा देखना। हम उन लोगों की ओर ज़्यादा देखते हैं जो हमें सबसे सकारात्मक प्रतिक्रिया देते हैं, और उन लोगों की ओर भी जो हमारे लिये सबसे ज़्यादा मायने रखते हैं। 'आँख से आँख मिलाने की समानता' श्रोताओं के प्रति निष्पक्षता और सम्मान प्रदर्शित करने का एक निश्चित तरीका है।

कुछ लोग अपनी दृष्टिबाधितता के बावजूद 'देख' सकते हैं। कुछ भी देखने का सचेत ज्ञान न होने के बावजूद उनमें दृश्य जानकारी पर प्रतिक्रिया देने की क्षमता होती है।

प्रयोगों से पता चला है कि एक दृष्टिबाधित व्यक्ति रास्ते में आने वाली बाधाओं को बिना किसी सहायता के पार कर सकता है।

मस्तिष्क में कई वैकल्पिक मार्ग होते हैं जिन्हें तब सक्रिय किया जा सकता है जब दृष्टि के मुख्य मार्ग अवरुद्ध हो जाते हैं। छवियों का प्रक्षेपण दृष्टि और भावना से संबंधित मस्तिष्क के

अन्य भागों तक भी पहुँचता है। ऐसा लगता है कि मन अवचेतन रूप से कुछ दृश्य जानकारी को संसाधित कर सकता है।

कुछ लोग देख नहीं सकते, लेकिन यह मानना नहीं चाहते कि वे नहीं देख सकते। वे चलते समय वस्तुओं से टकरा जाते हैं, लेकिन दृष्टि दोष से इनकार करते हैं।

दृश्य विकार आँखों की असामान्यताओं के बजाय मस्तिष्क की असामान्यता या क्षति का परिणाम है। उनमें मस्तिष्क क्षति का एक दुर्लभ लक्षण होता है।

आँखें नहीं, केवल मन ही महत्व का स्तर निर्धारित कर सकता है।

मन: तर्क और भावना का अनोखा संतुलन

शुद्ध तार्किक निर्णय लेना दुर्लभ है, क्योंकि हर तर्कशील मन

अनंत कारणों के बीच डगमगाता रहता है। दूसरी ओर अत्यधिक भावनात्मक निर्णय हमें अक्सर गलत दिशा में ले जाते हैं। सच यह है कि ठंडा तर्क (cold reason) और गरम भाव (hot emotion) दोनों मिलकर हमें सही निर्णय लेने में सहायता करते हैं।

निर्णय लेने से पहले हम मन ही मन कई संभावनाओं का अनुकरण करते हैं। बेहतर परिणाम पाने की चाह में हम कभी-कभी अपने ही निर्णयों को मोड़ लेते हैं।

हर निर्णय में कई प्रक्रियाएँ शामिल होती हैं: विभिन्न विकल्पों के लिए और उनके विरुद्ध प्रमाण इकट्ठा करना, उनके जोखिम और परिणामों का आकलन करना, और सीखी हुई प्रवृत्तियों व पूर्वाग्रहों को दबाना।

मस्तिष्क के अलग-अलग हिस्से अलग-अलग गणनाएँ करते हैं, और उनके तालमेल से ही एक निर्णय बन पाता है।

निर्णय लेने के सार्वभौमिक नियम नहीं हो सकते। हर मन के भीतर तर्क और भावना का अनोखा संतुलन ही उन्हें आकार देता है।

मस्तिष्क एक औज़ार-पेटी (toolbox) की तरह है, जिसमें तरह-तरह के औज़ार बिखरे रहते हैं। किसी ख़ास समस्या को हल करने के लिए हम एक विशेष औज़ार बाहर निकालते हैं। असली समस्या तब आती है जब कई औज़ार आपस में मिलकर किसी परस्पर-संबंधित समस्या को हल करते हैं।

विश्वसनीय निर्णय एक विश्वसनीय मस्तिष्क से निकलते हैं। स्वयं पर विश्वास करना, दूसरों पर विश्वास करने की पहली शर्त है। जब तक हम खुद पर भरोसा नहीं करते, तब तक हम दूसरों पर भरोसा नहीं कर सकते।

भरोसे के कुछ रूप 'गणना-आधारित' (calculation-based) होते हैं। ऐसे भरोसे में यह आकलन किया जाता है कि किसी रिश्ते को बनाए रखने और निभाने की कीमत उसकी लागत (cost) से अधिक है या नहीं।

दूसरी ओर, 'पहचान-आधारित भरोसा' (identification-based trust) सामने वाले को एक व्यक्ति के रूप में मूल्य देता है। यही भरोसा रिश्तों को अधिक गहरा, टिकाऊ और विश्वसनीय बनाता है।

कमज़ोर परिस्थितियों में हम भरोसे पर ज़्यादा निर्भर हो जाते हैं। जीवन की परिस्थितियों के अनुसार हम भरोसे के एक रूप से दूसरे रूप में शिफ्ट होते रहते हैं।

किसी भी व्यवस्था को संचालित करने के लिए योग्यता और भरोसा - दोनों ही आवश्यक हैं। भरोसे के बिना ज्ञान-साझाकरण

संभव नहीं है। जिस व्यक्ति पर भरोसा किया जाता है, कभी कभी उसकी कमज़ोरियाँ भी स्वीकार की जाती हैं। कोई व्यक्ति किसी विशेष संदर्भ में भरोसेमंद हो सकता है, लेकिन यह ज़रूरी नहीं कि वह हर संदर्भ में भरोसेमंद हो।

अविश्वास (distrust) संदेह और भय की भावना जगाता है। अविश्वास के कारण अक्सर काल्पनिक होते हैं, जो ग़लत भावनाओं से उत्पन्न होते हैं। ऐसी भावनाएँ अनावश्यक रूप से असुरक्षा को बढ़ावा देती हैं। संबंध विशेषज्ञों का कहना है कि उचित मात्रा में अविश्वास शोषण के ख़तरे से बचाता है।

पक्षपात (bias) ग़लत निर्णय लेने के मुख्य कारणों में से एक है। हमारे पूर्वाग्रह और पक्षपात व्यक्तिगत होते हैं। विकृत धारणाओं और कल्पनाशील सोच के कारण हम चीज़ों को उनकी वास्तविकता से अधिक सकारात्मक देखते हैं। अपनी धारणा के अनुसार हम अपनी स्मृतियों को भी तोड़-मरोड़ लेते हैं। जिनसे हमें लगाव होता है, उनके तर्क हम स्वीकार करते हैं; और जिनसे हमें नापसंदगी होती है, उनके तर्क हम नकार देते हैं।

हम अपनी सफलता का श्रेय अपनी योग्यता और प्रतिभा को देते हैं, जबकि असफलता को बुरी किस्मत, बाहरी कारणों और भाग्य पर थोपते हैं। हम अपने लिए सफलता-असफलता को परखने का एक पैमाना अपनाते हैं, और दूसरों के लिए दूसरा। हम अपने निर्णयों में स्वार्थ के प्रभाव को कम आँकते हैं, लेकिन दूसरों के निर्णयों में उसके प्रभाव को बढ़ा-चढ़ाकर आँकते हैं। भविष्य की अनिश्चितताओं को हम कम करके आँकते हैं। बुरी ख़बर को हम बार-बार जाँचते हैं, लेकिन अच्छी ख़बर तुरंत मान लेते हैं।

हम अपने पूर्व के तर्कहीन निर्णयों के आधार पर नए पक्षपाती निर्णय लेते हैं। कई बार हम चीज़ों को योग्यता के आधार पर नहीं, बल्कि उनकी जान-पहचान के कारण स्वीकार करते हैं। हम संदेह और अनिश्चितता से बचने के लिए जल्दबाज़ी में निर्णय

कर लेते हैं। हम दूसरों की हमें समझने की क्षमता को कम आँकते हैं, और दूसरों को समझने की अपनी क्षमता को अधिक आँकते हैं।

क्या कहा गया है, यह कम महत्वपूर्ण होता है; किसने कहा है, यह ज़्यादा मायने रखता है।

मानव मस्तिष्क की संरचना में ही युद्धप्रिय झुकाव और पक्षपात समाहित है। लगभग सभी निर्णय-प्रक्रियाएँ पक्षपात के कारण संघर्ष की ओर झुकती हैं, न कि समझौते की ओर। "बाज़" (hawks) अपने विरोधियों में केवल शत्रुता देखते हैं। "कबूतर" (doves) प्रायः संवाद के लिए छोटे-छोटे अवसरों की ओर संकेत करते हैं।

निर्णय एक व्यक्तिनिष्ठ अनुभव और धारणा है। कुछ लोग परिचित और निश्चित स्थितियों को पसंद करते हैं। कुछ लोग अनिश्चितता और नवीनता को पसंद करते हैं। पहली श्रेणी के लोग नए विचारों को कम स्वीकारते हैं और पूर्वानुमेयता व स्पष्टता की ओर पक्षपाती होते हैं। दूसरी श्रेणी के लोग नई परिस्थितियों का सामना करना पसंद करते हैं और ऐसे ही लोगों/मुद्दों की ओर पक्षपाती रहते हैं।

काल्पनिक मन

कल्पना, वास्तविकता का एक चयनात्मक रूपांतरण है। हर विचार एक छवि के साथ आता है। जैसे ही हम कोई कहानी सुनते या पढ़ते हैं, हमारा मन दृश्यों और पात्रों की कल्पना करने लगता है। यह प्रक्रिया अक्सर कहानी समाप्त होने के बाद भी जारी रहती है।

किसी काल्पनिक कहानी को विश्वसनीय बनाने के लिए, उसमें भावनात्मक जटिलता और आश्चर्य के तत्व होने चाहिए। कहा जाता

है, कहानी संभावित होनी चाहिए, लेकिन वह एक कहानी भी होनी चाहिए। दूसरे शब्दों में, कल्पना इतिहास की तरह होती है, लेकिन वह इतिहास नहीं होती।

काल्पनिक अनुभव हमारी मानसिक क्षमता को बढ़ाते हैं। ऐसे आंतरिक संबंधों के समृद्ध नेटवर्क के साथ हमारा मस्तिष्क अधिक कुशलता से कार्य करता है। काल्पनिक दुनिया में समय बिताना एक निवेश है। ऐसे निवेश जीवन के शुरुआती दौर में, जब अवसर कम होते हैं और संज्ञानात्मक अनुकूलन अभी भी बन रहे होते हैं, अधिक लाभ देते हैं। हम जितने अधिक काल्पनिक आख्यानों का सामना करते हैं, उतनी ही अधिक परिस्थितियों से हम परिचित होते जाते हैं, बिना उन्हें जीए।

हमारा मस्तिष्क दिखावे को वास्तविकता से अलग करना जानता है। यह न केवल सार्वभौमिक तथ्यों को संग्रहीत कर सकता है, बल्कि ऐसी जानकारी भी संग्रहीत कर सकता है जो केवल किसी विशिष्ट संदर्भ, क्षण या किसी विशिष्ट व्यक्ति के लिए ही सत्य हो सकती है। सत्य को बनाये रखने का यह तरीका हमें अनुकूलनशील बनाता है।

जिज्ञासु मन

जिज्ञासु मन हमारी उत्तरजीविता कौशलों में से एक है। कुछ प्रश्न हमारे तर्क, समझ और सीखने को दर्शाते हैं। कुछ प्रश्न हमारे खोखलेपन को उजागर करते हैं।

कुछ प्रश्नों के कोई उत्तर नहीं होते। कुछ के लिए "हाँ" और "नहीं" दोनों ही मान्य उत्तर होते हैं। कुछ प्रश्न अत्यंत संतोषजनक होते हैं, जबकि अन्य अत्यंत विचलित करने वाले होते हैं।

हम अभिसारी (convergent) और अपसारी (divergent) दोनों प्रकार के प्रश्न पूछते हैं। अभिसारी प्रश्नों के विशिष्ट उत्तर

होते हैं। अपसारी प्रश्न खुले-अंत वाले होते हैं और अनेक संभावनाओं को आमंत्रित करते हैं। बंद प्रश्न संतृप्त होते हैं–वे चर्चा को समाप्त करते हैं। खुले-अंत वाले प्रश्न असंतृप्त होते हैं–वे द्वार खोलते हैं।

कभी-कभी, प्रश्नकर्ता उत्तर की अपेक्षा नहीं करता–उत्तर प्रश्न में निहित होता है। कुछ प्रश्न केवल सहमति की अपेक्षा करते हैं। ऐसे प्रश्नकर्ता किसी भी तरह, विकल्पों से बचते हैं।

यदि हमें किसी प्रश्न या दृष्टिकोण को समझने में कठिनाई होती है, तो समस्या कहाँ है–पूछने में या समझने में? कुछ सवाल घिसे-पिटे होते हैं। कुछ सच्ची जिज्ञासा से उठते हैं।

हम सब सवाल पूछते हैं। हम अस्तित्व से जुड़े सवाल पूछते हैं। हम मामूली सवाल पूछते हैं। हम शून्यकाल के सवाल पूछते हैं। हम जाँच-पड़ताल करने, उकसाने, दिखावा करने के लिए सवाल पूछते हैं। यह परंपरा जारी रहेगी। और आखिरी सवाल कभी नहीं पूंछा जायेगा ।

संतुलित मन

सभी विरोधी विचार शत्रुता की ओर नहीं ले जाते। लोग गहरे मतभेद रखते हुए भी सुंदर ढंग से साथ रह सकते हैं।

रवीन्द्रनाथ टैगोर और महात्मा गाँधी अच्छे मित्र थे। दोनों एक-दूसरे का अत्यंत सम्मान करते थे, फिर भी अनेक मुद्दों पर उनकी राय अलग थी।

बिहार भूकम्प के बाद गाँधीजी ने इस आपदा को अस्पृश्यता के पाप पर ईश्वर की नाराज़गी बताया। टैगोर के लिए प्राकृतिक आपदाओं और नैतिक असफलता के बीच संबंध स्वीकार्य नहीं था।

विरोधी विचारों का मेल और भिन्न स्वभावों की संगति तभी संभव है जब दोनों व्यक्ति सद्भावना से प्रेरित हों।

अनुशासित मन: केवल ज्ञान अर्जित करना नहीं, बल्कि प्रत्येक विधा–विज्ञान, इतिहास, गणित, कला–की विशिष्ट सोचने की शैली में पारंगत होना है।

संश्लेषक मन: बिखरी हुई सूचनाओं को जोड़कर एक सुसंगत संपूर्णता में गूंथना है।

सृजनशील मन: ज्ञात से आगे बढ़कर नए प्रश्न करना और नवीन समाधान सोचना है।

सम्मानजनक मन: भिन्नताओं को केवल सहन नहीं, बल्कि समझना और उनका मूल्य जानना है।

नैतिक मन: नागरिक और पेशेवर रूप में अपनी ज़िम्मेदारियों पर चिंतन करना और सामूहिक हित की तलाश करना है।

ये सभी मन हमेशा आपस में सामंजस्य में नहीं रहते। अनुशासित मन का टकराव सृजनशील मन से हो सकता है; संश्लेषक मन निश्चितता चाहता है, जबकि सृजनशील अनिश्चितता में आनंद पाता है। चुनौती यही है कि सभी पाँचों को संतुलित रूप से विकसित किया जाए।

संतुलित मन मतभेदों के बावजूद साथ रहना जानता है।

खुशहाल मन

परिवार के संदर्भ में, खुशी कोई स्थिर अवस्था नहीं है, बल्कि एक नाज़ुक, निरंतर विकसित होता संतुलन है, जिसे लगातार पोषण, समायोजन और धैर्य की आवश्यकता होती है।

मन परिवार का दर्पण है: जड़ित, फिर भी बेचैन। परिवार मन का दर्पण है: एकजुट, फिर भी अप्रत्याशित। शायद यही कारण है कि संयुक्त परिवार टूट रहे हैं और एकल परिवार उभर रहे हैं।

संयुक्त परिवार से एकल परिवार की ओर बदलाव स्थिरता और गतिशीलता के बीच के तनाव को दर्शाता है। संयुक्त परिवार, अपनी पदानुक्रमित संरचना और साझा ज़िम्मेदारियों के साथ, स्थिरता प्रदान करते थे, लेकिन अक्सर व्यक्तिगत स्वतंत्रता की कीमत पर। परिवार के सदस्यों के मूल्य, रुचियाँ और व्यक्तित्व अलग-अलग होते हैं।

शहरीकरण, आर्थिक गतिशीलता और बदलते सामाजिक मानदंडों के साथ, व्यक्तिगत स्वतंत्रता को अधिक महत्व मिला है। अब लोग निजता, व्यक्तिगत स्वतंत्रता और अपनी ज़िंदगी को अपनी तरह से गढ़ने की क्षमता को प्राथमिकता देते हैं। एकल परिवार सदस्यों को अपने व्यक्तिगत लक्ष्यों का पीछा करने में सक्षम बनाता है, बिना संयुक्त परिवार की बोझिल ज़िम्मेदारियों और समझौतों के।

आज का समाज व्यक्तिगत अभिव्यक्ति और आत्मनिर्धारित रास्तों का उत्सव मनाता है, चाहे वह करियर हो, जीवनशैली हो या रिश्ते। जहाँ संयुक्त परिवार कभी भावनात्मक और व्यावहारिक सहारा देते थे, वहीं वे आत्मत्व की खोज को बाधित भी कर सकते हैं। एकल परिवार कई लोगों के लिए अपनापन और स्वतंत्रता के बीच अधिक संतुलित रूप प्रदान करता है।

मन भी, आधुनिक परिवार की तरह, खुद को लगातार फिर से गढ़ता रहता है–ऐसी संरचना की खोज में जो उसे एक ओर बाँधती है और दूसरी ओर मुक्त करती है।

शिक्षक मन

मेरे अनुभव ने मुझे सिखाया है कि कोई शिक्षक यदि अपने विषय को भली-भांति जानता हो लेकिन अपने विद्यार्थियों को न जानता हो, तो वह अच्छा शिक्षक नहीं है। अच्छा शिक्षण केवल ज्ञान के प्रसारण तक सीमित नहीं है, बल्कि यह मस्तिष्क को जाग्रत करने की प्रक्रिया है।

हर शिक्षार्थी अलग होता है। सीखने की गति, स्मृति, ध्यान और भावनात्मक प्रतिक्रियाएँ हर व्यक्ति के मस्तिष्क की संरचना से आकार लेती हैं। शिक्षक का दृष्टिकोण इस विविधता के अनुरूप होना चाहिए। विद्यार्थी तब तक नहीं सीख सकते जब तक शिक्षक उनका ध्यान आकर्षित न करे। और ध्यानाकर्षण अर्जित करना पड़ता है।

कुछ विद्यार्थियों को साधारण से साधारण विचार को समझने में भी समय लगता है। शिक्षण का कार्य एक प्रकार का प्रयास है विद्यार्थिओं को समझने का। शिक्षण का अर्थ है हिचकिचाने वालों को प्रोत्साहन देना, श्रेष्ठ प्रदर्शन करने वालों को स्थिर करना और बहकते हुए को थाम लेना।

रेखाचित्र बनाना और नकल करना अलग बातें हैं। जब हम चित्र बनाते हैं, तो हमें असंततियाँ मिलती हैं। नकल करने में ये असंततियाँ गायब हो जाती हैं, लेकिन कुछ लोग इन असंततियों के साथ जीना पसंद करते हैं।

आत्मविश्वास और दृढ़ विश्वास थोपे नहीं जा सकते; वे आत्मबोध से उत्पन्न होते हैं। लेकिन केवल आत्मबोध पर्याप्त नहीं है। उसके साथ समान स्तर की बुद्धि भी चाहिए। इच्छा और बुद्धि में असंगति आंतरिक असंतोष को जन्म देती है।

मेरे पेशे ने मुझे यह भी सिखाया है कि हमारे आंतरिक पुरस्कार तंत्र अत्यंत शक्तिशाली हैं। वे हमें ईमानदारी से भटकने नहीं देते, चाहे कोई देख रहा हो या नहीं।

शिक्षक होना मेरे लिए गहरी संतुष्टि का स्रोत है। मैंने सीखा है कि शिक्षक की अपने विद्यार्थियों के प्रति प्रतिबद्धता और विद्यार्थी की अपने शिक्षक के प्रति जिम्मेदारी कक्षा की चारदीवारी से बहुत आगे तक जाती है। यह संबंध ध्यान, विश्वास, जिम्मेदारी और देखभाल पर आधारित है। ये केवल नैतिक विकल्प नहीं हैं, बल्कि न्यूरोलॉजिकल आवश्यकताएँ भी हैं।

कैदी मन

मैं अक्सर सोचता हूँ–कठिन क्या है, याद रखना या भूलना? स्मृति का असफल होना या सफल होना । स्मृति के उद्देश्य अलग-अलग होते हैं। उद्देश्य ही तय करता है कि मस्तिष्क कौन-सा मार्ग चुनेगा।

अल्पकालिक स्मृति वर्तमान सोच का दर्पण है, जो क्षणिक विवरणों को सँभालती है। दीर्घकालिक स्मृति वर्षों के अनुभवों से आकार पाती है–यह विवरण से अधिक सार को सँभालती है। कभी यह धुँधली लगती है।

परंतु अध्ययनों से पता चलता है कि हमारी भंडारण क्षमता अत्यंत विशाल है, और कई दीर्घकालिक स्मृतियाँ आश्चर्यजनक रूप से सटीक रहती हैं।

मुझे अपना बचपन स्पष्ट याद है, लेकिन अक्सर कल की बात भूल जाता हूँ।

हम स्मृति के कैदी हैं। हम स्मृति की अनेक अपूर्णताओं से पीड़ित हैं।

क्षणभंगुरता (Transience): समय के साथ स्मृति धूमिल हो जाती है। समय बीतने पर स्मृति विशेष से सामान्य, तथ्य से अनुमान की ओर खिसक जाती है।

अन्यमनस्कता (Absentmindedness): अक्सर यह "भविष्य स्मृति" की विफलता के कारण होता है। इसी कारण हम छोटे-छोटे कामों को भूल जाते हैं।

अवरोध (Blocking): कुछ बातें जुबान पर तो आती हैं, लेकिन निकल नहीं पाती हैं । प्रायः नामों के साथ ऐसा होता है।

ग़लत-स्रोत स्मृति (Misattribution): किसी स्मृति को गलत स्रोत से जोड़ देना। यही ग़लत गवाहियों का मुख्य कारण है।

प्रवंचनीयता (Suggestibility): भ्रामक जानकारी से स्मृति विकृत हो जाना। यही आरोपित स्मृतियों का बड़ा कारण है।

पक्षपात (Bias): स्मृति को हम बार-बार अनजाने में संपादित और पुनर्लिखित करते हैं। हमारे वर्तमान विश्वास और भावनाएँ अतीत को विकृत कर देती हैं। एक व्यक्ति यदि किसी रिश्ते से मोहभंग हो जाए, तो वह पूरे अतीत को नकारात्मक रंग में देखने लगता है।

स्थायित्व (Persistence): कुछ स्मृतियाँ, विशेषकर भावनात्मक, मिटती नहीं। वे बार-बार लौटकर आती हैं, अक्सर पीड़ादायक ढंग से।

स्मृतियाँ अपने बनने के क्षण में नाज़ुक होती हैं, पर समय के साथ सुदृढ़ हो जाती हैं। एक बार स्थिर हो जाने पर वे यथावत रहती हैं, जब तक उन्हें स्मरण न किया जाए। लेकिन हर स्मरण पुनर्निर्माण होता है, दोबारा चलाया गया चलचित्र नहीं।

स्मृतियों के भावनात्मक असर को पुनःसंदर्भित कर बदला जा सकता है। शोध बताते हैं कि हर बार पुनःस्मरण स्मृति को बदल देता है–कभी-कभी बहुत गहराई से।

वास्तव में, स्मृति को अपरिवर्तित रखने का एकमात्र तरीका है–उसे कभी याद न करना। सबसे सटीक स्मृतियाँ शायद वही हैं जिन्हें कभी दोहराया नहीं गया।

न्यूरोसाइंटिस्ट बताते हैं कि पुनःस्थिरीकरण (reconsolidation) की प्रक्रिया में, स्मृति को याद करने के समय जो नई जानकारी जुड़ती है, वह उसे नया रूप दे देती है। इस प्रकार स्मृति पुराने और नए का कोलाज बन जाती है।

हमारी भावनात्मक स्मृतियाँ–चाहे सुखद हों या दुखद–आमतौर पर बनी रहती हैं। जीवन के अंत के करीब लोग बचपन और शुरुआती रिश्तों की स्मृतियों को बार-बार जीते हैं। जब कोई अपने पुराने घर लौटता है, तो उसे घर की नहीं, उस स्वयं की कमी खलती है जो वहाँ रहा करता था।

कुछ लोग सब कुछ याद रखना चाहते हैं। पर क्या हमें सचमुच सब सँभालकर रखना चाहिए?

आज, जब बाहरी भंडारण असीमित है, हमारी आंतरिक स्मृति की ज़रूरत शायद कम हो गई है। फिर भी भूलने का भय बना रहता है। हम उधार की किताबें पढ़ते हैं, जबकि अपनी किताबें अनपढ़ी रह जाती हैं। हम स्मृति ह्रास की चिंता करते हैं, जबकि जो याद है, उसकी कद्र नहीं करते।

एक मित्र ने एक बार कहा था कि जब भी वह नई कमीज़ खरीदता है, पुरानी त्याग देता है। स्मृति को भी ऐसा ही अनुशासन चाहिए। हर नई स्मृति पुरानी पर पकड़ ढीली करती है। फिर भी हम पकड़ बनाए रखना चाहते हैं। क्योंकि बिना स्मृति मन की कोई कथा नहीं। और बिना उस कथा के, जीवन का कोई अर्थ नहीं।

ममतामयी मन

किसी को इस दुनिया में लाना, और उसे अपनी यात्रा शुरू करने की अनुमति देना साहस और संकल्प की माँग करता है।

एक माँ का जन्म उसी दिन होता है, जिस दिन उसके बच्चे का जन्म होता है।

मनुष्य का मस्तिष्क उनके शरीर के आकार की तुलना में असामान्य रूप से बड़ा होता है। यदि शिशु गर्भ में और अधिक समय तक रहे, तो उसका सिर इतना बड़ा हो सकता है कि जन्म नली से सुरक्षित रूप से बाहर न निकल सके। इसलिए जन्म उस समय होता है, जब मस्तिष्क इतना विकसित हो जाता है कि बच्चा गर्भ के बाहर जीवित रह सके।

लगभग नौ महीने के बाद माँ एक ऐसी चयापचयी सीमा (metabolic threshold) तक पहुँच जाती है, जिसके बाद बढ़ते भ्रूण को पोषण देते रहना असंभव हो जाता है। ये नौ महीने केवल जैविक नहीं होते। ये माँ को उस जीवन से जुड़ने का समय देते हैं, जो उसके भीतर पल रहा होता है–तैयार होने का, सपने देखने का और प्रेम करने का समय।

क्या माँ का अपने बच्चे के प्रति प्रेम प्रसव पीड़ा (birth pangs) पर निर्भर करता है? क्या बच्चे को गोद लेना और जन्म देना दो अलग तरह के अनुभव हैं? क्या माँ बनने के लिए बच्चे को जन्म देना आवश्यक है?

माँ बनना हमेशा जैविक माँ से ही नहीं आता। किसी शिशु के साथ समय बिताने से भी वही मातृत्व भाव विकसित हो सकता है। कोई भी व्यक्ति जो किसी बच्चे का पालन-पोषण करता है, वह माँ है।

क्या गोद लिए हुए बच्चे को, जीन (genes) से हुए अभाव को पूरा करने के लिए, अतिरिक्त प्रेम की आवश्यकता होती है?

एक और दृष्टिकोण यह कहता है कि जो माता-पिता पहले ही जन्म दे चुके होते हैं, वे गैर-जैविक बच्चे के साथ संबंध बनाने के लिए बेहतर स्थिति में होते हैं। उनका मानना है कि जिनके

पास अपना बच्चा है और फिर वे किसी बच्चे को गोद लेते हैं, उनकी गोद लेने की प्रेरणा अलग होती है।

बच्चे को जन्म देना और गोद लेना, संबंध बनाने के दो बिल्कुल अलग तरीके हैं। जैसे कि किसी संगठन की स्थापना करना और किसी संगठन का अधिग्रहण करना, दो अलग अनुभव हैं। जीवन की सच्चाई यह है कि 'सृजन' और 'अर्जन' में फर्क होता है। एक प्रकृति (nature) जैसा है और दूसरा पालन-पोषण (nurture) जैसा।

माँ का अपने बच्चे के प्रति प्रेम वास्तव में आत्म-प्रेम (self-love) है।

माँ और बच्चे के बीच का संघर्ष स्वाभाविक है। यह संघर्ष बच्चे के जन्म से बहुत पहले अवचेतन रूप से शुरू हो जाता है।

व्यवहार वैज्ञानिकों के अनुसार इस 'माता-पिता-संतान संघर्ष' का कारण यह है कि माँ वह सब कुछ नहीं देना चाहती जो बच्चा चाहता है। बच्चा अपनी जीवित रहने की संभावना को अधिकतम करना चाहता है और अपेक्षा करता है कि माँ उसकी सभी माँगें पूरी करे।

प्रकृति ने अवचेतन माँ-बच्चे के संघर्ष को बहुत खूबसूरती से सुलझाया है। यदि माँ और बच्चे के बीच यह समझ हो कि यह संघर्ष स्वाभाविक है, तो किसी भी चेतन या अवचेतन संघर्ष को सुलझाना कठिन नहीं होना चाहिए।

दो प्राणियों के बीच उचित समझ विकसित करने के लिए खुला और आमंत्रित करने वाला वातावरण आवश्यक है। यही मूलभूत मानवीय समझ माँ और बच्चे के बंधन को पर्याप्त रूप से समझाती है। यह बंधन गर्भावस्था के समय ही शुरू हो जाता है और जन्म के बाद भी उतना ही महत्वपूर्ण रहता है। बच्चे के साथ सहानुभूति और उसकी दृष्टि से चीज़ों को देखने की क्षमता, माँ-बच्चे के रिश्ते को और प्रगाढ़ बनाती है।

माँ अपने बच्चे को उसके जन्म से पहले ही जानती है। उसके पास अपने बच्चे को खुश रखने के साधन होते हैं–ये साधन हैं उसके विचार और उसकी भावनाएँ। गर्भावस्था के दौरान भ्रूण माँ की धड़कन को महसूस करता है। यही उसका जीवन, सुरक्षा और प्रेम का मुख्य स्रोत है। माँ की स्थिर धड़कन बच्चे को यह विश्वास दिलाती है कि सब ठीक है। अध्ययनों से पता चला है कि जिन बच्चों को गर्मजोशी और सहारा देने वाली परवरिश मिलती है, वे प्रतिकूल परिस्थितियों से बेहतर तरीके से निपटते हैं और संज्ञानात्मक कार्यों को अधिक दक्षता से पूरा करते हैं।

वैज्ञानिक बताते हैं कि माँ का हृदय नवजात शिशु के हृदय को उत्तेजित करता है और इस प्रकार शिशु के मस्तिष्क, मन और हृदय के बीच संवाद को सक्रिय करता है। यह हृदय-से-हृदय संवाद माँ की भी मदद करता है। यह माँ के भीतर सुप्त बुद्धिमत्ता को जागृत करता है। यह प्रकृति का तरीका है जिससे माँ की बुद्धि हमेशा जाग्रत बनी रहती है।

मानव विकास के लिए स्पर्श आवश्यक है। जन्म के बाद के महत्त्वपूर्ण समय में शिशु के मस्तिष्क में तंत्रिका कनेक्शनों का तीव्र विकास होता है। लगभग दो वर्ष की उम्र तक यह शिखर पर पहुँचते हैं। इस दौरान जीवित रहने और स्वस्थ विकास के लिए सबसे ज़रूरी चीज़ों में से एक है स्पर्श।

नवजात शिशु को यही अपेक्षा होती है कि उसे गोद में लिया जाएगा, सहलाया जाएगा, गले लगाया जाएगा, थपथपाया जाएगा, चूमा जाएगा। "प्रकृति की जन्म-कथा में, माँ की बाँहें ही हमेशा से शिशु का बिस्तर, भोजन, परिवहन, यहाँ तक कि मनोरंजन भी रही हैं।"

माँ और बच्चे का मूलभूत संबंध एक सतत संवाद का परिणाम है, जो अनेक स्तरों पर चलता है–शारीरिक, भावनात्मक, संज्ञानात्मक और सामाजिक। माँ और बच्चे के बीच का बंधन गंध, स्पर्श, चेहरे के भाव, आँखों की हरकतें, शरीर की भाषा,

चुंबन, लोरी, गोद में लेना, माँ की आवाज़ के स्वर से प्रभावित होता है।

माँ के दूध जैसा और कुछ नहीं। यह तरल माँ का गर्व है। यह बच्चे की ज़रूरतों के अनुसार अपना स्वरूप बदल लेता है। माँ अपने नवजात शिशु के लिए जो पौष्टिक द्रव तैयार करती है, वह पोषण का स्रोत होने के साथ-साथ भावनात्मक संतुष्टि और पूर्णता का भी अहसास कराता है। माँ का दूध किसी भी तरह से कृत्रिम रूप से नहीं बनाया जा सकता।

जैसा कि ओलिवर वेंडेल होम्स ने कहा है– "दो सशक्त स्तनग्रंथियाँ, शिशुओं के लिए पौष्टिक द्रव तैयार करने की कला में, किसी विद्वान प्रोफ़ेसर के मस्तिष्क के दो गोलार्द्धों से कहीं अधिक श्रेष्ठ हैं।"

रणक्षेत्रिक मन

युद्ध सबसे पहले संदेहों, इच्छाओं और निर्णयों से लड़ा जाता है। कभी एक नज़र, एक इशारा, या एक ठहराव वह कर देता है, जो तलवारें नहीं कर पातीं।

महाभारत में युधिष्ठिर धर्म से बंधे हैं, पर सत्य के प्रति उनकी अडिग निष्ठा ही उनकी कमजोरी बन जाती है। कृष्ण धर्म को मोड़ते हैं, ताकि बड़े उद्देश्य की पूर्ति हो सके। कृष्ण की कूटनीति, उनकी नैतिक जटिलताएँ, तर्क और भावनात्मक बुद्धिमत्ता– ये सब मिलकर महाकाव्य की मनोवैज्ञानिक, नैतिक और रणनीतिक गहराई को प्रकट करते हैं।

गीता संदेह, समर्पण और जागृति का रणक्षेत्र है। पासे का खेल केवल संयोग नहीं–यह परम मनोवैज्ञानिक युद्ध है। द्रौपदी का धर्म से प्रश्न करना एक रणनीतिक चुनौती है। कर्ण का आंतरिक द्वंद्व–निष्ठा और नैतिक सत्य का युद्ध है।

कभी-कभी बड़े सत्य की रक्षा के लिए नैतिक छल आवश्यक हो जाता है। बड़े अनर्थ को रोकने के लिए भटकाना पड़ता है। ऐसे क्षणों में रणनीति ईमानदारी से अधिक महत्त्वपूर्ण हो जाती है।

मन के खेल–चाहे वे टटोलने के लिए हों, उकसाने के लिए हों, या शांत करने के लिए– उतनी ही मनोवैज्ञानिक दृष्टि माँगते हैं जितनी वैचारिक स्पष्टता। धर्म और छल के बीच, मन की मौन धरती पर असली कूटनीति जीवित रहती है।

रामायण केवल अच्छाई और बुराई का टकराव नहीं है। यह जटिल भावनात्मक परिदृश्य है–जहाँ कर्तव्य, शक्ति, प्रेम और अहंकार सतह के नीचे टकराते हैं। मंथरा कैकेयी के मन में असुरक्षा का ज़हर घोल देती है। रावण छल से सीता को लुभाता है–भेष और मनोवैज्ञानिक प्रलोभन के सहारे। विभीषण का संघर्ष बाहरी नहीं है–यह निष्ठा और धर्म का युद्ध है। उसकी बग़ावत बुद्धि और अंतःकरण का मौन खेल है। राम का कभी-कभी मौन रहना धर्म से लदा हुआ है।

कूटनीति सबसे मान्य मन का खेल है। यहाँ मौन घोषणाओं से अधिक बोलता है। अक्सर धारणा ही सत्य पर भारी पड़ती है। वे जानते हैं–कब बोलना है, कब चुप रहना है, और कब प्रश्न करना है। वे होंठों से पहले आँखों को पढ़ते हैं।

एक राजनयिक शांति का प्रस्ताव भी लाता है और मौन चेतावनी भी। उसके शब्द एक पक्ष को दिलासा देते हैं, दूसरे को उलझाते हैं, और दोनों से अपना असली आशय छुपाते हैं।

कूटनीति में, जो नहीं कहा गया है, वही अक्सर सबसे अधिक शक्ति रखता है।

"होबे ना" मन

कुछ लोग हमेशा शिकायत दर्ज़ करने को तैयार रहते हैं, उनके पास हमेशा वजह होती हैं कि उन्हें सौंपा गया काम क्यों नहीं हो सकता।

संशय और निंदकता "होबे ना" संस्कृति को जन्म देते हैं। संशय व्यवहारिकता पर सवाल उठाता है, और कभी-कभी यह रचनात्मक आलोचना का कारण बन सकता है। लेकिन जब संशय लगातार संदेह में बदल जाता है, तो यह जड़ता को बढ़ावा देता है। निंदकता सीधे तौर पर प्रयासों को नकार देती है। यह पहल को हतोत्साहित करती है और निष्क्रियता की संस्कृति को मजबूत करती है। "होबे ना" मानसिकता और परिवेश, दोनों का मिश्रण है।

नौकरशाही की अड़चनें और झूठे वादे हर जगह मिलते हैं, पर कुछ जगहों पर वे बहाने बन जाते हैं, न कि चुनौतियों को पार करने की प्रेरणा।

कुछ लोग न मानने में ही गर्व महसूस करते हैं। वे "समझ लेते हैं" बिना समझे, यह मानकर कि परिणाम पहले से तय है। यह ऐसी मानसिकता है जहाँ काम न करना ही अनुभव का प्रतीक समझा जाता है।

काम के प्रति आचरण में अनुरूपता बेहद संक्रामक है। वही व्यक्ति जो एक जगह काम से कतराता है, दूसरी जगह पर सहज ही काम में लग सकता है।

पहली नज़र में "होबे ना" पराजयवादी लगता है। यह प्रस्तावों को ठुकराता है, महत्वाकांक्षाओं की हवा निकाल देता है। लेकिन यह दृष्टिकोण सिर्फ निंदकता नहीं है; यह कठोर संशयवाद है, जो लंबी ऐतिहासिक परतों से उपजा है–औपनिवेशिक दमन, अर्जित बौद्धिकता का बोझ, और आधुनिकता की निराशाएँ। नहीं। शायद "होबे ना" बुद्धि और शक्ति की असमानता की संतान है।

यह वह संस्कृति है जहाँ खाका ही काफी है, और परिपूर्ण योजना कल तक टाली जा सकती है।

न्यूनतम मन

दो बिंदुओं के बीच की सबसे छोटी दूरी सीधी रेखा होती है, लेकिन हम अक्सर इस साधारण ज्यामितीय निर्देश का पालन करने में असफल हो जाते हैं। ऐसे कौन से प्रलोभन हैं जो हमें सीधी राह छोड़कर टेढ़े-मेढ़े रास्तों पर ले जाते हैं?

हमारी इच्छाएँ हमेशा हमारी आवश्यकताओं से अधिक होती हैं। हम अपनी इच्छाओं को पूरा करने की इतनी जल्दी में रहते हैं कि यह भूल जाते हैं कि उन इच्छाओं की पूर्ति के लिए हम कौन-सी रेखा या वक्र पर चल रहे हैं। आर्थिक मजबूरी भी एक बड़ा कारण है, जो हमें सीधी राह से भटका देती है। कुछ लोग बुरे पैसे कमाने के लालच से खुद को रोक नहीं पाते।

हम सभी न्यूनतम प्रयास करके अधिकतम पाना चाहते हैं। इसमें बुराई नहीं है, लेकिन समस्या तब आती है जब हम शॉर्टकट अपनाने लगते हैं। ज़्यादातर मामलों में हम धोखा खाते हैं क्योंकि हम धोखा खाना चाहते हैं। हम जान-बूझकर या अनजाने में धोखाधड़ी की प्रक्रिया के साझेदार बन जाते हैं। परिस्थितिजन्य दबाव हमें असंगत आचरण करने पर मजबूर कर देते हैं।

हम सब आदर्शवादी बनना पसंद करते हैं। लेकिन जब समस्या हमारे करीब आती है, खासकर जब वह हमें व्यक्तिगत रूप से प्रभावित करती है, तो हम डगमगा जाते हैं।

गुरुजनों ने टेढ़ी सोच पर चलने के कुछ गुरुमंत्र बताए हैं। इनमें शामिल हैं: भावनात्मक शब्दों और हावभाव का प्रयोग करके अनुचित ध्यान पाना, तुच्छ बातों पर ज़ोर देकर महत्वपूर्ण को नज़रअंदाज़ करना, विरोधी की बात को तोड़-मरोड़ कर

अप्रासंगिक मुद्दों पर ले जाना, ऐसे तर्क की तार्किक शुद्धता दिखाना जिसके आधार झूठे हों, छद्म-तकनीकी शब्दावली का प्रयोग कर झूठी योग्यता दिखाना, सवालों से विरोधी से हानिकारक स्वीकारोक्ति निकलवाना, जानबूझकर विरोधी को गुस्सा दिलाना ताकि वह गलत तर्क दे, आदि।

विवाद पैदा करना भी टेढ़ी सोच का एक रूप है। गुरुजनों ने विवाद की कुछ रणनीतियाँ बताई हैं: हारने पर भी जीत का दावा करना, बीच में बाधा डालना या विवाद को भटका देना, विरोधी के तर्क का उतना ही खराब प्रतितर्क देना, उसे उसकी बात को बढ़ा-चढ़ाकर कहने के लिए उकसाना, तर्क के बजाय प्राधिकार का हवाला देना, आदि।

यह याद रखना उपयोगी है कि जब समस्याएँ तर्क से बड़ी होती हैं तो सीधी राह का हल संभव नहीं होता। केकड़े को सीधा चलना सिखाना मुश्किल है। इसलिए केकड़ों से सावधान रहें। अगर यह संभव न हो, तो केकड़ों के तरीक़े सीख लें।

सत्यनिष्ठ मन

हम आदतन झूठ बोलते हैं, और अपनी सुविधा अनुसार झूठ का खेल खेलते हैं। झूठ बोलना अक्सर तनावपूर्ण होता है, और झूठ का बचाव करना आसान नहीं होता। हम तब भी झूठ बोलते हैं जब कोई प्रत्यक्ष लाभ नहीं होता। हम दूसरों के सम्मान में भी झूठ बोलते हैं।

लगता है कि सभी कल्पनाशील लोगों को झूठ बोलने का अनुभव बहुत संतोषजनक लगता है। उन्हें यह बहुत रोमांचक लगता है कि वे झूठ बोलकर लोगों को प्रभावित कर सकते हैं।

हम अपने को पुनः गढ़ने के लिए झूठ बोलते हैं। शायद हमारा 'लगातार खालीपन का अहसास' हमें झूठ बोलने की ओर प्रेरित करता है। झूठ हमें वह बनने देता है जो हम नहीं हैं।

महाभारत में अश्वत्थामा नाम का हाथी मारा गया था। यह अफ़वाह फैलाई गई कि द्रोण का पुत्र (जिसका नाम भी अश्वत्थामा था) मारा गया है। द्रोण ने इस अफ़वाह की सच्चाई युधिष्ठिर से जाननी चाही। युधिष्ठिर ने कहा कि अश्वत्थामा मर गया (उन्होंने धीरे से 'हाथी' भी कहा)। यह सुनकर द्रोण ने अपने हथियार डाल दिए। द्रौपदी के भाई ने, जो द्रोण को मारने के अवसर की प्रतीक्षा कर रहा था, उसका सिर काट दिया।

युधिष्ठिर ने झूठ भी बोला, और नहीं भी बोला।

हर कोई अच्छा झूठा नहीं बन सकता। पेशेवर झूठा इस कला में निपुण हो जाता है कि झूठ, पूरा झूठ और सिर्फ़ झूठ को इस तरह कहे जैसे वह सच, पूरा सच और सिर्फ़ सच लगे।

किसी सत्य का 'सत्यनिष्ठ' वर्णन करने के कई तरीके होते हैं। कोई व्यक्ति परिस्थिति का वर्णन उस पहलू पर ज़ोर देकर कर सकता है जो उसके दृष्टिकोण के अनुकूल हो। बिना झूठ बोले भी ग़लत तस्वीर प्रस्तुत की जा सकती है। यदि इरादा धोखा देने का है, तो भले ही वाक्य झूठ न हो, उसे 'सत्य से किफ़ायत' के साथ कहा जा सकता है।

अक्सर पूरे सत्य को जानना कठिन होता है। सत्य की दो विशेषताएँ हैं – शुद्धता और ईमानदारी। सत्य को शुद्धता चाहिए, लेकिन 'पूरा सत्य' कई 'आंशिक सत्यों' का योग है। जब तक सत्य के सभी हिस्से उपलब्ध न हों, सत्य 'पूरा' नहीं हो सकता। और जैसा किसी ने कहा है, पूरा सत्य कहने के केवल दो ही तरीके हैं – गुमनाम होकर या मृत्यु के बाद।

सत्यनिष्ठा अक्सर इस बात पर निर्भर करती है कि क्या छुपाना उचित है।

क्या हमेशा वही कहना चाहिए जो कोई वास्तव में मानता है? एक समाजशास्त्री की सलाह है: स्थिति के अनुसार वही कहना चाहिए जो कहा जाना आवश्यक है।

गपशप मन

गपशप – हमें यह पसंद न भी आए, हम इसकी निंदा करें, फिर भी इससे बच नहीं सकते। यह नीरसता से राहत देती है। हम हर जगह मौजूद नहीं रह सकते, पर हमें हर जगह क्या हो रहा है यह जानना होता है।

एक गपशप करने वाला बिना झिझक दूसरों के निजी क्षेत्रों में घुसपैठ कर जाता है। उनकी प्रतिष्ठा दूसरों के निजी जीवन तक उनकी पहुँच और उनकी संभावनाओं पर टिकी होती है। जितनी अंतरंग जानकारी, उतनी ही मज़बूत उनकी स्थिति सामाजिक खाद्य श्रृंखला में।

हम गपशप में काफी समय और ऊर्जा लगाते हैं। औसतन, हम दिन में 6 से 12 घंटे बातचीत में बिताते हैं; उसमें से गपशप कहीं एक-पाँचवे हिस्से से लेकर दो-तिहाई हिस्से तक जगह ले लेती है।

यह एक मिथक है कि महिलाएँ ही ज़्यादा गपशप करती हैं। जिसे महिलाएँ 'किटी पार्टी की बातें' कहती हैं, पुरुष उसे 'नेटवर्किंग' या 'विचार-विनिमय' का नाम दे देते हैं। धारणा अलग है, पर कार्य समान।

गपशप कई भूमिकाएँ निभाती है – सूचना जुटाने और फैलाने से लेकर मनोरंजन और आराम तक। यह अजनबियों या आकस्मिक परिचितों के बीच कम ही होती है। गपशप अंदरूनी लोगों का विशेषाधिकार है।

सिर्फ़ बेमकसद बातें ही नहीं, गपशप जटिल सामाजिक रिश्तों को जोड़ने में मदद करती है। इसके ज़रिए हम व्यवहार को परखते हैं, प्रतिक्रियाएँ तय करते हैं और सामाजिक धरातल पर रास्ता बनाते हैं। गपशप के बिना, सिर्फ़ सन्नाटा होता, अज्ञान होता – शायद अव्यवस्था भी।

अड्डाबाज मन

अड्डा हर किसी के लिए ज़रूरी है, चाहे वह बड़ा हो या छोटा। अगर आपको अड्डा पसंद नहीं है, तो आप इंसान से प्यार नहीं करते।

अड्डा में हर तरह के विषयों पर गरमा गरम चर्चाएं होती हैं। इनमें फालतू की गपशप से लेकर गंभीर बौद्धिक चर्चा तक शामिल होती हैं। अड्डा सत्र के लिए कोई भी पहले से तैयारी करके नहीं आता। अड्डा के लिए पसंदीदा जगहें हैं नुक्कड़, चबूतरा, ढाबा, कॉलेज कैंटीन, कॉफी हाउस, और कोई भी ऐसी जगह जहां चार से ज्यादा लोग बैठ सकें।

अड्डा हर उम्र का हमसफर है। एक 'अड्डा बाज़' हमेशा जवान रहता है। अगर अड्डा की भावना मर गई, तो भारतीय पहचान भी मर जाएगी। हालाँकि बंगाली लोग अपने अड्डा सत्रों के लिए मशहूर हैं, फिर भी अड्डा को सभी तरफ से सहयोग की ज़रूरत है। एक साहित्यकार ने सही ही सुझाव दिया है कि सभी बहुमंजिला इमारतों में एक अलग 'अड्डा कमरा' होना चाहिए।

बुद्धदेव बोस अड्डा के बहुत बड़े समर्थक थे। उनका मानना था, "अड्डा पूरे भारत की चीज़ है, लेकिन यह बंगाल की नम और कोमल ज़मीन में ही पूरी तरह से खिल पाता है... अगर हम इसे 'हिंदू' रूप देकर 'सभा' कहें, तो यह अपना सब कुछ खो देता है। अगर हम इसे 'अंग्रेज़ी' रूप देकर 'पार्टी' कहें, तो हम इसकी भावना को ही मार डालते हैं... अगर मुझे

किसी 'सभा' में जाना पड़े, तो मेरा दिल काँप उठता है; 'पार्टी' का नाम सुनते ही मैं भाग खड़ा होता हूँ; लेकिन अड्डा? मैं इसके बिना जी ही नहीं सकता।"

ज़रा देखिए कि बुद्धदेव बाबू ने अड्डा को किस तरह लोकतांत्रिक बनाया। "अड्डा में हर किसी का दर्जा बराबर होना चाहिए... अगर वहाँ कोई ऐसा व्यक्ति मौजूद हो जिसका दर्जा इतना ऊँचा हो कि हम उसकी शान-शौकत को कभी भूल ही न पाएँ, तो हम उसके पैरों के पास भक्तों की तरह तो बैठ सकते हैं, लेकिन उसे हमारी मौज-मस्ती में शामिल होने का न्योता नहीं दिया जा सकता। इसी तरह, अगर कुछ लोग ऐसे हों जिनका मानसिक स्तर दूसरों के मुक़ाबले काफ़ी नीचे हो, तो उन्हें भी इस महफ़िल से बाहर ही रखना चाहिए; और यह उनके लिए भी ज्यादा आरामदायक रहेगा।"

नृपेंद्र कृष्ण चट्टोपाध्याय ने एक 'अड्डा बाज़' का बहुत ही मजेदार और हास्यपूर्ण वर्णन किया है। "प्रत्येक अड्डे का एक केंद्रीय व्यक्तित्व होता है...एक ऐसी दुनिया में एक स्थिर केंद्र की तरह जो अन्यथा अशांत है। उसके पास जाने के लिए कोई कार्यालय नहीं है...उसका एकमात्र काम अड्डे को रोशन करने वाले देवता की स्थिर छवि की तरह वहां बैठना है...कलकत्ता की सड़कें पानी के नीचे हो सकती हैं,...जापानी ने कुछ बम गिराए होंगे, लेकिन हर अड्डा बाज को यह जानने का आश्वासन है कि अड्डे पर कम से कम एक व्यक्ति मौजूद होगा। और वह व्यक्ति अड्डा धारी है।"

सत्येन्द्र नाथ बोस और सैय्यद मुजतबा अली अपने मित्र मंडली में 'अद्दार राजा' और 'अद्दा चक्रवर्ती' के नाम से जाने जाते थे। दुर्भाग्य से, हर कोई Adda को महत्व नहीं देता। नीरद चौधरी ने अड्डा में "बंगाली चरित्र और विचार में एक गहरी और निरंतर अस्वस्थता का लक्षण" देखा। उनका मानना था कि "कलकत्ता के मूल निवासियों की मजबूत झुंड प्रवृत्ति ने पारिवारिक

जीवन को लगभग नष्ट कर दिया है। अफ़सोस की बात है कि इस 'अज्ञात भारतीय' को अड्डा में कोई गुण नज़र नहीं आया ।

एक सुंदर मन

एक सुंदर मन को एक शिक्षक और एक मार्गदर्शक–दोनों की आवश्यकता होती है:

ज्ञान के लिए शिक्षक, और प्रज्ञा (बुद्धिमत्ता) के लिए मार्गदर्शक।

एक सुंदर मन दोनों को संजोता है।

ज्ञान दरारों को भरता है।

प्रज्ञा पत्थर-सी अस्तित्व को सुंदर बनाती है।

ज्ञान दूसरो के मन पढ़ने की कोशिश करता है।

प्रज्ञा दूसरे मनों के साथ घुलने की कोशिश करती है।

ज्ञान हमें अलग-अलग बिंदुओं तक ले जाता है।

प्रज्ञा भिन्न दृष्टिकोणों में सामंजस्य लाती है।

ज्ञान झूलन देता है।

प्रज्ञा संतुलन।

ज्ञान दिखावे की ओर झुकता है।

बुद्धि दिखावे के बोझ को हल्का करती है।

ज्ञान दृश्य को देखता है।

प्रज्ञा अदृश्य को महसूस करती है।

ज्ञान संबंधों को महत्व देता है।

प्रज्ञा अक्सर वहीं शुरू होती है जहाँ संबंध समाप्त होते हैं।

ज्ञान अनिश्चित है।

प्रज्ञा पूर्वानुमेय।

ज्ञान भेद करता है।

प्रज्ञा समाहित करती है।

ज्ञान विभाजन करता है।

प्रज्ञा एकीकरण करती है।

ज्ञान प्रतिस्पर्धा को सहारा देता है।

प्रज्ञा सहयोग को बढ़ावा देती है।

ज्ञान विशफुल थिंकिंग में विकसित होता है।

प्रज्ञा संतुलित आशावाद का अभ्यास करती है।

ज्ञान आदर्शवाद की ओर झुकता है।

प्रज्ञा यथार्थ में टिकती है।

ज्ञान संदेह करता है।

प्रज्ञा विश्वास करती है।

ज्ञान स्वीकृति चाहता है।

प्रज्ञा गुमनामी चुनती है।

ज्ञान परिस्थितियों के अनुसार फैलता-सिकुड़ता है।

प्रज्ञा वही देती है जो वादा करती है।

ज्ञान के पास पंख हैं।

प्रज्ञा हमें ज़मीन पर चलना सिखाती है।

एक हमें दैनिक ज्ञान का संचय सिखाता है।

दूसरा हमारे दैनिक विचारों को परिष्कृत करता है।

एक सुंदर मन, इन दोनों का संतुलन है।

कृतज्ञ मन

दान केवल सहायता नहीं, कृतज्ञता है, जिसे प्रतिष्ठा ने लपेट रखा होता है।

कुछ संस्थान अपने पूर्व छात्रों से उदार दान पाते हैं, हमेशा इसलिए नहीं कि उन्हें उदारता की सबसे अधिक आवश्यकता है, बल्कि इसलिए कि वे उनकी पहचान बनती हैं। इस दान में प्रतिष्ठा हैं, अपनापन हैं।

ये संस्थान केवल शिक्षा के स्थान नहीं, ब्रांड हैं, नेटवर्क हैं।

पूर्व छात्र दान करते हैं अपनी आस्था को जीवित रखने के लिए, उस उत्कृष्टता की निरंतरता में, जिसने उन्हें गढ़ा और सँवारा।

पर नींव रखने वाले विद्यालय भी जीवन गढ़ते हैं। उन्हें वे ही लोग सहारा देते हैं, जो "नींव" का अर्थ समझते हैं।

यहाँ भी कृतज्ञता है, पर वह उतनी दिखाई नहीं देती, न उतनी सराही जाती है, न उतनी संस्थागत होती है।

कुछ संस्थानों को दिया गया दान, पहचान का विस्तार है।

नींव रखने वाले संस्थानों को दिया गया दान, स्मृति का विस्तार है।

एक वहाँ देता है जहाँ वह उठा, दूसरा वहाँ देता है जहाँ वह शुरू हुआ।

हम उन इमारतों को दान देना पसंद करते हैं जिन्होंने हमें चमकाया, पर उन कमरों को भूल जाते हैं जिन्होंने हमें बनाया।

आवश्यकता धन को आकर्षित नहीं करती, प्रतिष्ठा करती है।

यहीं से कई संरचनात्मक सच्चाइयों का जन्म होता है।

कुछ दूरियाँ केवल विचारों में ही तय होती हैं

विकासवादी मनोविज्ञान बताता है कि व्यक्तिगत मान्यता और सामाजिक स्वीकृति हमारे विकास और मानसिक संतुलन में महत्वपूर्ण भूमिका निभाती हैं। हम पहचान इसलिए चाहते हैं कि हमें अपने होने का एहसास मिले, और अलग दिखना इसलिए चाहते हैं कि हमारी पहचान बनी रहे।

फिर भी, हमारा काफी मात्रा में सोचना बिना किसी आवश्यकता या उद्देश्य के होता है। मन स्वतंत्र रूप से भटकता है। हम अपनी ही उड़ान की लय में आनंद पाते हैं। हमारी आशाएँ अपनी सीमाएँ जानती हैं। छोटी-सी उड़ान भी तृप्ति दे जाती है।

अधिकांश क्षण उन क्षणों से आकार लेते हैं जो उनसे पहले आए। अतीत वर्तमान में समा जाता है और नए अर्थ रचता है। कुछ दूरियाँ केवल विचारों में ही तय हो जाती हैं।

कभी-कभी हम अपने ही सामने बैठते हैं और प्रश्न करते हैं। कुछ प्रश्न परखते या जज नहीं करते–वे उजाला करते हैं। वे छिपे हुए को सामने लाते हैं।

हमें किससे पूछना चाहिए–उनसे जो जानते हैं, या उनसे जो नहीं जानते?

जो जानते हैं, वे स्पष्टता और दिशा देते हैं। जो नहीं जानते, वे जिज्ञासा और नए दृष्टिकोण देते हैं। अक्सर, सही तरह की अज्ञानता से ही ज्ञान का जन्म होता है। कभी-कभी अज्ञानता भी साथी बन जाती है।

हम असहज प्रश्नों से बचते हैं और टकराव से कतराते हैं। परंतु सावधानी से किया गया सामना हमें पूर्णता देता है। छोड़ देना कमजोरी नहीं है। हर दूरी को पाटना आवश्यक नहीं होता।

हर प्रश्न उत्तर नहीं माँगता। कुछ प्रश्न मूल्यांकन के लिए नहीं होते; वे जिज्ञासा, आश्चर्य या संबंध व्यक्त करते हैं।

शिक्षक अक्सर अच्छे विद्यार्थियों से अच्छे प्रश्नों की अपेक्षा करते हैं। पर गहरे प्रश्न अक्सर हाशिए से आते हैं। हमारी शिक्षा प्रणाली प्रदर्शन को जिज्ञासा से अधिक महत्व देती है। सामान्य आवाज़ अक्सर अनसुनी रह जाती है।

मैंने ऐसे अंशकालिक, अप्रशिक्षित शिक्षक को देखा है जो अधिकार और प्रदर्शन के दबाव से मुक्त होकर, सह-शिक्षार्थी बनकर आते हैं।

सोचना मन का मूल कार्य है। यह समय-सारिणी का पालन नहीं करता। एक परिपक्व विचार बनने में समय लगता है।

कभी-कभी हम उस जीवन के लिए तरसते हैं जिसे हमने कभी जिया ही नहीं। कोई अनजाना शहर कभी कभी अपना-सा लगता है। हम अपने ऐसे रूप की कल्पना करते हैं, जो हम कभी थे ही नहीं। हम उस चीज़ को भी याद करते हैं, जो हमारे पास कभी थी ही नहीं।

शायद कुछ चीज़ें हमारे पास आने से पहले ही हमारी होती हैं, समझ से पहले ही। लगता है, मन अपना काम जन्म से पहले ही शुरू कर देता है।

पर्याप्त की कठिनाई

साधारण होना आसान नहीं है, विशेषकर उसके लिए जिसने कभी स्वयं को साधारण माना ही नहीं।

वर्षों तक मैं एक आत्मविश्वास के साथ जीता रहा, एक गैस के गुब्बारे की तरह, हल्का, तैरता हुआ।

उसने मुझे दूर तक पहुँचाया, कभी-कभी मेरी क्षमता के बाहर।

अब जीवन के इस पड़ाव पर आसमान तो वही है, पर मेरी पहुँच सीमित हो गई है।

अब भी कुछ काम हैं जो मैं करना चाहता हूँ।

न आवश्यकता के कारण, बल्कि इसलिए कि मन को याद है अपना वह रूप जो किसी सीमा को नहीं जानता था।

कागज़ पर यह इच्छा सराहनीय लगती है,

पर व्यवहार में यह मेरा साथ नहीं देती।

संतोष का अर्थ छोटा हो जाना नहीं है, न ही भीतर की बेचैन आवाज़ को दबाना। यह है

अपनी ऊर्जा को वहाँ लगाना जहाँ वह अब भी आकार ले सके।

यदि मैं अनंत ऊँचाइयों तक नहीं उठ सकता,

तो मुझे यह सीखना होगा कि कहाँ ठहरना है।

और उस चुनी हुई ज़मीन पर, यह साबित करने के लिए नहीं कि मैं अब भी उड़ सकता हूँ,

बल्कि यह समझने के लिए कि अब क्या संभव है, जब मुझे उड़ने की आवश्यकता नहीं रही।

मन रे तू काहे न धीर धरे

मन रे तू काहे न धीर धरे
बुद्धि बनी है यंत्रों की भाषा,
भावों का घर तू ही तो है।

वे गणना में पारंगत हैं,
अनुभव का स्वर तू ही तो है।

तेरी गहराई में जीवन है,
तेरी उलझन में स्पंदन है।

जहाँ कृत्रिमता ठहर जाती है,
वहीं सृष्टि जन्म लेती है।

कृत्रिम बुद्धिमत्ता के बीच,
तू मानवता का हृदय बने।

वैज्ञानिक मन

विज्ञान के विकास के कारण सामाजिक सोच में काफी परिवर्तन आया है। चूँकि विज्ञान तर्क और कल्पना का मिश्रण है, उनके बीच असहमति की सम्भावना बनी रहती है। कोई भी ज्ञान पूर्ण नहीं होता है। त्रुटि सुधार विज्ञान का अभिन्न अंग है। रोज़मर्रा की सोच को परिष्कृत करने के लिए वैज्ञानिक भावना और मानवतावाद के बीच संश्लेषण आवश्यक होता है। विज्ञान के बारे में आम आदमी को शिक्षित करना एक वैज्ञानिक का कर्तव्य है। अल्बर्ट आइंस्टीन का सोचना था कि अधिकांश मौलिक विचार अनिवार्य रूप से सरल होते हैं और एक नियम के रूप में सभी के लिए समझ में आने वाली भाषा में व्यक्त किये जा सकते हैं। वैज्ञानिकों से अपेक्षा की जाती है कि वे अपनी कहानियों को सरल और सहज तरीके से बताएं।

हम आमतौर पर अपने लक्ष्यों और जरूरतों, ज्ञान और योग्यता, मूल्यों और बिश्वास को साथ लेकर अपने निर्णय लेते हैं। चुनौतियों में शामिल हैं वैज्ञानिक साक्षरता, आम लोगों के साथ ओपचारिक रूप में जुड़ने की अक्षमता, सार्वजानिक विवादों में वैज्ञानिक संवाद का अभाव। विवाद विज्ञान सम्बंधित मान्यताओं और हितों के टकराव के कारण होते हैं। अनिश्चितता से उत्पन्न विवाद कभी कभी शोषण और विशेष हितों की रक्षा का रूप धारण कर लेते हैं। वैज्ञानिक साक्ष्यों में स्पष्ट जानकारी न होने के कारण प्रभावशाली व्यक्तियों की आवाज़ एक सार्वजनिक बहस का रूप धारण कर लेती है। संचार के नये तरीके तेज़ी से उभर रहे हैं। ये विज्ञान संचारकों के लिये नये अवसर प्रस्तुत कर रहे हैं। हमे विज्ञान प्रसार के लिये नैतिक पत्रकारों की अधिक से अधिक आवश्यकता है।

अज्ञानता, संदेह और अनिश्चितता वैज्ञानिक जाँच के महत्वपूर्ण अंग हैं। रिचर्ड फेनमैन ने कहा, वैज्ञानिक ज्ञान निश्चितता की अलग-अलग डिग्री के बयानों का एक समूह है- कुछ सबसे अनिश्चित, कुछ लगभग निश्चित, कोई भी बिल्कुल निश्चित नहीं। फेनमैन कहते हैं, प्रगति विचारों की स्वतंत्रता का फल है। स्वतंत्रता हमें जिम्मेदारी सिखाती है।

पिछले 300 सालों में हमने दुनिया को बदलते देखा है। इन वैज्ञानिक खोजों के विवरण वेब पेजों पर उपलब्ध हैं। यह हमें बताती हैं कि हम समय के साथ कैसे बदल गए। इस सूची में शामिल हैं प्लैंक की ऊर्जा की क्वांटम प्रकृति की खोज, मार्कोनी के रेडियो सिग्नल, राइट ब्रदर की उड़ान, आइंस्टीन का सापेक्षता का विशेष और सामान्य सिद्धांत, सिफलिस के लिए एर्लिच का इलाज, फोर्ड की चलती असेंबली लाइन, रदरफोर्ड और बोहर की परमाणु संरचना की खोज, इंसुलिन की खोज इत्यादि । टेलीविजन का विकास, बिग बैंग सिद्धांत, हाइजेनबर्ग की अनिश्चितता सिद्धांत, फ्लेमिंग की पेनिसिलिन की खोज, हबल का ब्रह्मांड का विस्तार, नायलॉन का आविष्कार, फर्मी की नियंत्रित परमाणु प्रतिक्रिया, परमाणु बम का विस्फोट, रेडियोकार्बन डेटिंग, ट्रांजिस्टर का आविष्कार, साल्क पोलियो वैक्सीन, डीएनए की संरचना की खोज, गुर्दा प्रत्यारोपण, अपोलो का चंद्रमा पर उतरना, सीटी स्कैन और एमआरआई का आगमन, पर्सनल कंप्यूटर, चेचक का उन्मूलन, एड्स , इंटरनेट और वर्ल्ड वाइड वेब ने हमारी जीवन शैली बदलने में सहायता की।

पिछले एक दशक में, हमने ऐसी खोजें देखी हैं जिनका हमारे भविष्य पर बहुत बड़ा प्रभाव पड़ेगा। आमतौर पर लोग सोचते हैं कि विज्ञान ने उनके जीवन को आसान बना दिया है। कुछ लोगों को लगता है कि विज्ञान उनके जीवन को बहुत तेजी से बदल रहा है। वे सोचते हैं कि वैज्ञानिकों को सार्वजनिक जीवन में अधिक सक्रिय भूमिका निभानी चाहिए। आम तौर पर, कुछ

विशेष मुद्दों के बारे में आम लोगों के विचार भिन्न होते हैं, जैसे आनुवंशिक रूप से संशोधित भोजन, वैक्सीन सुरक्षा और जलवायु परिवर्तन। वैज्ञानिकों को लगता है कि जीएमओ सुरक्षित हैं, लेकिन आम जनता अभी तक इतनी आश्वस्त नहीं है। स्थिति तेजी से बदल रही है, क्योंकि वैज्ञानिक आम जनता की नज़र में अधिक विश्वसनीय होते जा रहे हैं। मेरा विश्वास है कि वैज्ञानिकों को अपनी खोजों को अधिक सुसंगत तरीके से आम जनता के साथ साझा करना चाहिए। एक अध्ययन में पाया गया है कि वैज्ञानिक रूप से जागरूक नागरिक अपने निजी जीवन में बेहतर निर्णय लेने की अधिक संभावना रखते हैं।

हमारी रोजमर्रा की सोच को परिष्कृत करने के लिए वैज्ञानिक भावना और मानवतावाद के बीच संश्लेषण आवश्यक है। पिछली सदी में विज्ञान ने बहुत प्रगति की है। इस विकास के कारण विज्ञान और समाज के बीच संबंध काफी हद तक बदल गए हैं। दूसरे शब्दों में, विज्ञान ने हमारे समाज की सोच को बदल दिया है। इसने समाज को और अधिक जैविक बना दिया है और कई पारंपरिक मान्यताओं को दूर कर दिया है। इसने हमें एक अद्‌भुत शब्दावली भी दी है, और, जैसा कि जॉन पोलानी लिखते हैं, ऐसी शब्दावली तैयार करना असंभव है जिसके साथ कोई केवल अच्छी बातें कह सकता है।

अक्सर, कई वैज्ञानिकों को वैज्ञानिक अवधारणाओं का सरल भाषा में अनुवाद करना मुश्किल लगता है। मीडिया एक महत्वपूर्ण भूमिका निभा सकती है । यह भी सच है कि आम जनता बहसों में अधिक रुचि रखती है। वैज्ञानिकों से अपेक्षा की जाती है कि वे अपनी सहकर्मी-समीक्षित (peer reviewed) प्रकाशन से ऊपर उठे। कई वैज्ञानिक अपने समुदाय से बाहर के लोगों के साथ जुड़ने से हिचकते हैं, क्योंकि उन्हें लगता है कि यह जिम्मेदारी उनके काम के दायरे में नहीं आती है।

कुछ लोगों का मानना है कि वैज्ञानिक अक्सर अपने सिद्धांतों को आम आदमी पर थोपने की कोशिश करते हैं। वैज्ञानिकों की

'आइवरी टावर' मानसिकता कुछ के लिए चिंता का विषय है। वे कहते हैं कि वैज्ञानिक केवल प्रकृति के नियमों को समझने में रुचि रखते हैं। वे सामान्य मानवीय मामलों के बारे में कम चिंतित रहते हैं। वैज्ञानिक बैठकों का डिजाइन विज्ञान संचार का एक महत्वपूर्ण हिस्सा है। ऐसे बैठकों में सहयोग अंकुरित होता है। इन बैठकों को आयोजित करने के लिए सुरम्य स्थान जरूरी नहीं है।

शायद, वैज्ञानिक दूसरों की तुलना में, जीवन में मौजूद सकारात्मकताओं का अधिक आनंद लेते हैं। वे, शायद, सकारात्मक घटनाओं और उनके आसपास के अवसरों के लिए बेहतर प्रतिक्रिया देते हैं। शायद, वैज्ञानिक गुलाबी रंग का चश्मा (rose-tinted glasses) ज्यादा बेहतर पहनते हैं। वैज्ञानिकों को स्वायत्तता पसंद है। समाज ने उन्हें बहुत अधिक स्वायत्तता प्रदान की है। समाज भी उनसे यह समझने की अपेक्षा करता है कि स्वायत्तता का अर्थ जिम्मेदारी भी है। वैज्ञानिकों को यह समझने की जरूरत है कि स्वायत्तता में जवाबदेही भी शामिल है।

एक वैज्ञानिक अपने आप से कुछ प्रश्न पूछता है। फिर वो उन प्रश्नों के उत्तर खोजने की कोशिश करता है। किसी भी प्रश्न का कभी भी पूरा उत्तर नहीं मिलता है। उत्तर की पूर्णता की तलाश में वो अन्य वैज्ञानिकों के पास जाता है। और इस प्रकार से विज्ञान का आगे बढ़ने का क्रम चलता रहता है । समाज वैज्ञानिक प्रगति का अभिन्न अंग है। विज्ञान और समाज एक दूसरे के पूरक हैं। हर किसी को वैज्ञानिक बनने की आवश्यकता नहीं है लेकिन हर किसी को वैज्ञानिक मानसिकता की आवश्यकता है।

सामाजिक प्रासंगिकता के कारण वैज्ञानिक सूचना का प्रसार समाज की प्रगति के लिए महत्वपूर्ण है। विज्ञान हमारी रोजमर्रा की सोच का शोधन करता है। विज्ञान के व्यक्तिगत, सामाजिक और संस्थागत आयाम हैं। एक वैज्ञानिक देखता है और फिर उस

अवलोकन को समझने की कोशिश करता है। वह आँकड़े एकत्र करता है, सिद्धाँत विकसित करता है, किसी चीज़ या घटना को समझने और समझाने के लिए परिकल्पना का उपयोग करता है, और फिर उन अवलोकनों से निकलने वाले प्रतिरूप खोजने की कोशिश करता है। वैज्ञानिक ज्ञान समयानुसार बदलता रहता है।

विज्ञान तर्क और कल्पना का मिश्रण है; इसलिए, उनके बीच असहमति की संभावना हमेशा बनी रहती है। विज्ञान कभी भी अपने उत्तरों को अंतिम या संभावित बनाने के भ्रामक लक्ष्य का पीछा नहीं करता है। इसके अस्थायी उत्तरों को कभी-कभी नवीनीकृत और अधिक कठोर परीक्षणों के अधीन होना पड़ता है । एक वैज्ञानिक सिद्धाँतों को तैयार करता है, सुधारता है, और उन सिद्धांतों से सहमत न होने पर त्याग भी देता है। विज्ञान में अंतर्निहित है त्रुटि-सुधार मशीनरी । वैज्ञानिकों की प्रत्येक पीढ़ी त्रुटि सलाखों को कम करती है। जब हम आशाओं को तथ्यों से भ्रमित करते हैं, तो हम छद्म विज्ञान और अंधविश्वास को जन्म देते हैं।

वैज्ञानिकों के लिए 'विचारों के माली' के रूपक का प्रयोग किया गया है। वैज्ञानिक बिंदुओं का वर्णन करते हैं। जनता तस्वीर को समझना चाहती है। वैज्ञानिक न केवल बिंदुओं को जोड़ते हैं बल्कि आम जनता के साथ इस तरह से संवाद भी करते हैं जिससे उनका विश्वास विज्ञान पर बना रहे। एक वैज्ञानिक का काम प्रतिरुप की खोज करना है, और एक तथ्य को स्थापित करने के लिए तर्क और कल्पना का उपयोग करना है।

कलात्मक मन

विज्ञान को अपना अस्तित्व बनाये रखने के लिए कला की आवश्यकता होती है। विज्ञान पूर्णता देता है। कला जादू की अकथनीय दुनिया को विज्ञान की तह में ले जाती है। विज्ञान दर्शन के रूप में शुरू होता है और कला के रूप में समाप्त होता है। कला ध्यान और अनुभूति को बढ़ाती है। कला, विज्ञान

के सहयोग से, हमें उन स्थानों पर ले जा सकती है जहाँ हम अकेले नहीं जा सकते।

कला गुणात्मक है और आम तौर पर भावनाओं से जुड़ी होती है। विज्ञान मात्रात्मक है और आमतौर पर बुद्धि से जुड़ा होता है। कला सवालों की तलाश करती है, जबकि विज्ञान जवाब ढूंढता है। विज्ञान एक 'एकालाप' की तरह है। कला एक 'संवाद' की तरह है। कलाकार और वैज्ञानिक दोनों को कल्पना की आवश्यकता होती है। दोनों सामान्य से बाहर सोचने का मौका तलाशते रहते हैं। दोनों जटिल समस्याओं की अंधी गलियों को देखकर विचलित हो जाते हैं। दोनों अपने-अपने तरीके से इन अंधी गलियों से बाहर आना चाहते हैं।मुद्दा यह है कि 'दो संस्कृतियों' को कैसे आगे बढ़ाया जाए? प्रत्येक पक्ष के पास दूसरे पक्ष को देने के लिए कुछ उपयोगी है। अगर वे हाथ मिलाते हैं, तो शायद एक दिन हमें हमारे कुछ अनसुलझे गहरे सवालों के जवाब मिल जाएंगे।

लियोनार्डो दा विंची कला और विज्ञान की दो संस्कृतियों की परिणति का एक आदर्श उदाहरण थे । दा विंची उन चीजों के बीच में भी संबंध देख पाते थे जो एक दूसरे से बहुत अलग होते थे । उन्होंने चट्टानों को हड्डियों से, मिट्टी को मांस से, और नदियों को रक्त वाहिकाओं से जोड़ा। अशांत गति (turbulent motion) और भंवर गठन (vortex formation) ने दा विंची को मोहित किया। अवलोकन के आधार पर उन्होंने सर्पिल गति (spiral motion) में पानी के चित्र बनाए। उनके लिए शारीरिक गतिविधियां मन की गति थीं। इन गतियों की जटिल समझ के कारण, वह अंतरिक्ष में गति की निरंतरता को पकड़ सके। दा विंची को अपनी कलात्मक रचना, साथ ही लोहे की सलाखों को मोड़ने की अपनी क्षमता पर गर्व था। पेंटिंग के अलावा, दा विंची ने जीव विज्ञान, गणित और इंजीनियरिंग का अध्ययन किया।

असंबंधित चीजों के बीच संबंध के महत्व को स्थापित करने वालो की संख्या निरंतर बढ़ रही है। तत्व जितने अधिक असंबंधित होते हैं, संश्लेषण उतना ही अधिक कट्टरपंथी और नवीन होता है। तेजी से बदलती दुनिया में, विविध विषयों के बीच सहयोग की मांग बढ़ रही है। ज्ञान साझा करना तभी संभव है जब सहयोगियों के बीच बुनियादी मूल्य और समझ मेल खाती हो। एक अवधारणावादी (conceptualist) एक प्रयोगवादी (experimentalist) के साथ सहयोग कर सकता है, लेकिन उनकी भूमिकाएं और समस्या-समाधान के लिए उनका दृष्टिकोण अलग होता है। इसका मतलब यह नहीं है कि आलोचनात्मक परीक्षण के बिना दूसरों के विचारों को स्वीकार किया जाना चाहिए, खासकर जब यह पूरी तरह से विविध स्रोतों से आता है। वैज्ञानिक गतिविधियों में, सहयोगी वैचारिक और प्रयोगात्मक दृष्टिकोणों को शामिल कर रहे हैं। कला के अभ्यास में व्यक्तिगत स्वाद, दृष्टि और अभिव्यक्ति की शैली मायने रखती है। क्या विज्ञान केवल एक यांत्रिक प्रयास है? क्यों हम एक वैज्ञानिक के अंतर्मन में एक कलाकार के अंतर्ज्ञान की गूँज नहीं सुन पाते हैं? क्यों हम एक वैज्ञानिक को आमतौर पर उसके 'अवैज्ञानिक' स्वाभाव से नहीं जोड़ पाते हैं?

एक वैज्ञानिक और कलाकार की बातचीत का एक उद्देश्य उनके बीच की बाधाओं को तोड़ना है। अधिक से अधिक वैज्ञानिक कलाकारों के साथ सहयोग के लिए उत्साहित हैं। सहयोग तब काम करता है जब प्रत्येक योगदानकर्ता की भूमिका को उचित प्रकाश में देखा और मूल्यांकन किया जाता है। सहयोग का उद्देश्य विविध सोच को समायोजित करना है।

लंबे समय तक सहयोग बनाये रखना आसान नहीं होता है। दृश्य कला और मानविकी में सहयोग की तुलना में विज्ञान में सहयोग आमतौर पर अल्पकालिक होता है। विज्ञान में, सहयोगी वैचारिक या प्रयोगात्मक दृष्टिकोण साझा करते हैं, जबकि कला में, इसमें व्यक्तिगत स्वाद, मूल्य और अभिव्यक्ति की शैली भी शामिल

होती है। यही कारण है की कला में सहयोग कम होता है। लेकिन कला में सहयोग लंबे समय तक चलने वाले होते हैं, और अक्सर व्यक्तिगत भागीदारी के साथ संयुक्त होते हैं।

अवैज्ञानिक मन

वैज्ञानिक और दैवीय प्रयास जीवन की सबसे गहरी पहेलियों को समझाते रहे हैं, जैसे हमारा इस दुनिया में आना, जीवन की मूल बातें समझना, और मन-शरीर के रिश्ते, इत्यादि । दोनों सत्य की खोज में हैं - एक उसे खोजता है, जबकि दूसरा उसे प्रकट करता है। "धर्म के बिना विज्ञान लंगड़ा है, विज्ञान के बिना धर्म अंधा है", अल्बर्ट आइंस्टीन का एक लोकप्रिय सूत्र विज्ञान और देवत्व के बीच बहस को नियंत्रित करता है।

प्रारंभ में, प्रश्न पूछने के लिए सिर्फ ईश्वर थे। फिर विज्ञान जीवन की कई पहेलियों को सुलझाने आया। इसने लोगों को बताया कि उनकी सभी समस्याओं को हल करने के लिए किसी दैवीय डिजाइनर की आवश्यकता नहीं पड़ती है। लोग यह भी समझ गए हैं कि विज्ञान के पास उनके सभी सवालों के जवाब नहीं हैं। जैसा कि हम जानते हैं, ज्ञान की तुलना में अज्ञान अधिक आत्मविश्वास पैदा करता है। कई प्रख्यात वैज्ञानिकों का कहना है कि विज्ञान और देवत्व के बीच कोई तार्किक विरोधाभास नहीं है यदि दोनों को उचित रूप से समझा जाए। अधिकांश लोगों को वैज्ञानिक ज्ञान को स्वीकार करने और धार्मिक आस्था को धारण करने में कोई कठिनाई नहीं होती है। विलियम डी. फिलिप्स लिखते हैं, एक भौतिक विज्ञानी के रूप में, मैं प्रकृति को एक विशेष दृष्टिकोण से देखता हूं। मुझे एक व्यवस्थित, सुंदर ब्रह्मांड दिखाई देता है जिसमें लगभग सभी भौतिक घटनाओं को कुछ सरल गणितीय समीकरणों से समझा जा सकता है। मुझे एक ऐसा ब्रह्मांड दिखाई देता है, जिसे थोड़ा अलग तरीके से बनाया गया था, जो कभी भी सितारों और ग्रहों को जन्म नहीं

देता, बैक्टीरिया और लोगों को तो छोड़ ही दें। वे कहते हैं, एक बुद्धिमान भगवान ने ब्रह्मांड को इतने सुंदर, सरल और जीवन देने वाले गुणों के साथ बनाने के लिए चुना होगा। कई अच्छे वैज्ञानिक नास्तिक हैं। दोनों निष्कर्ष विश्वास की स्थिति हैं ... मुझे ये तर्क ईश्वर में विश्वास के सहायक लगते हैं, लेकिन निर्णायक नहीं। मैं ईश्वर में विश्वास करता हूं क्योंकि मैं अपने जीवन में ईश्वर की उपस्थिति को महसूस कर सकता हूं, क्योंकि मैं दुनिया में ईश्वर की अच्छाई का प्रमाण देख सकता हूं, क्योंकि मैं प्रेम में विश्वास करता हूं और क्योंकि मैं मानता हूं कि ईश्वर प्रेम है।

वैज्ञानिक कारणों की अनदेखी करने पर धर्म कट्टरवाद में बदल जाने की ओर कदम उठाता है। साथ ही विज्ञान को यह सुनने की कोशिश करनी चाहिए कि धर्म क्या कहना चाहता है। हम उम्मीद करते हैं कि विज्ञान धर्म द्वारा बनाए गए मानवीय संबंधों के महल को नहीं गिराएगा। पारलौकिक दुनिया में विज्ञान की पहुँच समझ से परे है। हम ईश्वर के अस्तित्व पर संदेह कर सकते हैं, लेकिन हम विश्व के महानतम विश्वास पर अविश्वास कैसे करें। इस संदर्भ में, जॉन नाइसबिट ने कहा था, 21 वीं सदी की सबसे रोमांचक सफलता प्रौद्योगिकी के कारण नहीं होगी, बल्कि मानव होने के अर्थ की एक विस्तृत अवधारणा के कारण होगी। क्या यह बेहतर नहीं होगा कि हम ईश्वर के बारे में अपनी धारणा बदलें? क्या हम ईश्वर को नए नजरिये से नहीं देख सकते? ईश्वर के अस्तित्व को सिद्ध करना उतना ही कठिन है, जितना कि उसके न होने को सिद्ध करना । विज्ञान के उपकरण कभी भी ईश्वर के अस्तित्व को सिद्ध या अस्वीकृत करने के लिए पर्याप्त नहीं होंगे।

ईश्वर में विश्वास कोई वैज्ञानिक बात नहीं है, और धार्मिक कथन कोई वैज्ञानिक कथन नहीं है। विज्ञान और देवत्व के बीच के संघर्ष को सौहार्दपूर्ण ढंग से सुलझाया जा सकता है यदि दोनों पक्ष निहित गुणों को समझें। दोनों पक्षों की अशुद्ध अपेक्षाएँ

टकराती हैं, क्योंकि दोनों पक्षों द्वारा प्रदान की जाने वाली विविधता से दोनों को खतरा लगता है।

विज्ञान को तर्कपूर्ण तर्क, निरंतर संशयवाद, और खुले विचारों की आवश्यकता है। विज्ञान को दर्शन की जरूरत है। कई दार्शनिक सोचते हैं कि विज्ञान की उनके काम से कोई प्रासंगिकता नहीं है; कुछ संवाद के पक्ष में हैं लेकिन शोधकर्ताओं के साथ संवाद करने के लिए पर्याप्त रूप से प्रशिक्षित नहीं हैं। दूसरी ओर, केवल कुछ शोधकर्ता ही दार्शनिकों द्वारा विज्ञान पर किए गए कार्यों से अवगत हैं।

विज्ञान और दर्शन के बीच की खाई को पाटने के लिए, वे कुछ सुझावों की सिफारिश करते हैं: (1) वैज्ञानिक बैठकों में दार्शनिक की अंतर्दृष्टि के लिए जगह बनाएँ, और दर्शन सम्मेलनों में वैज्ञानिक अंतर्दृष्टि के लिए । (2) वैज्ञानिक प्रयोगशालाओं और विभागों में दार्शनिकों की मेजबानी करें, और इसका प्रतिकूल भी इतना ही सत्य है। (3) पत्रिकाएँ, जहाँ विज्ञान और दर्शन दोनों के योगदान पर चर्चा की जाती है, दर्शन और विज्ञान को एकीकृत करने का एक कुशल तरीका है।

विज्ञान को भी भावनाओं की जरूरत पड़ती है। यह केवल तर्कसंगत और उद्देश्यपूर्ण उद्यम नहीं है। इसे एक अलग तरह के धर्म का पालन करने की जरूरत है। आइंस्टीन ने इसे 'ब्रह्मांडीय धर्म' कहा। आइंस्टीन के भगवान किसीको पुरस्कृत या दंडित नहीं करते हैं । उनके लिए ईश्वर एक 'कल्पनीय रहस्य' थे । उनका कहना था कि विज्ञान के क्षेत्र में सूक्ष्म अनुमानों को गहरी धार्मिक भावना के बिना नहीं समझा जा सकता है।

थॉमस कुह्न ने अपनी पुस्तक द स्ट्रक्चर ऑफ साइंटिफिक रेवोल्यूशन में वैज्ञानिक ज्ञान की प्रगति के बारे में चर्चा की है। उनका विचार है कि वैज्ञानिक प्रगति स्थिर और संचयी होने के बजाय क्रांतिकारी है। उनका दावा है कि क्रांति तब होती है जब

एक प्रतिमान को छोड़कर दूसरे प्रतिमान को अपनाकर संकट का समाधान किया जाता है। क्रांतिकारी विज्ञान 'सामान्य विज्ञान' के विपरीत है। सामान्य विज्ञान में वैज्ञानिक एक केंद्रीय, स्वीकृत वैज्ञानिक सिद्धांत को जोड़ते हैं, विस्तृत करते हैं और उसके साथ काम करते हैं; विसंगतियों को शोधकर्ताओं के एक समुदाय द्वारा हल किया जाता है जो एक सामान्य बौद्धिक ढांचे को साझा करते हैं। कुह्न का मानना है कि इस तरह के 'प्रतिमान बदलाव' (paradigm shift) वैज्ञानिक प्रगति के लिए जिम्मेदार हैं, और विज्ञान की हमारी समझ कभी भी पूरी तरह से 'निष्पक्षता' (objective) पर निर्भर नहीं हो सकती है। विज्ञान को व्यक्तिपरक (subjective) दृष्टिकोणों के लिए भी जिम्मेदार होना चाहिए, क्योंकि सभी उद्देश्य निष्कर्ष अंततः अपने शोधकर्ताओं और प्रतिभागियों के व्यक्तिपरक कंडीशनिंग/विश्वदृष्टि पर आधारित होते हैं। हमारी व्यक्तिपरकता हमारे आंतरिक परिदृश्य का प्रतिबिंब है। हमारी व्यक्तिपरक दुनिया की जाँच और मूल्यांकन केवल हम ही कर सकते हैं।

नैतिकता की नियम पुस्तिका में कई चीजें शामिल हैं। इसमें असफलता और त्रुटियों को स्वीकार करने में ईमानदारी और सत्यनिष्ठा शामिल है। यह वैज्ञानिकों और इंजीनियरों की जिम्मेदारी है कि वे दूसरों के मालिकाना हितों का ख्याल रखें। उनकी जिम्मेदारियों में से एक पेशेवर विकास और प्रथाओं के बारे में खुद को अद्यतन (updated) रखना है। इसके लिए सामाजिक माँगो से पर्याप्त परिचित होना आवश्यक है।

विज्ञान की दुविधा यह है कि इसका उपयोग अच्छे और बुरे दोनों उद्देश्यों के लिए किया जा सकता है। वही तकनीक जो दवा की उन्नति को बढ़ावा देती है, सामूहिक विनाश के जैविक हथियारों के उत्पादन की सुविधा भी प्रदान कर सकती है। वायरल रोगों के खिलाफ क्षीण जीवित टीकों को विकसित करने के कई तरीकों में आक्रामक अनुप्रयोग भी हो सकते हैं। यह भी एक सच् है कि एक उपयोगी अनुसन्धान सिर्फ इसलिये बंद नहीं किया जा

सकता क्योंकि उसका उपयोग जैविक हथियारों के उत्पादन के लिए भी किया जा सकता है। 'अच्छे' और 'बुरे' दृष्टिकोण के बीच एकमात्र अंतर प्रयोगों के डिजाइन में तर्कसंगतता है; एक का उद्देश्य बेहतर प्रथाओं को विकसित करना है, जबकि दूसरा चाहता है कि बीमारी का विकाश जानबूझकर एक हथियार के रूप में किया जाए। महत्वपूर्ण मुद्दा यह है कि क्या दुरुपयोग से जुड़े जोखिमों को कम किया जा सकता है।

विज्ञान का एक उद्देश्य घटनाओं की भविष्यवाणी करने में सक्षम होना है। कुछ घटनाएँ जैसे प्राकृतिक आपदाएँ अपरिहार्य हैं। सर्वोत्तम वैज्ञानिक उपकरणों और तकनीकों की उपलब्धता के बावजूद, हम दुर्भाग्यपूर्ण घटनाओं की भविष्यवाणी करने में विफल रहते हैं। वैज्ञानिक अप्रत्याशितता हमारे ज्ञान में कुछ कमी के कारण हो सकती है, या यह प्रणाली में अंतर्निहित जटिलता के कारण हो सकती है। ऐसी स्थितियों में, हम संभावनाओं पर निर्भर करते हैं। लेकिन समस्या यह है कि हमारे दिमाग मूल रूप से जोखिम और संभावनाओं का आकलन करने के लिए तैयार नहीं होते हैं। मैरी कैथरीन बेटसन लिखती हैं, पूर्वानुमानित घटनाओं के बारे में सोचने से बचने की हमारी क्षमता, जिनकी कोई पूर्वानुमेय तिथि नहीं है, सहस्राब्दियों के अभ्यास पर आधारित है। व्याख्या (interpretability) और पूर्वानुमेयता (predictability) दोनों डेटा की उपलब्धता पर निर्भर करते हैं। लेकिन डेटा ने अक्सर हमें विफल किया है।

राजनीति विज्ञान को विभिन्न तरीकों से प्रभावित करती है। अक्सर, शक्ति निर्धारित करती है कि क्या सही है। सत्य अक्सर बहुत शक्तिशाली होता है। यह किसी भी प्रकार की शक्ति का विरोध कर सकता है। वर्तमान वैश्वीकृत वैज्ञानिक समुदाय बहुत अलग है, और विज्ञान से अपेक्षाएँ भी कई गुना बढ़ गई हैं। इसलिए विज्ञान समाचारों को आम आदमी के सामने प्रस्तुत करने का महत्व अधिक हो गया है। विज्ञान 'उद्यमों' को अलग ढंग से

चलाने की जरूरत है। ब्लू स्काई अनुसंधान सभी स्थितियों में मान्य नहीं है।

विज्ञान की प्रगति में राजनीति की सार्थक भूमिका हो सकती है। राजनीतिक निर्णय लेने की प्रक्रिया में विज्ञान भी महत्वपूर्ण भूमिका निभा सकता है। निर्णय लेने के लिए वैज्ञानिक साक्षरता विकसित करने की आवश्यकता है। वैज्ञानिक नेतृत्व समय की मांग है।

थॉमस कुह्न ने इस विचार का खंडन किया कि विज्ञान अधिक से अधिक ज्ञान संचय करने की एक वृद्धिशील प्रक्रिया है। वास्तविकता के एक ही पहलू को देखने वाले दो वैज्ञानिक जरूरी नहीं कि एक ही चीजें देखें। कुह्न की वैज्ञानिक क्रांतियों की संरचना में पाई जाने वाली एक अन्य मूल अवधारणा असंगति है। मूल रूप से, यदि कोई वैज्ञानिक एक विशिष्ट वैचारिक ढाँचे , विश्वदृष्टि, या प्रतिमान में बहुत गहराई से अंतर्निहित और निवेशित है, तो वह अपने स्वयं के प्रतिमान से विवश एक बाहरी वैज्ञानिक के तर्क को समझने में असमर्थ होगा। दूसरे शब्दों में, वैज्ञानिक संज्ञानात्मक पूर्वाग्रहों से ग्रस्त हैं।

किसी भी सहयोग के लिए आपसी सम्मान महत्वपूर्ण है। सहयोग इस आधार पर काम करता है कि दो एक से बेहतर हैं। सहयोग का उद्देश्य एक दूसरे के ज्ञान और कौशल का पूरक होना है। सहयोग के लिए काम करने के लिए प्रत्येक सहयोगी को सहयोग की गतिशीलता को समझना चाहिए।

बर्ट्रेंड रसेल की कुछ उन्मुक्त भावनाओं के साथ मैं इस लेख का समापन करूँगा, जो उन्होंने विज्ञान के लोकप्रियकरण के लिए कलिंग पुरस्कार संबोधन में व्यक्त किए थे। किसी भी लोकतांत्रिक देश के लिए, केवल राजनेता ही नहीं बल्कि आम जनता का कुछ हद तक वैज्ञानिक समझ आवश्यक होती है। उन्होंने कहा, "मेरे अपने देश में, और पश्चिम के अन्य देशों में कुछ हद तक, "संस्कृति" को मुख्य रूप से पुनर्जागरण परंपरा की दुर्भाग्यपूर्ण दुर्बलता के रूप में देखा जाता है, जो मुख्य रूप से

साहित्य, इतिहास और कला से संबंधित है। एक व्यक्ति को अशिक्षित नहीं माना जाता है यदि वह गैलीलियो, डेसकार्टेस और उनके उत्तराधिकारियों के योगदान के बारे में कुछ भी नहीं जानता है। मुझे विश्वास है कि सभी उच्च शिक्षा में, सत्रहवीं शताब्दी से लेकर आज तक के विज्ञान का इतिहास और आधुनिक वैज्ञानिक ज्ञान का एक सर्वेक्षण शामिल होना चाहिए। हालांकि इस तरह का ज्ञान विशेषज्ञों तक ही सीमित रहता है। " वे आगे कहते हैं, "लेकिन अगर पाइथागोरस और गैलीलियो और जेम्स वाट मौजूद नहीं होते, तो न केवल पश्चिमी यूरोपीय और अमेरिकियों का बल्कि भारतीय, रूसी और चीनी किसानों का दैनिक जीवन, जो है उससे बहुत अलग होता।"

एक समय था जब विज्ञान इतना सरल और सहज ज्ञान युक्त था कि एक शिक्षित आम आदमी के लिए विज्ञान, चिकित्सा और प्रौद्योगिकी पर पकड़ बनाना संभव था। आज का विज्ञान इतना सरल नहीं है। आज, ज्ञान के एक छोटे से उपसमूह के बारे में सब कुछ जानना एक चुनौती है। विज्ञान और विश्वास, दोनों ने सदियों से हमारे दिमाग पर कब्जा कर रखा है और आगे भी कई सदियों तक ऐसा करते रहेंगे। कोई भी कुआँ कभी नहीं सूखेगा। इनमें हमेशा लगभग समान मात्रा में पानी होगा। हमें बस यह आशा करनी है कि एक पानी दूसरे को अधिक खारा न कर दे।

विश्वास और विज्ञान हमेशा साथ-साथ रहे हैं। कुछ लोग सोचते हैं कि जीवन की रचना परमेश्वर का सबसे बड़ा कार्य था। जबकि अन्य मानते हैं कि विकास दुनिया का सबसे बड़ा कार्य है, और इसमें ईश्वर की कोई भूमिका नहीं है। कुछ लोग ईश्वर और विज्ञान के बीच कोई संघर्ष नहीं देखते हैं। एक सर्वेक्षण के अनुसार, गैर-वैज्ञानिकों की तुलना में वैज्ञानिकों के धार्मिक होने की संभावना कम होती है, लेकिन बड़े अंतर से नहीं। वैज्ञानिकों के बीच, सर्वेक्षण में, नास्तिकों और अज्ञेयवादियों (agnostics) का बहुमत पाया गया। हालाँकि, आमतौर पर

यह माना जाता है कि विज्ञान के उपकरण कभी भी ईश्वर के अस्तित्व को साबित करने या नकारने के लिए पर्याप्त नहीं होंगे। ऐसा लगता है कि हम भगवान में विश्वास करने के लिए बनाये गए हैं। धर्म को आध्यात्मिकता, सहिष्णुता और प्रेम, दान और अच्छे कार्यों के स्रोत के रूप में ग्रहण करना सहज है। जब धर्म इनसे बाहर की दुनिया में प्रवेश करता है तो उसे ग्रहण करना सहज नहीं होता है।

विज्ञान के प्रति प्रतिबद्धता किसी भी तरह से अलौकिक में विश्वास का खंडन नहीं करती है। न तो विज्ञान और न ही विश्वास को एक दूसरे का खंडन करने की आवश्यकता है। विज्ञान और धर्म के बीच की विद्वता का उपचार संभव है, लेकिन इसके लिए हमें एक प्राकृतिक ईश्वर की आवश्यकता होगी। "चरम" हमेशा खराब होते हैं। और जैसा कि पास्कल ने कहा, "दो समान रूप से खतरनाक चरम हैं - कारण को बंद करना, और किसी और को अंदर नहीं आने देना।"

प्रायोगिक मन

जीवन के प्रयोगों के संचालन के लिए प्रकृति सबसे अच्छी प्रयोगशाला है। प्रकृति हमें विभिन्न रंगों और अंतर्विरोधों के बीच दुनिया का आनंद लेना सिखाती है। अव्यवस्था के बीच यह हमें अनुभवों का आनंद लेना सिखाती है। प्रकृति हमें यह सिखाती है कि हर चीज का एक उद्देश्य होता है। यह जिज्ञासा को प्रोत्साहित करती है। प्रकृति हमारे भटकते हुए दिमाग को संयमित करती है। यह हमें कृतज्ञता सिखाती है। यह हमें बताती है कि हम एक बहुत बड़ी योजना का एक छोटा सा हिस्सा हैं। यह हमें बताती है कि हमारा हिस्सा छोटा हो सकता है, लेकिन समग्र योजना में हमारी भूमिका का अपना मूल्य है। प्रकृति हमें बताती है कि जितनी तेजी से विविधता आती है, विकास उतना ही बेहतर होता है। यह हमें बताती है कि अनुकूलन करने की

क्षमता जितनी अधिक होगी, जीतने की संभावना उतनी ही बेहतर होगी। विकासवादी जीवविज्ञानी कहते हैं, पक्षी विकासवादी विजेता हैं, क्योंकि अपेक्षाकृत कम समय में उनमें अधिक विविधता आई है। दूसरी ओर, मगरमच्छ, विकासवादी हारे हुए माने जाते हैं, क्योंकि उनमें अपेक्षाकृत कम विविधता आई है।

प्रकृति में भावनाएं होती हैं। पौधे सुख के साथ-साथ दर्द भी महसूस करते हैं। वे बाहरी उत्तेजनाओं का अपनी तरह से जवाब देते हैं। वे जरूरत पड़ने पर अपनी तरह से चल सकते हैं। पौधे खुद को घावों से बचा सकते हैं। पौधे प्रकाश में निहित जानकारी को याद रख सकते हैं और उस पर प्रतिक्रिया कर सकते हैं, और जानकारी का उपयोग बीमारियों के खिलाफ खुद को प्रतिरक्षित करने के लिए कर सकते हैं।

जगदीश चंद्र बोस जीवन की मौलिक एकता में विश्वास करते थे, लेकिन उनका मानना था कि जीवन के सभी रूपों में चेतना का स्तर समान नहीं होता है। जगदीश चंद्र की तरह, बारबरा मैक्लिंटॉक भी जीवन के सभी रूपों की एकता में विश्वास करती थी । वो कहा करती थी कि पौधे के प्रति भावना होनी चाहिए। एवलिन फॉक्स केलर का मानना है कि "जीव के प्रति भावना" का मतलब जीव जो कह रहा है उसे सुनने में सक्षम होना; जब वह तुम्हारे पास आना चाहे, तो आने दे। हमें यह समझना चाहिए कि विभिन्न पौधों को विभिन्न मनुष्यों की तरह विभिन्न उपचारों की आवश्यकता होती है। केवल बीज बोना ही किसी पौधे के बढ़ने के लिए पर्याप्त नहीं है। भावना का अर्थ है, पौधे की बढ़ती जरूरतों को समझना। मैक्लिंटॉक का कहना है कि हमारी वैज्ञानिक बुद्धि प्रकृति की सरलता को समझने के लिए पर्याप्त नहीं है। पौधे हमारी 'वैज्ञानिक बुद्धि' से कहीं अधिक समझने की क्षमता रखते हैं।

प्रकृति को समझने के लिए अच्छे विज्ञान का अभ्यास और पालन करना आवश्यक है। गहन भावनात्मक निवेश के बिना अच्छा

विज्ञान संभव नहीं है । भावनात्मक निवेश के बिना, लैब में लंबे समय तक एकांत में बिताने का कोई मतलब नहीं है। प्रकृति के संगठन में अनियमितता की बहुत कम गुंजाइश होती है। कोई विघ्न प्रकृति की वास्तविक व्यवस्था को समझने में अपर्याप्तता के कारण होता है।

एल्गोरिद्म और उपनिषद की दुनिया में

हम जीवविज्ञान का अंतिम शब्द हैं, समाजशास्त्र का पहला वाक्य। आज धरती पर हमारा ही वर्चस्व है। हम प्रवृत्तियों और अंतर्दृष्टि का संगम हैं। प्रकृति कभी हमें अपनी विशालता से डराती थी, अब अपनी नाजुकता से भयभीत करती है।

मन विचारों का संरक्षक है, और समय का प्रहरी।

हमारी सभ्यता नए को अपनाती है, और पुराने को संजोए रखती है।

जुगाड़ हमारा अपूर्ण-सा पूर्ण दर्पण है, जो विरोधाभास और व्यवहारिकता के बीच संतुलन बनाता है।

आदर्शवाद संभावनाओं का क्षितिज रचता है, और एप्लाइड होप उस तक जाने का मार्ग बनाती है।

आदर्शवाद दीप जलाता है, और एप्लाइड होप उन्हें तूफ़ानों में भी संभालकर ले चलती है।

कृत्रिम बुद्धिमत्ता के इस युग में, हमारे एल्गोरिद्म हमारी आकांक्षाओं से आगे न निकल जाएँ, ऐसा हमारा मानना है।

कोड और चेतना की इस दुनिया में हम एक शुद्धि की तलाश में हैं–गंगाजल-सी पवित्र, और उपनिषदों जैसी अनंत।

एक कवि मन

कवि का जागरण सौंदर्य और पीड़ा, विरोध और सामंजस्य, भीतर और बाहर को देखने की क्षमता से जन्म लेता है। कवि अपने भीतर के शिशु मन को जीवित रखने का प्रयास करता है।

जागरण आता है, अक्सर अनजाने में। हर जागरण अज्ञान की और गहरी परतें खोल देता है। कभी यह खोज जैसा लगता है।

काव्य चेतना क्षणभंगुर में शाश्वत देख लेती है। वह सीमाएँ मिटा देती है–

स्व और पराए के बीच, समय और असीमता के बीच।

हम सबके पास काव्य चेतना नहीं होती। पर हम सब कविता लिखने की लालसा रखते हैं।

क्या वैज्ञानिकों की सूक्ष्म ब्रह्मांडीय ध्वनियाँ और कवियों द्वारा रचित गीतों में प्रकृति की सिम्फनी प्रतिध्वनित होती है?

कहाँ से मिले महा विस्फोट को स्वर

किसने सुना है ब्रह्मांड का संगीत।

निर्माता की धुन कैसे प्रतिध्वनित हुई विश्व संसार में?

क्या हम सभी बंधे हैं एक ही हार्मोनिक तार से?

क्या एक दिव्य वीणा से सभी लय उत्पन्न हुए हैं?

कुछ लोगों का कहना है कि विज्ञान इंद्रधनुष का जादू नष्ट कर देता है। यदि हम VIBGYOR को अधिक जान पाते हैं, तो यह हमें इंद्रधनुष के रहस्य और सुंदरता से विचलित नहीं करता। विज्ञान में अनूठा इंद्रधनुष दिखता है। अगर मुझे एक छोटी सी बूंद में लाल रंग दिखाई नहीं दे रहा है, तो इसका मतलब यह नहीं है कि इस बूंद में लाल रंग नहीं है। विज्ञान हमारी प्राकृतिक दुनिया में सुंदरता जोड़ता है।

क्या हम एक संपूर्ण का हिस्सा हैं, या स्वयं में सम्पूर्ण हैं?

कुछ चीजें ऐसी होती हैं जिनका वास्तविक मूल्य तब पता चलता है जब वे संपूर्ण का हिस्सा बनते हैं। एक भाग का मूल्य अन्य भागों के साथ उसके संबंधों के ऊपर निर्भर करता है। एक सम्पूर्ण का स्तर उसके भागों के योग से अधिक तभी संभव है जब संपूर्ण का स्तर इसके भागों के स्तर से अधिक हो। एक व्यक्ति संपूर्ण का हिस्सा बनना पसंद करता है लेकिन संपूर्ण में खो जाना पसंद नहीं करता।

हमारे इरादे अक्सर हमारे कार्यों से भिन्न होते हैं। जैसे-जैसे हमारी क्षमताएं विकसित होती हैं, हमारी आंतरिक दुनिया बदलती है, और तदनुसार, बाहरी दुनिया के बारे में हमारी धारणा बदलती है। हम शायद अपने मन को जानते हैं लेकिन दूसरों के मन के बारे में इतने निश्चित नहीं होते हैं। जैसा कि रवींद्रनाथ टैगोर ने कहा, "मैं जीवन के खेल में अपने स्वयं के हिस्से के अर्थ को याद करता हूं क्योंकि मैं उस भूमिका को नहीं जानता जो दूसरे निभाते हैं।"

एक वैज्ञानिक मन के सपने

सदैव प्रमाणित नहीं होते,

पर वह देखता है एक ऐसी दुनिया

जहाँ असंभव भी अनछुआ नहीं रह पाता।

उसके सपनों में

समय ठहरकर सोचता है,

और प्रकाश धीरे चलना सीखता है।

उसकी कल्पना की प्रयोगशाला में

सफलता के प्रारूप जन्म लेते हैं।

वह जानता है,

आज का मनगढ़ंत

कल की निश्चितता भी बन सकता है।

कहा जाता है कि हर विज्ञान दर्शन के रूप में शुरू होता है और कला के रूप में समाप्त होता है। दोनों अज्ञात और अनदेखे का पता लगाने की कोशिश करते हैं। विज्ञान और कला साथ मिलकर हमारे कई गहन प्रश्नों के उत्तर देने की क्षमता रखते हैं। कला, विज्ञान के साथ मिलकर, हमें उन काल्पनिक स्थानों पर ले जाती है जहाँ हम अकेले नहीं जा सकते। प्रत्येक पक्ष के पास दूसरे पक्ष को देने के लिए बहुत कुछ है। प्रश्न यह है कि कला और विज्ञान के बीच की खाई को कैसे पाटा जाये।

एक सोचता मन

हर दृश्य के पीछे

एक और दृश्य देखता है।

यह ठहरता नहीं,
भागता भी नहीं
बस भटकता फिरता है
अर्थ की तलाश में।

जो दिखता है
देखते ही स्वीकार नहीं करता
थोड़ा परखता है
फिर स्वीकार करता है।

यह निर्णय से अधिक
समझ को महत्व देता है।
वह विचारों को खुला छोड़ देने में
विचार की आज़ादी समझता है।

एक इंजीनियर का मन
मन नक्शे बनाता है,
पुल बनाता है, रास्ते बनाता है।

रेखाओं में सोचता है,
संख्याओं में बोलता है।

जहाँ लोग दृश्य देखते हैं,
वह संरचना देखता है।
वह टूटे हुए में भी
जुड़ने की संभावना खोजता है।

वह जानता है
सही उत्तर से अधिक
सही प्रश्न ज़रूरी है।
कभी-कभी वह भावनाओं को भी
तर्क में बदल देता है।

उसका मन समझता है
हर समस्या का समाधान नहीं होता,
कुछ को बस समझना होता है।

एक थका-हारा वैज्ञानिक

कुछ चीजें ऐसी होती हैं जिनका वास्तविक मूल्य तब पता चलता है जब वे संपूर्ण का हिस्सा बनते हैं। एक भाग का मूल्य अन्य भागों के साथ उसके संबंधों के ऊपर निर्भर करता है। एक सम्पूर्ण का स्तर उसके भागों के योग से अधिक तभी संभव है जब संपूर्ण का स्तर इसके भागों के स्तर से अधिक हो।

एक व्यक्ति संपूर्ण का हिस्सा बनना पसंद करता है लेकिन संपूर्ण में खो जाना पसंद नहीं करता।

हमारे इरादे अक्सर हमारे कार्यों से भिन्न होते हैं। जैसे-जैसे हमारी क्षमताएं विकसित होती हैं, हमारी आंतरिक दुनिया बदलती है, और तदनुसार, बाहरी दुनिया के बारे में हमारी धारणा बदलती है। हम शायद अपने मन को जानते हैं लेकिन दूसरों के मन के बारे में इतने निश्चित नहीं होते हैं। ऐसा लगता है कि अच्छे और सुखी जीवन का खाका अपने आप को ही खींचना पड़ता है।

एक थका-हारा वैज्ञानिक

एक दिन प्रयोगशाला छोड़ कर,

परखनली तोड़ कर भाग जाता है,

कविताएं लिखने।

सटीक शब्दों से बनी, गणितीय

जटिल अणुओं की प्रतीक

गहन, विश्लेषणात्मक, तर्क पूर्ण

उसकी कविताएँ, जो विज्ञान ने सिखाया।

तर्कसंगत, रासायनिक प्रतिक्रियाओं जैसे संतुलित विचारों ने कवि को भ्रमित किया,

ऐसा कैसे हुआ?

क्यों उसे पता न चला कि उसने अपनी कलम में

विज्ञान को छिपा रखा है?

जीवन एक प्रयोग

प्रयोग हमारी सीखने की प्रक्रिया का एक महत्वपूर्ण हिस्सा हैं, लेकिन हम अक्सर उनके महत्व को नजरअंदाज कर देते हैं। आम धारणा यह है कि प्रयोग केवल विज्ञान प्रयोगशाला तक सीमित हैं, या यह किसी पहले से किए गए कार्य की पुनरावृत्ति मात्र है। लेकिन क्या प्रयोग का अर्थ केवल यह जानना है कि किसी और के निष्कर्ष दोहराए जा सकते हैं?

हम अपने दैनिक जीवन में लगातार प्रयास कर रहे होते हैं, फिर भी हम इसे प्रयोगों के रूप में नहीं देखते। बचपन से ही हम अनुभवों के आधार पर सीखते हैं–चाहे वह चलना सीखना हो, भाषा समझना हो, या किसी नए कौशल को विकसित करना। हालांकि, जीवन के अधिकतर पहलुओं में नियंत्रित परिस्थितियों में प्रयोग करना कठिन होता है, क्योंकि यहाँ अनिश्चितताओं अधिक होती हैं।

प्रयोग हमें सीखने और विकसित होने का अवसर देते हैं। हर प्रयोग से हमें कुछ न कुछ डेटा प्राप्त होता है–कभी यह हमारी अपेक्षाओं के अनुरूप होता है, तो कभी नहीं। जब परिणाम हमारी उम्मीदों से मेल खाते हैं, तो हम इसे सफलता मानते हैं। और जब ऐसा नहीं होता, तो यह हमारे लिए अपनी समझ को संशोधित करने का अवसर होता है। यदि हम जीवन को एक प्रयोग के रूप में अपनाए, तो हमें असफलता से डरने के बजाय उसे सीखने के अवसर के रूप में देखना चाहिए। प्रयोग करने का अर्थ जोखिम उठाना है, नए रास्ते खोजना है, और असफलताओं से पीछे हटने के बजाय आगे बढ़ना है।

बंजर भूमि में

हवा के झोंके संग

रेत कैसे तैरती है।

समुद्र तट पर

गीले रेत के कण कैसे फिसलते हैं?

टूटती लहरें, सूर्योदय-सूर्यास्त के रंग समेटे,

कैसे नृत्य करती हैं?

आंतरिक मौन, सुप्त परमानंद की खोज में,

निर्बाध आकाश में स्वयं को कैसे पा लेता है?

रेत के कण-सा, नियति में निहित,

अनिश्चित राहें भी, अपने गंतव्य पाती हैं।

क्योंकि जीवन एक प्रयोग है।

जीवन एक सुन्दर अनुभव

ऐसा लगता है कि अच्छे और सुखी जीवन का कोई तैयार खाका उपलब्ध नहीं है। अपने आप को ही अपना खाका खींचना पड़ता है। जीवन एक खोज है।

यह जीवन है

जीवन को किसी भी भाषा में

पूर्ण रूप से परिभाषित नहीं किया जा सकता है

जीवन को एक वाक्य में, एक पैराग्राफ में,

कई मोनोग्राफ में परिभाषित किया जाता है

इसे एक कार्यक्रम के तहत चलने की जरूरत पड़ती है

अपनी यात्रा जारी रखने के लिए

जीवन को एक कोड का सहारा लेना पड़ता है

कोड में मामूली अंतर जीवन यात्रा में काफी अंतर ला देता है

जीवित रहने के लिए जीवन को हर पल जीना पड़ता है

अपना अस्तित्व बनाये रखने के लिए वह स्वयं को

या अपने पर्यावरण को बदलता रहता है

जीवन समय के अंतराल को जोड़कर अपनी कहानी खुद लिखता है

जीवन स्वार्थी है

अपने अस्तित्व के लिए उसे जितने की आवश्यकता होती है

उससे अधिक की आवश्यकता उसे हमेशा रहती है

जीवन अनित्य है, अपूर्ण है, फिर भी भावपूर्ण है

एक समय था,

रहस्यमय विशालता मनुष्य को भयभीत करती थी

कठोर दुनिया में जीवित रहने के लिए, उसने स्वयं को समझा

उसकी बुद्धि विकसित हुई

पूर्णता के सभी उद्यम होने पर भी

पूर्णता की उसे तलाश है

कृत्रिमता का सहारा लेकर

जीवन एक सुन्दर अनुभव है
दुःख, विषाद, आवश्यकता, और संघर्ष जीवन के अंग हैं
क्षणभंगुर क्षणों को पकड़ने का नाम है जीवन
सुन्दर का आवाहन कर, जीवन का सृजन करे

जीने की कला

विज्ञान जीवन के उद्गम, उसके क्रियातंत्र और उसके विकास की खोज है। कला भावों को आकार देती है, क्षणों को अर्थ देती है, और अपूर्णताओं में सौंदर्य खोजती है। विज्ञान की सूक्ष्मता और कला की सहजता के बीच की संभावना को हम "सौंदर्य" कहते हैं।

हर जैविक प्रक्रिया, अपने भीतर एक लय और विन्यास रखती है। जब हम इन्हें केवल कार्य के रूप में नहीं, बल्कि जीवन की कल्पनाशील अभिव्यक्तियों के रूप में देखते हैं, तो विज्ञान में भी एक कलात्मक आभा झिलमिलाने लगती है।

मैंने यह कला विज्ञान का अभ्यास करते-करते सीखी है। कभी-कभी अपनी पहचान की तलाश मुझे जंगलों में भटका देती है; एक स्वप्न जैसा अनुभव, जहाँ मैं भोर की धुँधली रोशनी में भटक जाता हूँ। खो जाने की अनुभूति बहुत व्याकुल करती है, जब तक मैं अचानक जाग न जाऊँ और देखूँ कि मैं अपने घर में, अपनी सुरक्षित जगह पर हूँ।

भूल-भुलैया से स्वयं को पुनः खोज लेने की कला कितनी आश्वस्त करने वाली होती है। शायद यही इस कला का सार है – भटक कर खुद को फिर से पा लेना।

खोज और आविष्कार

कई विचार, डिजाइन या विचार-विमर्श के बजाय, सुखद दुर्घटना से निकलते हैं। कुछ खोजें अनपेक्षित नहीं होती हैं, लेकिन खोजकर्ता कुछ अप्रत्याशित मार्ग से चलकर ऐसा करने में कामयाब होते हैं। यह कहना अनुचित होगा कि ये खोजकर्ता भाग्यशाली वैज्ञानिक हैं। एक रचनात्मक व्यक्ति असंबद्ध तत्वों को जोड़ सकता है और इनके भीतर पैटर्न देख सकता है।

कुछ लोगों का सोचना है कि वैज्ञानिक रचनात्मकता मात्र लॉजिक का उत्पाद है। इस मत के समर्थकों का मानना है कि जीनियस बनने के लिए वास्तव में कुछ विशेष गुण की आवश्यकता नहीं होती है। उनका मानना है कि यदि कोई विज्ञान के लॉजिक में महारत हासिल कर सकता है, तो रचनात्मकता सुनिश्चित है। कुछ का मानना है कि वैज्ञानिक रचनात्मकता का अपरिहार्य उत्पाद उभरती सामाजिक आवश्यकताओं से उत्पन्न होता है। यह

परिप्रेक्ष्य एक प्रतिभा को सामाजिक-सांस्कृतिक नियतिवाद के मात्र एक एजेंट के रूप में देखता है।

हम नई और मौलिक चीजें बनाना चाहते हैं। क्या आसान है - अनुकरण या मौलिकता? यह माना जाता है कि यदि आप एक ऐसी मानसिकता में हैं जहाँ आपको परवाह नहीं है कि दूसरे क्या सोचते हैं, तो आप नए विचारों से निपटने के लिए बेहतर तरीके से सुसज्जित हैं।

सामाजिक अस्वीकृति एक व्यक्तिपरक अनुभव है। कुछ लोग सामाजिक अस्वीकृति के प्रति अत्यधिक संवेदनशील होते हैं। कोई भी सामाजिक व्यवस्था से अलग-थलग रहना पसंद नहीं करता है। विरोधाभास यह है कि विशिष्टता की आवश्यकता भी एक मौलिक मानवीय उद्देश्य है। अलग-अलग विचार और दूरदराज

के जुड़े रचनात्मक सोच की पहचान हैं। कई रचनात्मक लोग अपरंपरागत रूप से रचनात्मक हैं। एक सुझाव है कि 'रॉ जीनियस' आम तौर पर एक आवश्यकता है, लेकिन किसी को रचनात्मक बनाने के लिए पर्याप्त नहीं है। प्रेरणा का क्षण अक्सर असंरचित चर्चाओं के माध्यम से आता है। स्मृति संवादात्मक है और कई दिमागों के मिलने से उत्पन्न होती है। एक आउट-ऑफ-द-बॉक्स मानसिकता लक्षणों की पहचान करता है, मान्यताओं की जांच करता है, और निष्कर्षों का आकलन करता है।

ज्यादातर लोगों के लिए आलोचनात्मक सोच स्वाभाविक रूप से नहीं आती है। विश्वस्तरीय बनने के लिए एक रचनात्मक और अनुकूल पारिस्थितिकी तंत्र की आवश्यकता होती है। एक अनुचित पारिस्थितिकी तंत्र पूरी नवाचार प्रक्रिया को खतरे में डाल सकता है। बौद्धिक पूंजी रचनात्मक पारिस्थितिकी तंत्र का एक अत्यंत महत्वपूर्ण घटक है। यह भी सच है कि किसी भी बौद्धिक पूंजी का , पूंजी के किसी भी अन्य रूप की तरह, सराहना और मूल्यह्रास होता है। अप्रचलित हो जाने से पहले इसके रखरखाव, मरम्मत, प्रतिस्थापन और संशोधन की आवश्यकता होती है। विश्व स्तरीय विज्ञान करने के लिए हमें समय के सार और अवसरों को पहचानने की गति के साथ-साथ नवाचार से जुड़े जोखिमों का सम्मान करने की आवश्यकता है।

खोज और आविष्कार

एक छिपे को खोजता है,

दूसरा ढके का आविष्कार करता है।

कुछ अस्थिर मस्तिष्क ,

एकाकी मानस पटल पर,
निराकार के आकर्षक चित्रों की कल्पना करते हैं
खाली कैनवास सामने रखकर
स्मृति के संग्रहालय में रखने के लिए।
बचपन के भोले अवशेषों के साथ
वे अनुसरण करने की कोशिश करते हैं
तितलियों की काल्पनिक पगडंडियाँ को
क्षणभंगुर इंद्रधनुषी चमक लिए।

सहज दिवास्वप्नों से भरे मन
कालातीत संतुष्टि से संतृप्त होकर
उड़ने की कल्पना करते हैं ।

मेरे द्वारा रंगे परिदृश्य में

"थोड़ी देर के लिए पेड़ को देखो; सुबह, दोपहर, शाम, और फिर देर रात को। कुछ समय बाद तुम ऊब जाओगे, जैसे कि वृक्ष कह रहा है: 'तुम यहां क्या कर रहे हो? मुझे अकेला छोड़ दो।

तुम्हे कहना होगा- "कृपया मुझसे नाराज़ न हों। अपने आप को मेरे सामने प्रकट करो।

कुछ दिनों के अध्ययन के बाद, यदि तुम्हे लगता है कि तुमने पेड़ को देख लिया है, तो अपने आप को कमरे में बंद कर

लो और फिर पेड़ का चित्र बनाओ," कलाकार नंदलाल बोस का यह सुझाव था।

यहां कलाकार विषय के साथ विलीन हो जाता है।

एक मूर्तिकार ने एक बार स्वीकार किया, "मैं कभी-कभी बिना किसी पूर्वकल्पना के, केवल कागज पर पेंसिल का उपयोग करने की इच्छा के साथ, बिना किसी सचेत उद्देश्य से रेखाएं और आकार बनाता हूँ। लेकिन फिर एक बिंदु आता है जहां कुछ विचार क्रिस्टलीकृत हो जाते हैं, और फिर एक नियंत्रण और व्यवस्था होने लगती है।"

डिजाइनर दोनों तरीकों का उपयोग करते हैं - व्यवस्थित और साथ ही सहज और आत्म-विकासशील।

न तो कोई एक आदर्श डिजाइन होता है और न ही एक मानक डिजाइन पद्धति। डिजाइनर की रचनात्मक प्रतिभा और कल्पनाशील दृष्टि यह तय करती है कि उत्पाद कला का प्रतीक बन जाता है, या ज्यामिति और रंग का उलझाव।

मेरे द्वारा रंगे परिदृश्य में

कुछ मुड़े हुए खूंटे, कुछ टूटे सलाखों के साथ

टूटे फूटे रास्तों के बीच, सूर्यास्त का रंग साथ लिए,

फूल रहित बगीचा, लाल भूरे चारागाह में बदल जाता है।

आप पूछ सकते हैं क्यों?

मैं अपने मन की गहराई में उतरता हूँ ।

धुएँ के रंग के आकाश के कुछ टुकड़े,

धुंधले क्षितिज पर,
आकारहीन बादलों के झुरमुट पर लटके हुए,
आगे बढ़ने की राह खोज रहे हैं।
आप पूछ सकते हैं क्यों?
मैं ऊंची उड़ान भर, भू-दृश्यों को चित्रित करता हूँ ।
ऊँचे-ऊँचे वृक्ष के समूह,
कुछ हरे, कुछ भूरे, धूप से झुलसे ।
उनकी छाया में,
हरे भरे मैदान का वैभव डूब जाता है।
आप पूछ सकते हैं क्यों?

मेरे द्वारा बनाये चित्रों पर बर्थमार्क होता है,
कलाकार की रचनात्मकता का हस्ताक्षर लिए।
आप पूछ सकते हैं क्यों?

एक कलाकार के मन में,
आप पूछ सकते हैं,
इतनी गहराई कहाँ से आती है?

सुपर स्मार्ट समाज में

सुपर स्मार्ट समाज–जहाँ कृत्रिम बुद्धिमत्ता, डेटा, और दक्षता जीवन के हर निर्णय को संचालित करते हैं–वहाँ आध्यात्म का स्थान और अधिक सूक्ष्म और आवश्यक हो जाता है।

जब हर समस्या का समाधान एल्गोरिद्म देने लगे, तब "मैं कौन हूँ?" जैसा प्रश्न अनुत्तरित रह सकता है। आध्यात्म इस प्रश्न के उत्तर को व्यवस्थित रखता है।

आध्यात्म समाज को दिशा देता है। आध्यात्म पूछता है–हम जा कहाँ रहे हैं?

सुपर स्मार्ट समाज में भावनाएँ "डेटा पॉइंट" बन सकती हैं। आध्यात्म उन्हें फिर से अनुभव बनाता है। यह याद दिलाता है कि मनुष्य एक चेतन अनुभव है।

जहाँ सब कुछ मापने की प्रवृत्ति हो, वहाँ आध्यात्म कहता है– सब कुछ मापा नहीं जा सकता।

सिर्फ बुद्धि, डेटा और Artificial Intelligence के आधार पर एक "सुपर स्मार्ट" समाज बनाया जा सकता है।

वह अत्यंत कुशल होगा, निर्णय तीव्र होंगे, त्रुटियाँ कम होंगी, और व्यवस्था लगभग स्वचालित। लेकिन क्या वह मानवीय होगा?

तकनीक "कैसे" का उत्तर देती है, आध्यात्म "क्यों" का।

"क्यों" के बिना, प्रगति एक दिशाहीन दौड़ बन जाती है।

केवल डेटा-आधारित न्याय हाशिए पर जा सकते हैं।

एल्गोरिद्म निष्पक्ष हो सकते हैं, पर संवेदनशील नहीं।

इतिहास संकेत देता है–जब भी समाज ने केवल शक्ति, ज्ञान या दक्षता को प्राथमिकता दी, और भीतर की चेतना को उपेक्षित किया,

तो असंतुलन पैदा हुआ–कभी सामाजिक, कभी नैतिक, कभी मानसिक।

आध्यात्म के बिना "सुपर स्मार्ट सिस्टम" संभव है, पर "सुपर स्मार्ट समाज" नहीं।

क्या सुपर स्मार्ट समाज में राम और कृष्ण की कल्पना की जा सकती है?

राम "मर्यादा" के प्रतीक हैं। ऐसे समाज में राम का अर्थ होगा–एल्गोरिद्म और शक्ति के बीच भी नैतिक सीमाओं का पालन।

कृष्ण "जटिलता में संतुलन" के प्रतीक हैं।

वे नियमों को समझते हैं, पर उनसे बंधते नहीं।

सुपर स्मार्ट समाज में कृष्ण का अर्थ होगा–

अस्पष्ट, धुंधले, नैतिक रूप से जटिल निर्णयों में बुद्धि और करुणा का संयोजन।

राम और कृष्ण केवल "कथाओं के पात्र" नहीं हैं। यदि हम उन्हें "जीवित सिद्धांत" मानेंगे, तो वे और अधिक प्रासंगिक हो जाएँगे।

हमारे निर्णयों में जब तक मर्यादा (राम) और संतुलन (कृष्ण) जीवित रहेंगे, तब तक राम और कृष्ण जीवित रहेंगे।

और तब तक सुपर स्मार्ट समाज, सिर्फ बुद्धिमान नहीं–बुद्धिमत्ता से परिपूर्ण कहलाएगा।

कृत्रिम बुद्धिमत्ता के युग में मानवीय मन एक विचित्र मोड़ पर खड़ा है। एक ओर Artificial Intelligence की निरंतर

बढ़ती हुई बुद्धि, दूसरी ओर मन–जो ठहरता है, भटकता है, और फिर भी अर्थ खोजता है।

AI जानकारी को संसाधित कर सकती है, पर मानवीय मन के अनुभव को जीवित नहीं कर सकती है। जीवित स्पंदन का केंद्र मन है।

जहाँ AI असीम संभावनाओं की ओर बढ़ती है, मन थकान, शंका और मौन के माध्यम से सीमाओं का संकेत देता है।

यदि मन स्वयं को केवल "एक और प्रोसेसर" समझने लगे, तो वह अपनी गहराई खो सकता है।

इस युग में मन को तकनीक से भागने की बजाय, उसके बीच अपनी विशिष्टता को पहचानना है।

मानवीय मन का भविष्य मौन में अर्थ सुनना है।

तभी यह युग केवल कृत्रिम बुद्धिमत्ता का नहीं, मानवीय चेतना के परिष्कार का युग बनेगा।

व्यावहारिक आशा

हम सभी एक ऐसी दुनिया में रहना चाहते हैं जहाँ नीली नदियां बहती हैं, जहाँ महासागर की गरिमा जीवित है, जहाँ वन्यजीव यथास्थिति को लौट रहे हैं। लेकिन ऐसी दुनिया की परिकल्पना करने के लिए केवल आशावाद ही काफी नहीं है। हमें चाहिए व्यावहारिक आशा। एक ऐसी आशा है जिसमें वास्तविक होने की पूरी सम्भावना होती है।

व्यावहारिक आशा के अभ्यासी केवल सिद्धांतवादी नहीं होते हैं। व्यावहारिक आशावादी आशा और प्रचार के बीच के अंतर को समझता है। एक व्यावहारिक आशावादी के पास आम लोगों के

सपनों को पूरा करने के सपने होते हैं। आम लोगों की जीत में ही उनकी सफलता का रहस्य निहित होता है।

समुद्री तूफान में जब ध्रुव तारा गायब हो जाता है
जब नाविक रूपी मन अपना संतुलन खो देता है
जब उगते क्षितिज पर एक नए सवेरे का जन्म होता है
तब हरित सुदूर हमारा मार्ग प्रशस्त करता है।

ऊबड़-खाबड़ रास्ते, दौड़ते वक़्त,
हम उस मैराथन को नहीं भूलते,
जो हमें तय करना है।

जीने की भूलभुलैया में
जब सभी निकास द्वार बंद पाते हैं,
अंधेरे सुरंग के अंत में
जब दरवाजा खुलता है,
हम आनंद विभोर हो जाते हैं ।

जब धूप फीकी पड़ जाती है,
हम आशा की सुबह का इंतज़ार करते हैं
फिर एक और दिन जीने के लिए।

ईश्वरीय मन

ईश्वर शून्य भी है और अनंत भी। हम अपनी सुविधानुसार ईश्वर की रचना करते हैं। जब हमारी जरूरतें पूरी हो जाती हैं तो हम ईश्वर से नाता तोड़ लेते हैं। हमारी इच्छाएं और जरूरतें ईश्वर के भाग्य का फैसला करती हैं।

ईश्वर का कोई प्रत्यक्षदर्शी नहीं है। कुछ लोग सोचते हैं कि ईश्वर आकाशगंगा और जीवन का निर्माता है। कुछ लोग सोचते हैं, ईश्वर एक भ्रम से उत्पन्न हुआ है। कुछ का सोचना है, अराजकता को दूर करने के लिए ईश्वर का प्रादुर्भाव हुआ। कुछ लोग सोचते हैं कि ईश्वर एक विश्वास है। कुछ पूँछ रहे हैं कि ईश्वर कम ईश्वरीय और अधिक मानव क्यों नहीं हो सकता? ईश्वर के अस्तित्व को सिद्ध करना उतना ही कठिन है जितना कि ईश्वर के न होने को। ईश्वर ने शायद मनुष्य को अपनी छवि सामने रखते हुए बनाया है।

महान दूरदर्शी और वैज्ञानिक चार्ल्स डार्विन का मानना था, "यदि प्रकृति के सामान्य पाठ्यक्रम के अनुरूप कोई समाधान खोजा जा सकता है, तो हमें रचनात्मक शक्ति के असामान्य कार्य का आह्वान नहीं करना चाहिए।" ईश्वर के अनुयायी लगातार बढ़ रहे हैं। ईश्वर के पास अनिश्चितताओं और अज्ञातों से भरी दुनिया में मन की शांति प्रदान करने की क्षमता है। ईश्वर से हमारी अपेक्षाएं हमारे ईश्वर को परिभाषित करती हैं।

रवींद्रनाथ टैगोर के भगवान अज्ञात और अज्ञेय हैं, जो किसी की पहुंच से परे हैं। उनका ईश्वर मनुष्य और प्रकृति का अभिन्न अंग है। उसका ईश्वर सौंदर्य और कुरूपता, सत्य और त्रुटि, अच्छाई और बुराई के विपरीत युग्मों से ऊपर है। उनके ईश्वर को केवल साकार किया जा सकता है। उनका ईश्वर व्यक्तिगत और सार्वभौमिक दोनों है। उनका ईश्वर निरपेक्ष है जो कुछ नहीं

करता, कुछ भी नहीं चाहता, कुछ भी महसूस नहीं करता है लेकिन बस मौजूद है। उनके गीतों की प्रेरणा उनके ईश्वर हैं। अपने गीतों में, वह ईश्वर के मूक कदमों की आहट सुन पाते थे। उनका ईश्वर आकाश के समान अनंत है। उनका ईश्वर स्पर्श से परे है लेकिन छुआ जा सकता है। उनका ईश्वर एक अकेले राही को सुनसान गलियों में मिलता है।

द गॉड पार्टिकल में लियोन लेडरमैन लिखते हैं, "शुरुआत में, एक शून्य था, एक शून्य जिसमें कोई स्थान नहीं था, कोई समय नहीं, कोई बात नहीं, कोई प्रकाश नहीं, कोई ध्वनि नहीं। फिर भी प्रकृति के नियम मौजूद थे, और इस जिज्ञासु शून्य में क्षमता थी। केवल ईश्वर ही जानता है कि शुरुआत में क्या हुआ था?"

रिचर्ड डॉकिन्स का मानना है कि ईश्वर में विश्वास एक वैज्ञानिक प्रश्न है। लेकिन सवाल यह है कि - विश्वास को साबित या खंडित करने के लिए विज्ञान के उपकरण कौन प्रदान करेगा? हालाँकि, डॉकिन्स का कहना है कि उनका दिमाग भविष्य की संभावनाओं की सबसे अद्‌भुत श्रृंखला के लिए खुला है।

ईश्वर के अस्तित्व को मापना विज्ञान की क्षमता से बाहर है। फ्रांसिस कोलिन्स का मानना था कि ईश्वर प्राकृतिक दुनिया का अध्ययन, उसकी रचना की महिमा, लालित्य, जटिलता का निरीक्षण करने का अवसर देता है। कोलिन्स के लिए, ईश्वर प्रकृति और समय के बाहर है। ईश्वर अपने इरादों को स्पष्ट करने के लिए बाध्य नहीं है। कॉलिन्स का मानना है कि ईश्वर की पूजा धार्मिक पाठ्यपुस्तकों के साथ-साथ प्रयोगशालाओं में भी की जा सकती है। कोलिन्स का परमेश्वर अलौकिक है। कोलिन्स के लिए, प्रार्थना भगवान को मैनीपुलेट करने का एक तरीका नहीं हैं।

परमेश्वर जीवित नहीं होता, यदि उसने अपनी योग्यता स्थापित नहीं की होती। ईश्वर के भ्रम का अनुभव सार्वभौमिक है। भ्रम यह है कि कोई हमें लगातार देख रहा है और हमारे नैतिक

जीवन के बारे में भी चिंतित है। जब हम मानते हैं कि कोई हमें देख रहा है, तो हम अलग तरह से व्यवहार करते हैं। कोई हमें देख रहा है यह हमारा मूल स्वभाव है। समर्पित नास्तिकों में भी यह प्रकृति पाई जाती है।

ईश्वर में हमारा विश्वास तब तक बना रहेगा, जब तक वह हमारे लिए उपयोगी है। कुछ लोग तो यह भी कहते हैं कि नास्तिक होना अप्राकृतिक तरीका है। यह संभव है कि ईश्वर हमारी समझ का एक विकसित प्रक्षेपण है कि ईश्वर क्या होना चाहिए। मनुष्य ने एक सर्वशक्तिमान और सर्वव्यापी सुपरमैन की कल्पना की। गणितज्ञों ने अनंत की कल्पना की, एक अमूर्त अवधारणा जिसकी कोई सीमा नहीं है।

ईश्वर कार्नोट इंजन के समान है। ईश्वर एक ऐसा लक्ष्य है जिस तक पहुँचा नहीं जा सकता। अगर ईश्वर जैसी अवधारणा तक नहीं पहुंचा जा सकता है, तो इसका मतलब यह नहीं है कि हमें उस तक पहुंचने की कोशिश नहीं करनी चाहिए। हमें एक लक्ष्य की जरूरत होती है। कभी कभी यह लक्ष्य काल्पनिक होता है। हमारा प्रयास उस लक्ष्य तक पहुंचने का होना चाहिए।

एक दृष्टिकोण कहता है कि ईश्वर अनावश्यक है। हम ईश्वर के बिना ब्रह्मांड की व्याख्या कर सकते हैं। हमने ज्ञान में महारत हासिल कर ली है। लेकिन हम यह नहीं पता लगा पाये कि ब्रह्मांड क्यों अस्तित्व में आया, निर्जीव से जीवित कैसे बना, हमारे ब्रह्मांड को क्यों है इतना सटीक रूप से जीवन के उद्भव के लिए बनाया गया है। जीवन का प्रारंभिक खाका किसने बनाया, या यह आकस्मिक था?

बहुत से लोग गैलीलियो को ईश्वर का शत्रु मानते थे। गैलीलियो ने प्रचार किया कि सूर्य ब्रह्मांड के केंद्र में है और पृथ्वी इसके चारों ओर घूमती है। यह सिद्धांत बहुतों को स्वीकार्य नहीं था, और इसलिए, उसे विधर्मी समझा गया। हमें यह विश्वास करने में कुछ समय लगा कि गैलीलियो के खिलाफ हमारी भावना एक

त्रुटि थी। कुछ लोग डार्विन को ईश्वर का सबसे बड़ा शत्रु मानते हैं। डार्विन ने एक प्रस्ताव रखा कि जीवन के विकास के लिए, ईश्वर के हस्तक्षेप और मार्गदर्शन की आवश्यकता नहीं है।

क्या ईश्वर को किसी ने कहते हुए सुना कि उन्होंने ब्रह्मांड को या हमें बनाया है? ऐसी आवाजें शायद हम एकांत में सुन पाते हैं। मैंने ईश्वर तक पहुंचने की कोशिश की। ईश्वर ने कहा कि उन्होंने कोपरनिकस, गैलीलियो, डार्विन और तंत्रिका विज्ञान (neuroscience) का अनुसरण करने वालों को बनाया है। उन्होंने स्वीकार किया कि आस्तिकों का निर्माण करना आसान है।

'गैर-आस्तिक' लोगों को ईश्वर ने एक होमवर्क दिया - मौजूद तर्क के साधनों का उपयोग करके साबित करें कि ईश्वर नहीं है। उनके पास कोई जवाब नहीं था।

सभ्यता की शुरुआत से ही, हमने अपने और ईश्वर के अस्तित्व के बारे में प्रश्न पूछे हैं। सभ्यता की शुरुआत के बाद से, हम अज्ञात के साथ रहना सीख रहे हैं। शुरु में भगवान ने हमारे सभी प्रश्नों के उत्तर दिए। धीरे-धीरे इंसान को जवाब देने के मौके मिले। इससे ईश्वर को कुछ राहत मिली। उत्तरों की खोज ने मनुष्य के वैज्ञानिक दृष्टिकोण का निर्माण किया। आदमी ने प्रकृति के नियमों की व्याख्या की। इसने मनुष्य की सत्य की भूख को तृप्त किया। इस प्रक्रिया में मनुष्य ने स्वयं को समझा।

कई अन्य लोगों की तरह, स्टीफन हॉकिंग से पूछा गया - क्या भगवान है? हॉकिंग ने इस प्रकार उत्तर दिया: "सदियों से, यह माना जाता था कि मेरे जैसे विकलांग लोग भगवान द्वारा दिए गए अभिशाप के तहत जी रहे थे। ठीक है, मुझे लगता है कि यह संभव है कि मैंने वहां किसी को परेशान किया हो, लेकिन मैं यह सोचना पसंद करता हूं कि प्रकृति के नियमों द्वारा सब कुछ दूसरे तरीके से समझाया जा सकता है। यदि आप विज्ञान

में विश्वास करते हैं, जैसा कि मैं करता हूं, तो आप मानते हैं कि कुछ नियम हैं जिनका हमेशा पालन किया जाता है। "

हॉकिंग ने कहा, अगर हम प्रकृति के नियमों को समझ लें तो हमें ब्रह्मांड को समझाने के लिए ईश्वर की जरूरत नहीं पड़ेगी। यदि कोई प्रकृति के नियमों को समझता है, तो वह ईश्वर को समझता है।

एक सिद्धांत कहता है कि लगभग 14 अरब साल पहले संपूर्ण ब्रह्मांड अस्तित्व में आया था, शून्य से। वैज्ञानिक कहते हैं, जब कुछ नहीं होता तो नकारात्मक ऊर्जा होती है। यह नकारात्मक ऊर्जा ब्रह्मांड द्वारा निर्मित सकारात्मक ऊर्जा को संतुलित करने के लिए है।

हॉकिंग ने निष्कर्ष निकाला, ब्रह्मांड को किसी ने नहीं बनाया, और कोई भी हमारे भाग्य को निर्देशित नहीं करता है। शायद कोई स्वर्ग और बाद का जीवन भी नहीं है। जब हम मरते हैं तो हम धूल में मिल जाते हैं। ब्रह्मांड के भव्य डिजाइन की सराहना करने के लिए हमारे पास एक जीवन है, और इसके लिए हॉकिंग किसी के बेहद आभारी हैं। वह कौन है?

ब्रह्मांड का इतिहास परिवर्तनों की एक अंतहीन श्रृंखला है। यह परिवर्तन किसी ऐसी इकाई द्वारा लाया जाता है जो अपरिवर्तित रहता है।

आइंस्टीन ने मानव जाति की तुलना अपरिचित भाषाओं में लिखी किताबों से भरे पुस्तकालय में एक छोटे बच्चे से की: "बच्चा किताबों की व्यवस्था में एक निश्चित योजना, एक रहस्यमय क्रम को नोट करता है, जिसे वह समझ नहीं पाता है, लेकिन केवल मंद संदेह करता है। यह मुझे लगता है, मानव मन का रवैया है, यहां तक कि सबसे महान और सबसे सुसंस्कृत, भगवान के प्रति। हम देखते हैं कि ब्रह्मांड कुछ नियमों का पालन करते

हुए अद्‌भुत रूप से व्यवस्थित है, लेकिन हम नियमों को केवल मंद रूप से समझते हैं।"

ब्रह्मांड के निर्माण की व्याख्या करना कठिन है। यह संभव हो सकता है, सृष्टिकर्ता और ब्रह्मांड दोनों ही शाश्वत हैं। बिग बैंग से पहले ब्रह्मांड का एक शाश्वत अतीत हो सकता है, जो समय में असीम रूप से पिछड़ा हुआ है। कुछ ब्रह्मांड विज्ञानी इस प्रस्ताव में एक अलग संभावना देखते हैं। अन्य ब्रह्मांड विज्ञानी इस तर्क पर विश्वास नहीं करते हैं।

जैसा कि हम क्वांटम सिद्धांत से जानते हैं कि खाली स्थान में भी ऊर्जा होती है, और शून्यता अस्थिर हो सकती है। खाली जगह में सभी प्रकार की असंभव चीजें हो सकती हैं। सृष्टि के लिए वास्तव में क्या ईश्वर की आवश्यकता है?

आइंस्टीन ने एक दिलचस्प सवाल पूछा: क्या वो भगवान अपने नियमों का पालन करते हैं? या, क्या परमेश्वर अपने स्वयं के नियमों का अतिक्रमण कर सकता है, जैसे कि प्रकाश की गति से भी तेज यात्रा करना? क्या वह एक ही समय में दो अलग-अलग जगहों पर हो सकता है?

यदि आप ईश्वर में विश्वास करते हैं तो यह भी विश्वास करना चाहेंगे की ईश्वर भौतिकी के नियमों से बंधा हुआ नहीं है। ईश्वर सब कुछ कर सकता है। यहां तक कि ईश्वर प्रकाश से भी तेज यात्रा कर सकता है।

परमेश्वर के बारे में हमारे विचार हमारे दृष्टिकोण पर निर्भर करते हैं। इस तरह स्थिति का वर्णन किया जा सकता है: "कोई फर्क नहीं पड़ता कि प्रकाश कितनी तेजी से यात्रा करता है, जहाँ भी जाता है वह पाता है कि अंधेरा हमेशा पहले से मौजूद है और उसकी प्रतीक्षा कर रहा है।"

विश्व की सबसे महानतम रचना विश्वास, भक्ति और विश्वास का प्रतीक है। सृष्टिकर्ता का विश्वास इस अद्‌भुत रचना को जीवित

रखता है। कल्पनाशील उड़ान से पैदा हुआ, यह एक आदर्श निर्माण है। धन्य हैं वे जिन्होंने इस अद्‌भुत रचना को बनाया। इससे कोई फर्क नहीं पड़ता कि वह प्रकाश से तेज दौड़ सकता है या नहीं। वह हमारी कल्पना में है, हमारे ह्रदय में है।

मानवीय मन

सुपर स्मार्ट समाज–जहाँ कृत्रिम बुद्धिमत्ता, डेटा, और दक्षता जीवन के हर निर्णय को संचालित करते हैं–वहाँ आध्यात्म का स्थान और अधिक सूक्ष्म और आवश्यक हो जाता है।

जब हर समस्या का समाधान एल्गोरिद्म देने लगे, तब "मैं कौन हूँ?" जैसा प्रश्न अनुत्तरित रह सकता है। आध्यात्म इस प्रश्न के उत्तर को व्यवस्थित रखता है।

आध्यात्म समाज को दिशा देता है। आध्यात्म पूछता है–हम जा कहाँ रहे हैं?

सुपर स्मार्ट समाज में भावनाएँ "डेटा पॉइंट" बन सकती हैं। आध्यात्म उन्हें फिर से अनुभव बनाता है। यह याद दिलाता है कि मनुष्य एक चेतन अनुभव है।

जहाँ सब कुछ मापने की प्रवृत्ति हो, वहाँ आध्यात्म कहता है–सब कुछ मापा नहीं जा सकता।

सिर्फ बुद्धि, डेटा और Artificial Intelligence के आधार पर एक "सुपर स्मार्ट" समाज बनाया जा सकता है।

वह अत्यंत कुशल होगा, निर्णय तीव्र होंगे, त्रुटियाँ कम होंगी, और व्यवस्था लगभग स्वचालित। लेकिन क्या वह मानवीय होगा?

तकनीक "कैसे" का उत्तर देती है, आध्यात्म "क्यों" का।

क्यों" के बिना, प्रगति एक दिशाहीन दौड़ बन जाती है।

केवल डेटा-आधारित न्याय हाशिए पर जा सकते हैं।

एल्गोरिद्म निष्पक्ष हो सकते हैं, पर संवेदनशील नहीं।

इतिहास संकेत देता है–जब भी समाज ने केवल शक्ति, ज्ञान या दक्षता को प्राथमिकता दी, और भीतर की चेतना को उपेक्षित किया,

तो असंतुलन पैदा हुआ–कभी सामाजिक, कभी नैतिक, कभी मानसिक।

आध्यात्म के बिना "सुपर स्मार्ट सिस्टम" संभव है, पर "सुपर स्मार्ट समाज" नहीं।

क्या सुपर स्मार्ट समाज में राम और कृष्ण की कल्पना की जा सकती है?

राम "मर्यादा" के प्रतीक हैं। ऐसे समाज में राम का अर्थ होगा–एल्गोरिद्म और शक्ति के बीच भी नैतिक सीमाओं का पालन।

कृष्ण "जटिलता में संतुलन" के प्रतीक हैं।

वे नियमों को समझते हैं, पर उनसे बंधते नहीं।

सुपर स्मार्ट समाज में कृष्ण का अर्थ होगा–अस्पष्ट, धुंधले, नैतिक रूप से जटिल निर्णयों में बुद्धि और करुणा का संयोजन।

राम और कृष्ण केवल "कथाओं के पात्र" नहीं हैं। यदि हम उन्हें "जीवित सिद्धांत" मानेंगे, तो वे और अधिक प्रासंगिक हो जाएँगे।

हमारे निर्णयों में जब तक मर्यादा (राम) और संतुलन (कृष्ण) जीवित रहेंगे, तब तक राम और कृष्ण जीवित रहेंगे।

और तब तक सुपर स्मार्ट समाज, सिर्फ बुद्धिमान नहीं–बुद्धिमत्ता से परिपूर्ण कहलाएगा।

कृत्रिम बुद्धिमत्ता के युग में मानवीय मन एक विचित्र मोड़ पर खड़ा है। एक ओर Artificial Intelligence की निरंतर

बढ़ती हुई बुद्धि, दूसरी ओर मन–जो ठहरता है, भटकता है, और फिर भी अर्थ खोजता है।

AI जानकारी को संसाधित कर सकती है, पर मानवीय मन के अनुभव को जीवित नहीं कर सकती है। जीवित स्पंदन का केंद्र मन है।

जहाँ AI असीम संभावनाओं की ओर बढ़ती है, मन थकान, शंका और मौन के माध्यम से सीमाओं का संकेत देता है।

यदि मन स्वयं को केवल "एक और प्रोसेसर" समझने लगे, तो वह अपनी गहराई खो सकता है।

इस युग में मन को तकनीक से भागने की बजाय, उसके बीच अपनी विशिष्टता को पहचानना है।

मानवीय मन का भविष्य मौन में अर्थ सुनना है।

तभी यह युग केवल कृत्रिम बुद्धिमत्ता का नहीं, मानवीय चेतना के परिष्कार का युग बनेगा।

मन के रिश्ते

कुछ रिश्ते इतने मीठे होते हैं कि थोड़ी मिठास कम होते ही कड़वे लगने लगते हैं।

कुछ रिश्ते इतने सच्चे होते हैं कि थोड़ी बनावट मिलते ही झूठे लगने लगते हैं ।

हर रिश्ते की बुनियाद देने और लेने से होती है। रिश्तों में निवेश इस उम्मीद से किया जाता है कि वे भविष्य में संतोषजनक फल देंगे। इसके निर्वाह के लिए संसाधनों की आवश्यकता होती है, और यह निवेश रिश्ते के लक्ष्यों, स्थिरता, और सीमाओं पर निर्भर करता है।

रिश्तों की जटिलता को समझने के लिए गुरुत्वाकर्षण के नियम से एक सरल तुलना की जा सकती है। न्यूटन का नियम कहता है कि दो वस्तुओं के बीच आकर्षण उनके द्रव्यमान के गुणनफल के समानुपाती और उनकी दूरी के वर्ग के व्युत्क्रमानुपाती होता है। इसी तरह, दो व्यक्तियों के बीच संबंध मजबूत बनाने के लिए–

सामग्री (content) को बढ़ाएँ - देखभाल, सम्मान, जिम्मेदारी और ज्ञान रिश्ते की बुनियादी सामग्री हैं।

दूरी कम करें - रिश्ते में भावनात्मक, वैचारिक और सामाजिक दूरी मायने रखती है।

लेन-देन के लिए अनुकूल स्थिति बनाएँ - संतुलन आवश्यक है; एकतरफा प्रयास टिकाऊ नहीं होते।

दूरी और रिश्ते

दूरी कई रूप ले सकती है–शारीरिक, मानसिक, सामाजिक। अजनबियों या वरिष्ठों से हम स्वाभाविक रूप से एक निश्चित दूरी बनाए रखते हैं, जबकि दोस्तों और सहयोगियों के साथ यह कम होती है। परंतु यह दूरी भी हमारे स्वभाव, रुचियों, और विचारधारा की समानता-असमानता से प्रभावित होती है। सामाजिक दूरी धन, प्रतिष्ठा, और शक्ति से जुड़ी होती है, जबकि सांस्कृतिक दूरी मूल्यों और मान्यताओं से।

द्रव्यमान बनाम भार: रिश्तों में वजन

द्रव्यमान स्थिर होता है, लेकिन भार उस स्थान के गुरुत्वाकर्षण पर निर्भर करता है। उसी तरह, एक व्यक्ति का 'वजन' उसके संदर्भ पर निर्भर करता है–ऑफिस में उच्च पदस्थ व्यक्ति का घर में कोई प्रभाव न हो, यह संभव है। रिश्तों में भी यह सच है–प्रभाव और महत्व परिस्थिति अनुसार बदल सकते हैं।

रिश्ते केवल समीकरण नहीं हैं, बल्कि उन्हें समय, ऊर्जा, और संवेदनशीलता की देखभाल की आवश्यकता होती है। सही संतुलन बनाने से ही वे टिकाऊ और मधुर बनते हैं।

एक सुखी परिवार

मित्रता और पारिवारिक रिश्ते निकटता, परिचितता, समानता और शारीरिक आकर्षण से प्रेरित होते हैं, लेकिन उनका आधार आत्म-प्रकटीकरण, भावना मिलान और सहानुभूति पर टिका होता है। हम अक्सर पारस्परिक जरूरतों की पूर्ति के लिए संबंध बनाते हैं, परंतु कई बार ये विशुद्ध रूप से भावनात्मक

जुड़ाव और सहभागिता की स्वाभाविक इच्छा से भी जन्म लेते हैं। साथ रहने से मिलने वाली खुशी और संतुष्टि इस जुड़ाव का अभिन्न अंग हैं।

परिवार विभिन्न प्रकार के संबंधों के लिए सबसे उपयुक्त आधारभूमि है। माँ-बच्चे का रिश्ता कुछ हद तक उसी तरह है, जैसे संपूर्णता अपने किसी एक अंश से जुड़ी होती है। अजन्मा बच्चा माँ से अप्रभेद्य होता है–उसका अस्तित्व माँ के विस्तार की तरह होता है। इस अवस्था में माँ और बच्चे के बीच का आकर्षण बल अनिश्चित होता है, क्योंकि माँ का 'द्रव्यमान' प्रमुख होता है। यह स्थिति सौरमंडल में सूर्य और ग्रहों के संबंध से मिलती-जुलती है–जहाँ सूर्य इतना विशाल होता है कि द्रव्यमान का केंद्र हमेशा सूर्य के बहुत निकट स्थित रहता है। अजन्मे बच्चे के प्रति माँ का प्रेम वास्तव में आत्म-प्रेम का ही विस्तार होता है।

जैसे-जैसे बच्चा माँ के शरीर से स्वतंत्र होता है, वैसे-वैसे वह तेज़ी से विकसित होने लगता है। यह विकास न केवल आंतरिक होता है, बल्कि बाहर भी होता है–एक तरह का जैविक 'मेटाबोलिज्म'। संतुलन के नियम के अनुसार, भारी व्यक्ति के करीब फल्क्रम रखने से संतुलन बनता है। माँ और बच्चे के बीच का यह संतुलन धीरे-धीरे बदलता है। जब दोनों का 'द्रव्यमान' समान होने लगता है, तो संबंध में एक नया संतुलन बिंदु स्थापित होता है।

समय के साथ बच्चा बड़ा होता है, उसका व्यक्तित्व आकार लेता है, और माँ से उसकी मानसिक दूरी बढ़ती है। उसे अब सुरक्षा जाल की आवश्यकता नहीं रहती, लेकिन भावनात्मक आधार के लिए माँ की गोद से बेहतर कोई स्थान नहीं। माँ भी इतनी जल्दी अपना विशेषाधिकार छोड़ना नहीं चाहती–आखिर बच्चा उसका ही हिस्सा है। वह अधूरापन महसूस कर सकती है, क्योंकि उसकी मातृभूमि का मूल उद्देश्य बच्चे को पूर्ण बनाना है। दूसरी ओर, बच्चे की अपनी दुनिया विकसित होती है, और जब एक से अधिक केंद्रबिंदु बनने लगते हैं, तो संघर्ष की संभावना भी बढ़ जाती है। यह स्वाभाविक है और अपरिहार्य भी।

माँ-बच्चे का यह संघर्ष नया नहीं है। यह अनजाने में गर्भावस्था के दौरान ही शुरू हो जाता है। पारंपरिक रूप से, माँ और अजन्मे बच्चे के बीच संपूर्ण सामंजस्य की छवि प्रस्तुत की जाती है, लेकिन विकासवादी सिद्धांत इस आदर्श छवि पर प्रश्न उठाते हैं। पॉल बेटसन और पॉल मार्टिन लिखते हैं कि 'माता-संतान संघर्ष' इसलिए होता है क्योंकि माँ हमेशा वह सब कुछ देने के लिए तैयार नहीं होती, जो बच्चा चाहता है। बच्चा अपने अस्तित्व की संभावना को अधिकतम करना चाहता है, जबकि माँ अपनी ऊर्जा और संसाधन भविष्य की संतानों के लिए भी सुरक्षित रखना चाहती है।

प्रकृति ने माँ और बच्चे के अचेतन संघर्ष को खूबसूरती से संतुलित किया है। यदि इस संघर्ष को स्वाभाविक मानकर इसे समझने और स्वीकार करने का प्रयास किया जाए, तो इसे सचेत रूप से सुलझाना भी कठिन नहीं होगा।

माँ-बेटी

माँ और बेटी का रिश्ता बहुत गहरा और अनोखा होता है, जो बेटी के भविष्य और व्यक्तित्व के विकास को प्रभावित करता है। हालांकि यह रिश्ता प्रेम से भरा होता है, लेकिन इसमें संघर्ष और जटिलताएँ भी होती हैं। माँ और बेटी के बीच का संबंध अक्सर एक चक्रीय प्रक्रिया से गुजरता है–पाँच वर्ष की उम्र में माँ देवी समान होती है, पंद्रह की उम्र में वह सख्त और दूर लगती है, और बीस से तीस की उम्र के बीच माँ फिर से एक मार्गदर्शक और मित्र बन जाती है।

माँ-बेटी के बीच संघर्ष के कई कारण हो सकते हैं। माताएँ चाहती हैं कि उनकी बेटियाँ उनके आदर्शों पर चलें, जबकि बेटियाँ अपनी स्वतंत्र पहचान बनाना चाहती हैं। इस असमानता से टकराव उत्पन्न होता है। दूसरी ओर, बेटियों की भी माँ से

अपेक्षा होती हैं, और जब वे पूरी नहीं होतीं, तो असंतोष जन्म लेता है। कुछ मामलों में, माँ का आत्मविश्वास कमजोर होने से बेटी का आत्मसम्मान भी प्रभावित होता है।

पिता और बेटी

बेटी के जीवन में पिता की भूमिका बेहद महत्वपूर्ण होती है। बचपन में बेटी को लगता है कि उसके पिता ही उसे सबसे अधिक प्यार करते हैं। लेकिन जैसे-जैसे वह बड़ी होती है, उसे यह डर सताने लगता है कि कहीं वह अपने पिता के लिए उतनी ही महत्वपूर्ण बनी हुई है या नहीं। कुछ पिताओं के लिए अपनी वयस्क बेटी के साथ वह सहजता बनाए रखना चुनौतीपूर्ण होता है, जो उनके बीच बचपन में थी।

व्यक्तिगत रूप से, मेरे साथ ऐसा नहीं है। मुझे आज भी वह दिन याद है जब मेरी बेटी ने बारहवीं कक्षा के बाद अपने स्कूल का आखिरी दिन बिताया था। मुझे उस अवसर पर भाषण देने के लिए आमंत्रित किया गया था। मैंने कहा था, "इन वर्षों के दौरान, मेरी बेटी कब बड़ी हो गई, मुझे पता ही नहीं चला। आज भी मुझे लगता है कि वह मेरी वही छोटी बच्ची है।" मुझे यह जानकर संतोष होता है कि मेरी उपस्थिति में वह आज भी उतनी ही सहज, स्वतंत्र और तनावमुक्त महसूस करती है, जितनी पहले थी।

अक्सर कहा जाता है कि बेटियां अपने पिता के कारण विद्रोही हो जाती हैं, क्योंकि पिता ही उन्हें सिखाते हैं कि रिश्तों में पुरुषों से क्या अपेक्षा रखनी चाहिए। लेकिन मैंने कभी अपनी बेटी को कुछ सिखाने की कोशिश नहीं की, क्योंकि मुझे भरोसा था कि वह खुद समझ सकती है कि उसके लिए क्या सही है। मेरा मानना है कि अगर हम अपने बच्चों की सुनते हैं, तो वे

हम पर अधिक विश्वास करते हैं। शायद स्नेह और विश्वास का यह संतुलन ही पिता-बेटी के रिश्ते को खास बनाता है।

पिता और पुत्र

अधिकांश बेटों के लिए उनके पिता रोल मॉडल होते हैं। उन्हें यह विश्वास करना अच्छा लगता है कि उनके पिता सबसे श्रेष्ठ, सबसे योग्य। वे इस छवि को बनाए रखना चाहते हैं, भले ही वे जानते हों कि यह पूरी तरह सच नहीं है। लेकिन सभी बेटे अपने पिता को इतनी ऊँची नजर से नहीं देखते।

अक्सर, पिताओं की अपने पुत्रों से अत्यधिक अपेक्षा होती हैं, जिन्हें कुछ पुत्र पूरा नहीं कर पाते या करना नहीं चाहते। कुछ पिता चाहते हैं कि उनके बेटे भी वही राह अपनाएँ जो उन्होंने चुनी थी, लेकिन हर बेटे को अपने पिता की तरह बनने में रुचि नहीं होती। कई पिता अपने पुत्रों के फैसले खुद लेना चाहते हैं, यहाँ तक कि कुछ बेहद व्यक्तिगत निर्णय भी। उनके लिए बेटे का कुछ भी पूर्णतः निजी नहीं हो सकता। इसके विपरीत, कुछ पिता इतने व्यस्त होते हैं कि अपने बेटे के लिए समय ही नहीं निकाल पाते, जिससे वे उनसे भावनात्मक रूप से दूर हो जाते हैं।

बाप-बेटे का रिश्ता बेहद संवेदनशील होता है–अगर अच्छा है तो बहुत अच्छा, और अगर बिगड़ जाए तो बहुत खराब। परंतु, चाहे उनका संबंध जैसा भी हो, वे नहीं चाहते कि कोई बाहरी व्यक्ति इस पर उंगली उठाए। संवाद की मुश्किलें आती हैं, पर रिश्तों के रास्ते फिर भी निकलते हैं। कभी-कभी पिता अपने बेटे को अपनी पसंदीदा फिल्में, संगीत या किताबें बड़े उत्साह से बताते हैं–ऐसी छोटी-छोटी बातें उन्हें करीब लाती हैं।

हर पिता को समझना चाहिए कि कब उसे अपने बेटे के जीवन में सक्रिय भूमिका निभानी है और कब मात्र एक पर्यवेक्षक बनकर

रहना है। कई बार बेटे यह मान लेते हैं कि उनके पिता समय की जरूरतों को नहीं समझ सकते, लेकिन वे भूल जाते हैं कि पिता भी इसी वर्तमान का हिस्सा हैं। एक पिता, यदि सही समय पर सही भूमिका निभाए, तो वह अपने बेटे का सबसे अच्छा दोस्त बन सकता है। दोनों के बीच असुरक्षा की भावना आ सकती है, लेकिन जब इसे स्वीकार कर लिया जाता है, तब यह रिश्ता सबसे मजबूत बन जाता है।

रिश्ते में संतुलन

मनोविश्लेषकों का मानना है कि माँ-बेटी के रिश्ते को सुधारने के लिए संवाद और समझ आवश्यक हैं। माँ अपनी बेटी की शत्रु नहीं होती, बल्कि वह वही करती है जो उसे बेटी के लिए सबसे उचित लगता है। हालांकि, यह जरूरी नहीं कि बेटी भी माँ के विचारों से सहमत हो। ऐसे में बहस करने के बजाय धैर्य और समझ से काम लेना फायदेमंद होता है।

कुछ माताएं अपनी बेटियों को हमेशा छोटी बच्ची समझती हैं, जिससे बेटियाँ माँ और दूसरों पर अत्यधिक निर्भर हो जाती हैं। वहीं, कुछ माताएँ विभिन्न कारणों से अपनी बेटी को वह समय नहीं दे पाती, जब उसे माँ की सबसे अधिक आवश्यकता होती है। जब बाद में माँ को इस कमी का अहसास होता है, तो वह इसकी भरपाई करना चाहती है, लेकिन तब तक बेटी अपनी स्वतंत्रता की आदी हो चुकी होती है और माँ को उतना समय नहीं दे पाती।

समय के साथ बदलते रिश्ते

जब बेटियाँ स्वयं माँ बनती हैं, विशेष रूप से जब उन्हें एक बेटी होती है, तो उनके दृष्टिकोण में बदलाव आता है। वे अपनी

माँ के संघर्षों और निर्णयों को बेहतर तरीके से समझने लगती हैं। तब उन्हें एहसास होता है कि जिन बातों को वे पहले कठोरता समझती थीं, वे दरअसल अनुभव और देखभाल का परिणाम थीं।

माँ–बेटी के रिश्ते में सबसे बड़ी उपलब्धि तब होती है जब बेटी अपनी माँ से प्रेरणा लेने लगती है। मनोविश्लेषकों का मानना है कि इस रिश्ते की जटिलताओं को हल करने की कुंजी स्वयं माँ और बेटी के पास होती है; बाहरी समर्थन से स्थायी समाधान नहीं निकलता। इस रिश्ते में धैर्य, संवाद और परस्पर सम्मान से ही एक मधुर संतुलन बनाया जा सकता है।

रिश्तों का खुला तंत्र

एक सुखी परिवार, जहाँ रिश्ते पनपते हैं, किराए के घर में रहने वाले दोस्तों के समूह जैसा होता है–स्वामित्व से मुक्त, समस्याओं से परे। यह एक ओपन सिस्टम की तरह काम करता है, जहाँ लिंग और व्यक्तिगत भिन्नताओं का सम्मान होता है। कोई पदानुक्रम नहीं, बल्कि प्रमुखता आवश्यकताओं और मुद्दों के आधार पर घूमती हैं। एकजुटता है, लेकिन निर्णय सामूहिक नहीं–राय ली जाती है, संश्लेषित की जाती है, और समूह के सर्वोत्तम हित में निर्णय लिया जाता है। वरिष्ठता उम्र से नहीं, अनुभव से मापी जाती है। नियमों की आवश्यकता नहीं, क्योंकि आपसी समझ ही काफ़ी होती है।

हर परिवार, हर रिश्ता अलग होता है–एक साइज सबके लिए फिट नहीं। फिर भी कुछ सार्वभौमिक सच्चाइयाँ हैं:

मुझे पूरा करने के लिए मुझे दूसरों की जरूरत होती है।

रिश्ते हाथ में रेत की तरह हैं–जितना कसोगे, उतना फिसलेंगे।

दूरी और निकटता दोनों जरूरी हैं।

समय ही रिश्ते का पैमाना नहीं।

पुरुष और महिलाएँ श्रेष्ठ या निम्न नहीं, बल्कि विशेषताओं से संपन्न होते हैं।

जीवन को सरल बनाइए, ब्रह्मांड की जटिलताएँ स्वतः सरल हो जाएँगी।

दोस्ती: रिश्तों की नींव

सभी गहरे रिश्तों की जड़ में दोस्ती होती है–भावनाओं की साझेदारी, जहाँ कोई मुखौटा नहीं। लेकिन हर किसी के साथ सब कुछ साझा करना संभव नहीं। दोस्ती वह जगह है, जहाँ हम खुद को अपने ही सामने पाते हैं। यह दो समकक्षों का संबंध है, जहाँ मतभेद भी बंधन को मजबूत करते हैं।

हम अक्सर दोस्तों की भावनाओं को आहत कर देते हैं। दोस्त को खोना एक वास्तविक त्रासदी है। सच्ची दोस्ती मतभेदों को स्वीकार करती है; जब मतभेदों को जबरन दबाया जाए, तो दोस्ती कृत्रिम बन जाती है।

क्या दोस्ती बदलती है? क्या वयस्कता की दोस्ती बचपन की दोस्ती जितनी निश्छल होती है?

शायद, उम्र दोस्ती की परिभाषा नहीं बदलती–बदलती हैं परिस्थितियाँ और प्राथमिकताएँ। बचपन में आत्म-प्रकटीकरण आसान होता है, तो वयस्कता आत्म-खोज की राह खोलती है।

दोस्ती बनाए रखने के लिए इच्छा और निवेश चाहिए। यह एक संपत्ति है। जब इसमें देनदारी आ जाती है, तब यह गहरा घाव छोड़ जाती है। आभासी (virtual) दोस्ती बनाना और छोड़ना आसान है, लेकिन क्या यह वास्तविक मित्रता की जगह ले सकती है?

रिश्तों से परे...

हर संबंध को विज्ञान की कसौटी पर नहीं कसा जा सकता। कुछ रिश्ते तर्क से परे होते हैं–विशेषकर प्रेम।

समय के साथ बदलता दृष्टिकोण

हम आमतौर पर ऐसे शहर में रहना पसंद करते हैं जो अपने सभी घटकों की संतुलित वृद्धि के साथ फले-फूले। एक शहर का अनियंत्रित विस्तार उसकी समग्र भलाई के लिए हानिकारक हो सकता है। एक जीवंत शहर जानता है कि क्या सहेजना है और क्या छोड़ देना है।

एक जीवंत शहर के पास एक मस्तिष्क और एक तंत्रिका तंत्र होता है जो इसकी योजनाओं को आकार देता है। इसकी न्यूरल नेटवर्क नागरिकों के शारीरिक, सामाजिक और व्यक्तिगत विकास से जुड़ी होती है। इस शहर का हृदय इसकी पहचान को परिभाषित करता है–जो इसके लोगों, गलियों, इमारतों, पेड़ों, त्योहारों और बदलते मौसमों से बनी होती है। एक जीवंत शहर अपनी जड़ों और भविष्य दोनों पर गर्व करता है। ऐसे शहर में लोग अपनी विशिष्ट भूमिकाओं से आगे बढ़कर अपनी पहचान खोज सकते हैं।

मेरा जुड़ाव चार शहरों से रहा, प्रत्येक अपने ढंग से जीवंत।

"मैं कानपुर का हूँ"–यह कहते हुए मैं अपने आप में एक आत्मीयता महसूस करता हूँ। इस शहर ने मुझे एक पहचान दी–मुझे संवारा, मुझे बिगाड़ा, और फिर से गढ़ा। यहाँ मुझे कभी किसी आवरण की जरूरत नहीं पड़ी।

कुछ कानपुर को गंदा शहर, चमड़े का शहर, और रिक्शा वालों का शहर कहते हैं। । लेकिन जो शहर आपके पूरे अस्तित्व का हिस्सा हो, वह भला आपके लिए 'गंदा कैसे हो सकता है?

फिर भी, मुझे इसे छोड़ना पड़ा। मैंने इसे उस समय छोड़ा जब मैंने abecedarian अज्ञानता अर्जित की।

मैं दिल्ली आया अपने शोध की अज्ञानता को बढ़ाने। इस शहर ने मुझे प्रमाणपत्र दिए, एक पेशा दिया। मैं शिक्षक बना, पति बना, पिता बना। और समय के साथ, मैं और अधिक अज्ञानी होता चला गया।

जिसे हम प्यार करें, उसे छोड़ने का कारण क्या हो सकता है? मैं आज भी इस सवाल का जवाब ढूँढ रहा हूँ।

मैं जयपुर आया। मैं एक सुव्यवस्थित दुनिया से एक अनियंत्रित दुनिया में आया, परिचित से अपरिचित की ओर बढ़ा। देखते ही देखते जयपुर मेरा घर बन गया।

जयपुर में दो अनुभवों ने मुझे प्रभावित किया। पहला, भारतीय राष्ट्रीय अभियांत्रिकी अकादमी (INAE) से जुड़ाव, जिसने मुझे कुछ महानतम बुद्धिजीवियों से मिलने का अवसर दिया। मेरी सबसे आनंददायक घड़ी तब आई जब मुझे मुख्य संपादक की जिम्मेदारी मिली–यह मेरे लिए इंजीनियरों की सोच को समझने का अनूठा अवसर था। दूसरा अनुभव लेखन और संपादन का रहा, जिसने मेरी दृष्टि के क्षितिज को अद्‌भुत रूप से विस्तृत कर दिया।

मैंने कोलकाता में कभी लंबा समय नहीं बिताया, लेकिन मेरी बार-बार की यात्राओं ने मुझे खुद के और करीब ला दिया। मेरी पहली यात्रा 1961 में हुई थी, और 1977 में विवाह के बाद यह शहर मेरे जीवन का स्थायी पड़ाव बन गया। यह पुनर्जागरण (Renaissance) विचारों का शहर है। लेकिन क्या यह अपनी बौद्धिक अहंकारिता को बनाए रख सकता है?

हम लगातार बदलते रहते हैं। जीव विज्ञान कहता है कि हमारे शरीर हर 7 से 10 वर्षों में खुद को नया कर लेते हैं–कुछ

हिस्से तो इससे भी जल्दी। फिर भी, इतनी पुनर्रचना के बाद भी, हम बूढ़े हो जाते हैं।

यह मुझे थीसियस के जहाज की पहेली की याद दिलाता है। एक जहाज, जो लगातार अपने लकड़ी के हिस्से बदलता है और अंततः पूरी तरह धातु में बदल जाता है, क्या वह वही जहाज रहता है? अगर पुराने लकड़ी के टुकड़ों से एक और जहाज बना दिया जाए, तो असली जहाज कौन सा होगा?

क्या मैं वही हूँ जो सात दशक पहले था?

मैं कानपुर में जन्मा और पला-बढ़ा, लेकिन वहाँ मेरा घर अब खंडहर हो चुका है। माता-पिता नहीं रहे। बचपन केवल स्मृतियों में है। दोस्त और परिवार छूट चुके हैं। वह भाषा, वह गालियाँ, जो मैं कभी धाराप्रवाह बोलता था, अब धुंधली पड़ चुकी हैं। वे सिनेमा हॉल, जिनमें मैं घंटों बिताता था, अब अस्तित्व में नहीं हैं। परीक्षाओं का तनाव, उम्र की अनिश्चितताएँ–सब कुछ बीत चुका है।

कुछ लोग मानते हैं कि प्रकृति कुछ भी व्यर्थ नहीं बनाती, जबकि कुछ का मानना है कि कोई अदृश्य शक्ति जीवन को उद्देश्य देती है। आधुनिक विकासवादी सिद्धांत कहता है कि जीवन प्रतिस्पर्धा से नहीं, बल्कि नेटवर्किंग और सहयोग से फलता-फूलता है।

परिवर्तन हमें यह सिखाता है कि जीवन की विशाल धारा में व्यक्ति की अस्थायिता को समझा जाए।

हम सब अपने अनुरूप पहचान गढ़ते हैं, लेकिन समाज की अपेक्षा अक्सर हमारे आत्म-स्वरूप से टकराती हैं। विक्टर फ्रेंकल ने लिखा, "हर चीज़ एक व्यक्ति से छीनी जा सकती है, लेकिन एक चीज़ नहीं–किसी भी परिस्थिति में अपने दृष्टिकोण को चुनने की अंतिम स्वतंत्रता।"मैं नहीं जानता कि यह मुझ पर कितना

लागू होता है। लेकिन एक बात अब भी मुझमें अटल बनी हुई है–मेरा विश्वास कि इंसान अच्छे होते हैं।

गैं क्या हूं? जो मैं हूं, या जैसा लोग मुझे समझते हैं? मेरे परिवार ने जयपुर आने से पहले कहा था कि प्रोफेसर बना रहूं। मैं बस उनकी इच्छा पूरी करने में लगा हूं। शायद असली स्वतंत्रता यही है कि आगे क्या होगा इसे परिभाषित करने की आवश्यकता न हो।

आशा और पुनर्जागरण

आशा एक बेहतर भविष्य की कल्पना करने की क्षमता है। यह आशावाद को उत्तरदायित्व के साथ जोड़ती है।

तकनीक और बुद्धिमत्ता के इस युग में आशा कई धाराओं को जोड़ती है–पुनर्जागरण, एंट्रॉपी, एट्रॉफी, एंटीफ्रेजिलिटी और एनेमोइया।

पुनर्जागरण एक मोड़ है, जहाँ अतीत के प्रति लगाव भविष्य की नई कल्पना में बदल जाता है। चाहे वह व्यक्तिगत हो या सामूहिक, हर पुनर्जागरण इस समझ से जन्म लेता है कि क्षय अंत नहीं, बल्कि विकास की अनिवार्य प्रस्तावना है। यह विचारों, कला, विज्ञान और मानवीय संभावनाओं के पुनर्जीवन का प्रतीक है। इस युग में लागू आशा रचनात्मकता को बढ़ाने, व्यवस्थाओं को पुनर्निर्मित करने और मूल्यों को पुनर्परिभाषित करने का मार्गदर्शक सिद्धांत बन सकती है।

एंट्रॉपी, अव्यवस्था की सार्वभौमिक शक्ति, प्रणालियों को विखंडित करती है और संतुलन को तोड़ती है। यह पीछे छोड़ जाती है टुकड़े, अतीत के चिन्ह, और खोए हुए क्रम को पुनर्निर्मित करने की एक अवचेतन प्रेरणा। इसकी अनिवार्यता को स्वीकार करते हुए हम क्षय और पुनर्निर्माण के चक्र को समझने लगते हैं।

एट्रॉफी तब उत्पन्न होती है जब हम अनुकूलन में असफल रहते हैं और ठहराव को जगह दे देते हैं। यह केवल व्यक्तियों को ही नहीं, बल्कि संस्थाओं, संबंधों और सभ्यताओं को भी प्रभावित करती है। ऐसे समय में एनेमोइया का आकर्षण बढ़ जाता है–एक ऐसे अतीत के प्रति आकर्षण जिसे हमने कभी जिया ही नहीं। यह हमें वर्तमान की असुविधा से भागकर कल्पनाओं में शरण लेने को उकसाता है। लेकिन यह पलायन एट्रॉफी को और गहरा कर देता है, हमें विघटन से बाँध देता है।

एंटीफ्रैजिलिटी, इस स्थिति का एक उत्तर प्रस्तुत करती है। यह केवल झटकों को सहने वाली दृढ़ता नहीं, बल्कि उनसे और अधिक मजबूत बनने की क्षमता है। तनाव, अव्यवस्था और अस्थिरता से शक्ति अर्जित करना ही एंटीफ्रैजिलिटी है। लागू आशा के संदर्भ में यह प्रतिकूलताओं को नवाचार और प्रगति के ईंधन में बदलने की क्षमता है।

एनेमोइया, उस अतीत की मधुर पीड़ा है जिसे हमने कभी जिया नहीं। यह वर्तमान की अव्यवस्था के खिलाफ हमारी भावनात्मक प्रतिक्रिया है। यह सुकून देता है, पर समाधान नहीं–एक ऐसा भ्रम जो सुन्न करता है, पोषित नहीं करता।

यदि पुनर्जागरण एंट्रॉपी का प्रतिरोध है, तो एंटीफ्रैजिलिटी उसे अपनाने की कला है। एंटीफ्रैजाइल होना मतलब विघटन को गति में बदल देना–अस्थिरता के बावजूद नहीं, बल्कि उसी के कारण सीखना।

इस संदर्भ में आशा केवल आशावाद नहीं रहती। वह एक डिज़ाइन सिद्धांत बन जाती है। वह समझ को जागृत करती है। वह जीवन की अनिश्चितताओं को बुद्धिमत्ता से नेविगेट करती है। वह अनिश्चितता को विकास में बदल देती है।

आशा यह सुनिश्चित करती है कि हमारी प्रगति केवल तकनीकी न होकर नैतिक भी हो। यह समानता, न्याय और पर्यावरणीय संतुलन के प्रति हमारी जिम्मेदारी को भी समाहित करती है।

आज के समय की अनिश्चितताओं से जूझने में एंटीफ्रैजिलिटी अत्यंत महत्वपूर्ण बन जाती है।

शिक्षा को भी अनुपालन से जिज्ञासा की ओर बढ़ना होगा। आशा यह विश्वास देती है कि हर व्यक्ति एक बेहतर दुनिया के निर्माण में सार्थक योगदान दे सकता है।

कृत्रिम बुद्धिमत्ता और जैव-प्रौद्योगिकी का संगम मानवता के भविष्य के लिए आशा को और विस्तृत करता है।

जैव-प्रेरित एल्गोरिद्म मशीनों को जीवित प्रणालियों की तरह सीखने में सक्षम बनाते हैं, जो अप्रत्याशित परिस्थितियों में स्वयं को सुधार सकें। यह समन्वय आशा के क्षितिज को और व्यापक करता है।

अंततः, आशा एक ऐसी दृष्टि है जहाँ मानव की सृजनशीलता उसकी जिम्मेदार कल्पना और साहस के साथ संतुलित होती है—जहाँ हम न केवल रचते हैं, बल्कि समझदारी से कल्पना भी करते हैं।

बौद्धिक ईमानदारी

आशा के पुष्पित होने के लिए नवाचार और बौद्धिक ईमानदारी दो अत्यंत महत्वपूर्ण स्तंभ हैं।

नवाचार का अर्थ है, नए विचारों, तरीकों या उत्पादों का सृजन, जो हमारी समझ का विस्तार करते हैं या हमारी क्षमताओं को बढ़ाते हैं।

वहीं, बौद्धिक ईमानदारी का अर्थ है, सत्य, ईमानदारी और निष्पक्षता के प्रति नैतिक प्रतिबद्धता, चाहे वह शैक्षणिक क्षेत्र हो या पेशेवर जीवन।

नवाचार और बौद्धिक ईमानदारी के बीच एक पूरक संबंध है, जो वास्तविक प्रगति को संभव बनाता है।

नवाचार जहाँ ज्ञात सीमाओं को आगे बढ़ाता है, वहीं बौद्धिक ईमानदारी यह सुनिश्चित करती है कि यह खोज सत्य और नैतिकता से जुड़ी रहे।

नवाचार के बिना ज्ञान-क्षेत्र ठहर जाते हैं, और बौद्धिक ईमानदारी के बिना प्रगति खोखली और भ्रामक हो जाती है।

इन दोनों का संतुलन ही ज्ञान को विश्वसनीयता और विश्वास के साथ आगे बढ़ाता है।

बौद्धिकों को अक्सर सत्य और ईमानदारी के वाहक के रूप में देखा जाता है, पर वे भी मानवीय कमजोरियों से परे नहीं हैं।

उच्च अपेक्षाएँ, तनावपूर्ण कार्य-परिस्थितियाँ, और बाहरी दबाव, जैसे व्यावसायिक हित या आर्थिक प्रलोभन, कभी-कभी सिद्धांतों से समझौता करवा सकते हैं।

यह सच्चाई हमें यह समझाती है कि ईमानदारी कोई स्थायी गुण नहीं, बल्कि एक दैनिक साधना है, जिसे हर परिस्थिति में निभाना पड़ता है।

सच्ची बौद्धिक ईमानदारी केवल नियमों का पालन नहीं है–यह आत्म-जागरूकता और दबाव के बीच भी सिद्धांतों के प्रति अडिग रहने की क्षमता है।

इसका एक महत्वपूर्ण पहलू है बौद्धिक सत्यनिष्ठा (Intellectual Honesty): अपनी सीमाओं को स्वीकार करना, अपनी मान्यताओं और पूर्वाग्रहों की जाँच करना, नए दृष्टिकोणों के प्रति खुले रहना, और ठोस प्रमाण मिलने पर अपने विचारों को बदलने के लिए तैयार रहना।

बौद्धिक सत्यनिष्ठा केवल धोखे की अनुपस्थिति नहीं है। यह विनम्रता और आत्म-परीक्षण की सक्रिय प्रक्रिया है। यह सहयोग और निरंतर सीखने को आमंत्रित करती है।

जब हम अपनी सीमाओं को पहचानते हैं और भिन्न मतों का स्वागत करते हैं, तब हमारे विचार अधिक मजबूत, समावेशी और टिकाऊ बनते हैं।

इस प्रकार, बौद्धिक सत्यनिष्ठा समझ और प्रज्ञा के बीच एक सेतु बन जाती है।

हाल के अध्ययन यह भी दर्शाते हैं कि भावनात्मक बुद्धिमत्ता (Emotional Intelligence) टीमों और संस्थानों में मनोवैज्ञानिक सुरक्षा तथा बौद्धिक सत्यनिष्ठा को मजबूत करने में महत्वपूर्ण भूमिका निभाती है।

जहाँ वातावरण चिंता या अत्यधिक शिष्टाचार से भरा होता है, वहाँ लोग स्पष्ट संवाद से बचते हैं ।उन्हें डर होता है कि कहीं वे व्यवस्था को चुनौती न दे दें। ऐसे में सामंजस्य को प्रगति पर प्राथमिकता मिलती है, और नवाचार बाधित हो जाता है।

इसके विपरीत, जहाँ भावनात्मक बुद्धिमत्ता विकसित होती है, वहाँ लोग बिना अहंकार के असहमति व्यक्त कर सकते हैं, अपनी गलतियों को स्वीकारते हैं, और वैकल्पिक दृष्टिकोणों को अपनाने के लिए तैयार रहते हैं। ऐसे वातावरण में ही सच्चा नवाचार और सार्थक ज्ञान विकसित होता है।

आत्म-परिवर्तन

हम यहाँ ब्रह्मांड के उद्देश्य की सेवा करने के लिए हैं। ब्रह्मांड का उद्देश्य उन परिस्थितियों को बनाए रखना है, जिनमें जीवन का उद्भव और विकास संभव हो सके।

हम एक व्यापक ब्रह्मांडीय कथा का हिस्सा हैं; अपने समय की घटनाओं और सांस्कृतिक परिवर्तनों को समझने, दर्ज करने और उन्हें प्रभावित करने की भूमिका निभाते हुए।

हमारा ब्रह्मांड एक बहुब्रह्मांड (मल्टीवर्स) का हिस्सा है। प्रत्येक ब्रह्मांड एक-दूसरे से भिन्न हो सकता है। हम मानते हैं कि जीवन केवल हमारे ब्रह्मांड में है, परंतु संभव है कि अन्य ब्रह्मांडों में जीवन भिन्न रूपों में अस्तित्व रखता हो। उन ब्रह्मांडों के नियम भी अलग हो सकते हैं, और वहाँ की बुद्धिमत्ता के स्तर भी भिन्न हो सकते हैं। हम ऐसे जीवन को कृत्रिम जीवन के रूप में भी देख सकते हैं।

परिवर्तन के बीच भी, मानव जीवन का बहुत कुछ अपरिवर्तित रहता है। इतिहास हमें सिखाता है कि हर प्रगति लाभकारी या स्थायी नहीं होती। भले ही अतीत भविष्य को निर्धारित न करे, पर वह भविष्य का एक अनिवार्य अंग बना रहता है।

इस जटिल संसार में जीवित रहने के लिए सामूहिक बुद्धिमत्ता की आवश्यकता होती है।

प्रौद्योगिकी के क्षेत्र में, हम निरंतर "चाहत" और "आवश्यकता" के बीच के द्वंद्व से जूझते रहते हैं। आवश्यकताएँ हमारी सीमाएँ तय करती हैं । यह निर्धारित करती हैं कि "पर्याप्त" क्या है, जबकि इच्छाएँ हमारे लालच और आकांक्षाओं को दर्शाती हैं। यह समझना अत्यंत आवश्यक है कि आवश्यकता कहाँ समाप्त होती है और चाहत कहाँ आरंभ होती है।

प्रौद्योगिकी "अधिक के गुण" और "कम की आवश्यकता" के बीच के तनाव से जूझती है। इसका विकास मानव मन के विकास से गहराई से जुड़ा हुआ है। जैसे-जैसे हमारा मन अपनी संभावनाओं का विस्तार करता है, वैसे-वैसे प्रौद्योगिकी भी विकसित होती जाती है।

हमें यह भी समझना होगा कि उन्नत प्रौद्योगिकी को अल्पदृष्टि वाले उद्देश्यों के साथ जोड़ना कितना खतरनाक हो सकता है। सफलता, यदि सही ढंग से न संभाली जाए, तो वह विफलता जितनी ही नहीं, उससे भी अधिक विनाशकारी सिद्ध हो सकती है।

यह विचार हमें यह संकेत देता है कि अपने समय की चुनौतियों से प्रभावी ढंग से निपटने के लिए आत्म-परिवर्तन अत्यंत आवश्यक है। यह निर्धारित करती हैं कि "पर्याप्त" क्या है। यह समझना अत्यंत आवश्यक है कि आवश्यकता कहाँ समाप्त होती है और चाहत कहाँ आरंभ होती है।

आत्म-परिवर्तन अत्यंत आवश्यक है।

हमें अपनी प्राथमिकताओं का पुनर्मूल्यांकन करने की आवश्यकता है। हमें उन परिवर्तनों की सामूहिक जिम्मेदारी लेनी होगी जो हमारे जीवन में आ रहे हैं। हमें जीवन की छोटी-छोटी असुविधाओं के साथ जीना सीखना होगा। पहले हमें अपनी आवश्यकताओं को पूरा करना चाहिए, इच्छाएँ प्रतीक्षा कर सकती हैं। सामूहिक कल्याण को हमारी स्वाभाविक प्राथमिकता बनना चाहिए।

हम संज्ञानात्मक और मनोवैज्ञानिक असंगति को पसंद नहीं करते। कृतज्ञता का भाव अपनाने से जीवन संतोष में उल्लेखनीय वृद्धि होती है। जो हमारे पास है, उसकी सराहना करके हम अपने दैनिक अनुभवों को समृद्ध करते हैं और एक प्रकार की प्रचुरता का अनुभव करते हैं। जब हम सामूहिक कल्याण को प्राथमिकता

देते हैं, तो हमारा ध्यान व्यक्तिगत स्वार्थ से हटकर समुदाय और साझा उद्देश्य की ओर स्थानांतरित हो जाता है।

पिछले 70,000 वर्षों में हम शिकारी-संग्रहकर्ता समाज से कृषि समाज, फिर औद्योगिक समाज और उसके बाद सूचना समाज तक पहुँचे हैं। अब हम एक अति-स्मार्ट (सुपर-स्मार्ट) समाज की ओर बढ़ रहे हैं, जहाँ एक नई प्रकार की बुद्धिमत्ता से लोगों का जीवन अधिक सहज और टिकाऊ बनाने की आशा की जा रही है।

शिक्षा जगत तकनीकी विकास की उस रेखा के करीब आने की कोशिश कर रहा है, जो तेजी से बढ़ती जा रही है। सीखने की प्रक्रिया अधिक व्यक्तिगत होती जा रही है। आने वाली पीढ़ी डिज़ाइन थिंकिंग को अपना रही है। भविष्य का कार्यबल बहु-विषयक दृष्टिकोण, अनुकूलनशील सोच, सामाजिक बुद्धिमत्ता, मीडिया साक्षरता, कम्प्यूटेशनल सोच, अंतर-सांस्कृतिक समझ और आभासी सहयोग जैसी क्षमताओं में प्रशिक्षित हो रहा है।

बदलते परिदृश्य में कृत्रिम बुद्धिमत्ता एक ऐसा शक्तिशाली उपकरण बनती जा रही है, जो मानव जैसी मशीनों के निर्माण की दिशा में अग्रसर है। ये विकास आश्चर्यजनक (और कुछ हद तक भयावह) संभावनाएँ भी उत्पन्न करते हैं। बहुत सी चीजें एक साथ घटित हो रही हैं। जीवन स्तर बढ़ रहा है, पर साथ ही मोहभंग भी हो रहा है। प्रगति है, तो निराशा भी है। कुछ क्षेत्रों में रोजगार बढ़ रहे हैं, जबकि अन्य में तेजी से कम हो रहे हैं। आर्थिक विकास हो रहा है, पर असमानता भी बढ़ रही है। भौतिक उन्नति है, पर नैतिक गिरावट भी दिखाई देती है।

हर सदी के अपने तनाव होते हैं। वर्तमान सदी के तनावों में वैश्विक और स्थानीय के बीच, सार्वभौमिक और व्यक्तिगत के बीच, परंपरा और आधुनिकता के बीच, अत्यधिक और भावनाहीन सूचना के बीच, प्रतिस्पर्धा की आवश्यकता और अवसर की समानता की चिंता के बीच, ज्ञान और उसके आत्मसात करने

के बीच का संघर्ष शामिल है। हमें यह कभी नहीं भूलना चाहिए कि हमारे मस्तिष्क से बेहतर कोई कंप्यूटर नहीं है और कोई भी तकनीक मानवीय स्पर्श का स्थान नहीं ले सकती।

"बहुत कुछ बहुत तेजी से बदल रहा है" – यही आज के समय की पहचान है। उत्पाद ही हमारे उपकरणों का निर्धारण कर रहे हैं। यह अनुमान लगाना कठिन है कि पाँच साल बाद हमें क्या जानने की आवश्यकता होगी। कोई नहीं जानता कि एक कल्पनाशील बच्चा बड़ा होकर क्या बनना चाहेगा। यह एक विकासशील प्रक्रिया है, और अक्सर विकास क्रमबद्ध तरीके से नहीं होता। मानव जीवन का एक बड़ा हिस्सा ऐसा है जो बदलता नहीं। Matt Ridley इस विचार का समर्थन करते हुए कहते हैं–

"प्राकृतिक चयन एक रूढ़िवादी शक्ति है; यह प्रजातियों को बदलने से अधिक उन्हें समान बनाए रखने में अपना अधिक समय लगाता है।"

प्रौद्योगिकी जल के समान है। जब वह अपनी सीमा से अधिक फैल जाती है, तो बाढ़ का रूप ले लेती है। इसलिए केवल तकनीकी नवाचार पर्याप्त नहीं हैं; यह भी उतना ही महत्वपूर्ण है कि हम अपनी संस्थाओं, अवसंरचना और समाज को इन परिवर्तनों को स्वीकार करने के लिए कैसे तैयार करते हैं। हमें अपनी संस्थाओं को ऐसा बनाना होगा जो आपस में जुड़ी हुई (networked) और वितरित (distributed) हों, फिर भी अपनी विशिष्ट पहचान बनाए रखें। इसके लिए सक्षम नेतृत्व आवश्यक है, जो संस्थाओं का संचालन करने के साथ-साथ मजबूत नेटवर्क और अवसंरचना का निर्माण कर सके।

एक अतिसंख्या (overpopulated) वाली दुनिया में व्यक्ति अधिकतर अपने लिए केंद्रित हो जाता है। जब व्यक्ति स्वयं पर अधिक केंद्रित होता है, तो उपभोग बढ़ता है और इच्छाएँ आवश्यकताओं से अधिक हो जाती हैं।

भविष्य की दुनिया की एक और चुनौती इस बात पर निर्भर करेगी कि वह किस प्रकार की दुनिया बनाना चाहती है। यह दुनिया कभी भी परजीवियों (parasites) और शिकारी (predators) से मुक्त नहीं होगी, और होना भी नहीं चाहिए, क्योंकि दोनों एक-दूसरे के अस्तित्व के लिए आवश्यक हैं। भविष्य की बुद्धिमत्ता इस संतुलन को बनाए रखने में होगी। सामूहिक बुद्धि (collective intelligence) का भंडार निरंतर भरता रहेगा, भले ही परजीवी और शिकारी मौजूद हों। नवाचार का स्रोत कभी भी सूखेगा नहीं।

भविष्य की दुनिया व्यक्तियों की दुनिया होगी–जहाँ सामूहिकता विकेंद्रीकृत (decentralized) होगी। व्यक्ति और समूह एक-दूसरे के अहं (ego) को पोषित करेंगे, ताकि दोनों का अस्तित्व बना रहे।

इतिहास यह बताता है कि हर प्रगति न तो वांछनीय होती है और न ही टिकाऊ। अतीत भविष्य की पूरी भविष्यवाणी नहीं कर सकता, लेकिन उसके बिना भविष्य की कल्पना भी संभव नहीं है।

प्रौद्योगिकी वही चाहती है जो जीवन चाहता है। जीवन चाहता है–अधिक दक्षता, अधिक अवसर, अधिक उद्भव (emergence), अधिक जटिलता, अधिक विविधता, अधिक विशेषज्ञता, अधिक स्वतंत्रता, अधिक परस्पर सहयोग (mutualism), अधिक सौंदर्य, अधिक संरचना, और अधिक विकासशीलता (evolvability)।

प्रौद्योगिकी हमेशा एक तनाव में रहती है–'अधिक के गुण' (virtues of more) और 'कम की आवश्यकता' (necessity of less) के बीच।

जीवन को दो प्रकार के खेलों में समझा जा सकता है–सीमित (finite) और अनंत (infinite)। सीमित खेल जीतने के

लिए खेले जाते हैं, और जीत के साथ समाप्त हो जाते हैं। इनमें नियम स्थिर रहते हैं, और यदि खेल के दौरान नियम बदल जाएँ, तो उसे अनुचित माना जाता है। इसके विपरीत, अनंत खेल का उद्देश्य खेल को जारी रखना होता है; इसमें कोई अंतिम विजेता नहीं होता। अनंत खेल को बनाए रखने के लिए उसके नियम बदलते रहते हैं। खुले मन से खेलने के लिए, खेल को अपने ही बदलते नियमों के अनुसार चलना पड़ता है।

इस पृथ्वी पर आधे से अधिक जीवित प्रजातियाँ परजीवी हैं, जो यह दर्शाता है कि प्राकृतिक संसार साझा अस्तित्व (shared existence) का केंद्र है। जैसे-जैसे जीवन विकसित होता है, वह अन्य जीवन पर अधिक निर्भर होता जाता है। हर वह जीव जो अपने लिए एक सफल स्थान (niche) बनाता है, वह अन्य जीवों के लिए भी नए अवसर पैदा करता है। इसी के साथ, एक ही प्रजाति के सदस्यों के बीच सहयोग की संभावनाएँ भी बढ़ती जाती हैं।

प्रौद्योगिकी विकसित हो रही है, क्योंकि मानव मन विकसित हो रहा है। मानव मन ही प्रौद्योगिकी की सीमाएँ तय करेगा। जितना अधिक मानव मन संभावनाओं के विस्तार को बढ़ाएगा, उतनी ही अधिक प्रौद्योगिकी का विकास होगा।

इस परिवर्तन के युग में हमने अनेक उपयोगी चीज़ों को 'अव्यावहारिक विलासिता' मानना शुरू कर दिया है। हम धीमे-धीमे उड़ती तितलियों की सुंदरता को देख नहीं पाते। हमारे पास किसी दृश्य को बस दर्ज करने का समय है, उसे देखने का नहीं। हम लंबी झलक, धीमी परिवर्तनशीलता और सतत संवाद को सहने की क्षमता खोते जा रहे हैं। हम जीवन के तेज़ संस्करण को चुन रहे हैं, पर उसे संभालने के लिए तैयार नहीं हैं। हमारी दृष्टि संक्रमण के दौर में है। हम अधिक दृष्टियों से गुजरते हैं, पर अनुभव कम करते हैं। हमारी स्मृतियाँ फोटोग्राफ़िक हो गई

हैं, पर उन्हें जीवंत करने का समय नहीं है। प्रचुरता के बीच हम सूक्ष्मता खो रहे हैं।

यदि प्रौद्योगिकी स्वयं की चेतना विकसित कर ले, तो उसके व्यवहार के प्रति हमारे नैतिक दायित्व क्या होंगे? क्या हमें स्वयं को आनुवंशिक रूप से बदलकर एक नई या अनेक नई प्रजातियों में रूपांतरित करने का अधिकार है? क्या यह उचित होगा कि हम ऐसे भविष्य के अभिजात वर्ग के निर्माण की अनुमति दें, जो कृत्रिम बुद्धिमत्ता और आनुवंशिक अभियांत्रिकी से स्वयं को उन्नत कर चुके हों, बिना उनकी अतिमानवीय क्षमताओं के प्रबंधन की कोई व्यवस्था विकसित किए?

सब कुछ विकसित होता है–जीवन, मन, शिक्षा, विज्ञान, अभियांत्रिकी और प्रौद्योगिकी। प्रकृति से प्रेरणा लेते हुए यह कहा जा सकता है कि इस परस्पर जुड़े संसार में हर चीज़ अन्य सभी के सहयोग से विकसित होती है। एक और दृष्टिकोण यह भी है कि प्रौद्योगिकी तब विकसित होती है जब उसका समय आता है। जो वह चाहती है, वह प्राप्त कर लेती है।

हम अपने परिवेश को अपनी आवश्यकताओं के अनुसार बदलते हैं। हमारा अस्तित्व अनुकूलन, संपर्क, संचार और सहयोग पर आधारित है। यदि हमें विकसित होना है, तो पूरे पारिस्थितिकी तंत्र को विकसित होना होगा। हम अंधाधुंध प्रोग्राम किए गए यांत्रिक वाहन नहीं हैं। हम समझते हैं कि विकास भी चेतना की अभिव्यक्ति है। प्रत्येक व्यक्ति अद्वितीय है, और हमारी यही विशिष्टता हमें चुनौतीपूर्ण परिस्थितियों में जीवित रहने में सहायक बनाती है।

एक व्यक्ति के रूप में दूसरों के कल्याण का ध्यान रखना हमारी ज़िम्मेदारी है। जैसे-जैसे प्रौद्योगिकी हमारे दैनिक जीवन में और गहराई से समाहित होगी, वह हमारे व्यवहार और सामाजिक संबंधों को प्रभावित करेगी। यह नेटवर्कयुक्त संसार कुछ व्यवहारों को बढ़ा सकता है, जिससे मानव निर्णय और सृजनात्मकता की

भूमिका पर प्रश्न उठते हैं। मानव आचरण ही इस नेटवर्कयुक्त दुनिया का भविष्य तय करेगा।

इस परिप्रेक्ष्य में हमें एक महत्वपूर्ण सत्य को स्वीकार करना होगा–इतना कुछ बदल रहा है, फिर भी बहुत कुछ वैसा ही बना हुआ है।

प्रौद्योगिकी की तीव्र प्रगति और मानव भावनाओं तथा संबंधों की स्थायी प्रकृति के बीच जो तनाव है, वह हमें यह याद दिलाता है कि चाहे दुनिया कृत्रिम बुद्धिमत्ता, कृत्रिम जीवन और अन्य नवाचारों के साथ कितनी भी बदल जाए, प्रेम, करुणा और मानवीय आत्मा का सार कालातीत रहता है।

प्रौद्योगिकी जहाँ तेज़ी से विकसित हो रही है और हमारे जीने, काम करने और जुड़ने के तरीकों को बदल रही है, वहीं मानव स्वभाव अक्सर परिचित चीज़ों से जुड़ा रहता है–हमारी भावनाएँ, आदतें और रिश्ते परंपराओं में गहराई से जड़े होते हैं। जैसे-जैसे तकनीक आगे बढ़ती है, हमें नियंत्रण खोने या अपनी मानवता के मूल स्वरूप के बदलने का भय भी होता है। हमें डर है कि तकनीक हमें अमानवीय बना सकती है, फिर भी हम उसके लाभों की तलाश करते रहते हैं।

तकनीक हमें दक्षता और प्रगति दे सकती है, लेकिन अर्थ, उद्देश्य और भावनात्मक जुड़ाव की हमारी मूलभूत आवश्यकता नहीं बदलती। एक तकनीक-प्रधान दुनिया में भी लोग स्थिरता, रिश्तों, समुदायों और मूल्यों में सुकून खोजते हैं। हम चुनिंदा रूप से अनुकूलन करते हैं–जहाँ तकनीक हमारे जीवन को बेहतर बनाती है, वहाँ हम उसे अपनाते हैं, और जहाँ वह हमारी स्वायत्तता या गहरे मानवीय अनुभवों को चुनौती देती है, वहाँ हम उसका विरोध करते हैं।

तकनीक हमारे इच्छाओं को पूरा करने के तरीकों को बदल सकती है, लेकिन इच्छाएँ स्वयं नहीं बदलतीं। साधन बदलते हैं,

पर मानव आकांक्षाओं की प्रकृति वही रहती है। इसलिए यह आवश्यक है कि हम तकनीक को अपने जीवन में इस तरह शामिल करें कि वह हमारे मानवीय अनुभव को समृद्ध करे, न कि उसका स्थान ले ले।

हमें हर नई तकनीक को बिना सोचे-समझे स्वीकार नहीं करना चाहिए, बल्कि उसे अपने मूल्यों के अनुरूप अपनाना चाहिए। तेज़ रफ्तार दुनिया में यह समझना ज़रूरी है कि कब धीमा होना है। सृजनशीलता जल्दबाज़ी से नहीं, बल्कि ठहराव से जन्म लेती है। तकनीक को हमें नियंत्रित नहीं करने देना चाहिए। धैर्य, ईमानदारी, दयालुता और आत्म-जागरूकता जैसे गुण मशीनों द्वारा नहीं सिखाए जा सकते।

नई तकनीकों को अपनाने की दौड़ में हमें अपने रिश्तों–परिवार, मित्रों और समुदाय–के साथ बिताए समय को प्राथमिकता देनी चाहिए।

हम तकनीक के विकास को रोक नहीं सकते। तकनीक वही करती है जो लोग चाहते हैं। यह एक उपकरण है, जो मानव इच्छाओं, जरूरतों और महत्वाकांक्षाओं से आकार लेता है। इसलिए ज़िम्मेदारी हमारी है कि हम इसके विकास को इस तरह दिशा दें कि यह मानवता की सेवा करे, न कि उसे कमजोर बनाए। तकनीक की अपनी कोई इच्छा नहीं होती; यह वही रास्ता अपनाती है जो हम उसे देते हैं।

हमारी मूलभूत जीवित रहने की रणनीतियाँ तकनीक की पहुँच से परे हैं।

"प्रतिस्पर्धा करो, और जब वह समाप्त हो जाए, तो साथ मिलकर तैरो"–यह वाक्य विकास और अस्तित्व के द्वैत स्वभाव को दर्शाता है। "सबसे योग्य" होने का अर्थ केवल आक्रामक या स्वार्थी होना नहीं है। वास्तविक दुनिया और वैज्ञानिक समझ यह

बताती है कि अस्तित्व प्रेम, छद्मावरण, सहयोग और परस्पर निर्भरता से भी संचालित होता है।

पारंपरिक डार्विनवाद में प्रतिस्पर्धा और "योग्यतम की उत्तरजीविता" पर बल दिया गया था। लेकिन आधुनिक व्याख्याएँ यह संकेत देती हैं कि विकास (इवोल्यूशन) केवल श्रेष्ठ बनने की प्रक्रिया नहीं है, बल्कि संभावनाओं की खोज करने की एक सतत यात्रा है। जीवन के भीतर निहित नवीनता (novelty) उत्पन्न करने की गहरी प्रवृत्ति विकास को आगे बढ़ाती है, जिससे अधिक जटिलता और सहयोग का जन्म होता है–यह केवल याद्दच्छिक उत्परिवर्तनों (random mutations) पर निर्भर नहीं है। आज के संदर्भ में, विकासात्मक सफलता का संबंध सहयोग, नेटवर्किंग और संपूर्ण पारिस्थितिकी तंत्र के अनुकूलन से अधिक जुड़ा हुआ दिखाई देता है।

प्रकृति में सफलता अक्सर पारस्परिक लाभ पर आधारित होती है–एक प्रजाति की स्थिरता और शक्ति अन्य प्रजातियों के कल्याण से जुड़ी होती है। ऐसे समूह, जो स्वार्थ और परोपकार के गुणों का संतुलन रखते हैं, अधिक लचीले और टिकाऊ होते हैं। सच्ची प्रतिस्पर्धा का अर्थ है सक्षम और योग्य लोगों के साथ रहना, जहाँ प्रतिस्पर्धा और सहयोग साथ-साथ चलते हैं और एक-दूसरे को समृद्ध करते हैं।

शक्ति (पावर) भी स्वभावतः बुरी नहीं होती; यह सशक्तिकरण और सकारात्मक परिवर्तन का माध्यम बन सकती है। लेकिन शक्ति के साथ संयम, सतर्कता और नैतिक विवेक की जिम्मेदारी भी आती है। जिनके पास शक्ति होती है, वे जनमत को प्रभावित करते हैं, इसलिए उन्हें इसका उपयोग अत्यंत सावधानी से करना चाहिए। अक्सर शक्ति सहानुभूति को कम कर देती है और रूढ़ियों तथा तर्कसंगत ठहराव (rationalization) की ओर झुकाव बढ़ा देती है। इसलिए नेताओं को निरंतर दूसरों के

दृष्टिकोण से दुनिया को देखने का प्रयास करना चाहिए और अपनी जवाबदेही को समझना चाहिए।

शक्ति के प्रति एक नैतिक दृष्टिकोण यह स्वीकार करता है कि हर निर्णय अनेक जीवनों को प्रभावित करता है। जब प्रतिस्पर्धा को सहयोग के साथ और शक्ति को जिम्मेदारी के साथ जोड़ा जाता है, तब व्यक्ति और समाज अधिक सामंजस्यपूर्ण और स्थायी प्रगति की दिशा में बढ़ सकते हैं।

कृत्रिम बुद्धिमत्ता (AI) में उल्लेखनीय प्रगति के बावजूद, विकास द्वारा निर्मित कुछ मूलभूत उत्तरजीविता रणनीतियाँ अभी भी तकनीक की पहुँच से बाहर हैं। जैविक विकास, जो लाखों वर्षों में विकसित हुआ है, विविध वातावरणों में जीवन के अनुकूलन की रणनीतियाँ प्रदान करता है। AI प्राकृतिक नियमों और विकासवादी सिद्धांतों के भीतर ही कार्य करता है; यह प्रजनन, अनुकूलन और परस्पर निर्भरता जैसी जैविक अनिवार्यताओं को मूल रूप से बदल नहीं सकता।

AI विलुप्ति को रोकने, जीवनकाल बढ़ाने और संज्ञानात्मक क्षमताओं को बढ़ाने में सहायता कर सकता है, लेकिन ये सभी परिवर्तन प्राकृतिक चयन के ढाँचे के भीतर ही होंगे। AI हमारे दृष्टिकोण को बदल सकता है, संभावनाओं का विस्तार कर सकता है और हमारे अस्तित्व को सुदृढ़ कर सकता है–लेकिन यह उन गहरे विकासवादी प्रक्रियाओं को नहीं बदल सकता जो पृथ्वी पर जीवन को निरंतर आकार देती रहती हैं।

www.ingramcontent.com/pod-product-compliance
Lightning Source LLC
LaVergne TN
LVHW100254210926
848480LV00003B/921
9798904792343